数字经济
系列教材

大数据营销

主　编◎段晓梅
副主编◎陈义涛　陆　文

上海交通大学出版社
SHANGHAI JIAO TONG UNIVERSITY PRESS

内容提要

　　本书是"数字经济"系列教材之一,以培养数字经济时代商科应用型人才为导向,结合国内外最前沿的大数据营销理论,剖析数字化变革中国内外大型企业大数据营销的典型案例。主要内容包括:认识大数据;大数据营销概述;大数据营销流程;大数据时代的消费者洞察;大数据驱动的营销组合创新;大数据营销的三大营销策略——个性化营销策略、精准营销策略和关联营销策略;大数据营销的行业应用以及大数据营销伦理。为了让读者更好地学习和理解大数据营销,每一章从结构上列示出了思维导图,并做到理论和案例相结合;每章开篇有案例导入,对于重要的理论知识点,文中附有相应的案例链接。本书不仅适合作为高等院校数字经济专业、营销专业、电子商务专业的学生教材,也可供相关从业人员参考。

图书在版编目(CIP)数据

　　大数据营销/段晓梅主编. —上海:上海交通大
学出版社,2023.1
　　ISBN 978-7-313-27881-4

　　Ⅰ.①大… Ⅱ.①段… Ⅲ.①网络营销-高等学校-
教材 Ⅳ.①F713.365.2

　　中国版本图书馆 CIP 数据核字(2022)第 207098 号

大数据营销
DASHUJU YINGXIAO

主　　编:段晓梅

出版发行:上海交通大学出版社	地　　址:上海市番禺路 951 号
邮政编码:200030	电　　话:021-64071208
印　　制:常熟市文化印刷有限公司	经　　销:全国新华书店
开　　本:787mm×1092mm　1/16	印　　张:15.75
字　　数:362 千字	
版　　次:2023 年 1 月第 1 版	印　　次:2023 年 1 月第 1 次印刷
书　　号:ISBN 978-7-313-27881-4	ISBN 978-7-89424-311-9
定　　价:58.00 元	

编 委 会

顾　　问

符国群　北京大学光华管理学院教授、博士生导师

傅　强　中央财经大学金融学院教授、博士生导师

徐绪松　武汉大学经济与管理学院教授、博士生导师

丛 书 主 编

袁胜军　桂林电子科技大学教授、博士生导师

编委会主任

袁胜军　桂林电子科技大学教授、博士生导师

编　　委（以姓氏笔画为序）

马奕虹　王　雷　甘晓丽　朱帮助　向　丽　刘平山　刘全宝　刘贤锋　花均南

李　雷　李余辉　吴　俊　张海涛　陆　文　陆奇岸　陈义涛　赵　虹　段晓梅

袁胜军　黄　福　黄宏军　龚新龙　康正晓　智国建　程静薇　谢海娟　蔡　翔

总　序

随着信息数字技术的快速发展与普及应用,数字经济浪潮势不可挡。2017年《政府工作报告》首次提出"数字经济",提出推动"互联网＋"计划深入发展,促进数字经济加快增长,从而将发展数字经济上升到国家战略的高度。2021年中国数字经济规模达到45.5万亿元,占国内生产总值(GDP)比重超过三分之一,达到39.8％,成为推动经济增长的主要引擎之一。数字经济在国民经济中的地位更加稳固,支撑作用更加明显。

在国家数字经济战略背景下,外部环境的数字化转变决定了数字化转型将会是未来传统企业的必经之路和战略重点,这使得未来市场可能出现巨大的数字人才需求。波士顿咨询公司发布的《迈向2035:4亿数字经济就业的未来》报告认为,当前中国数字人才缺口巨大,拥有"特定专业技能(尤其是数字技能)"对获取中高端就业机会至关重要,并预测到2035年中国整体数字经济就业容量将达4.15亿人。可以预见,应用型数字经济人才将成为未来市场上最为短缺的专业人才。

为了对接国家数字经济发展战略和未来市场的数字经济人才需求,我们策划、组织编写了这套"数字经济"系列教材,其目的在于:

(1)系统总结近年来我国数字经济领域涌现的新理论、新技术、新成果,为我国数字经济从业人员提供智力参考;

(2)提供数字经济专业教材,为高水平数字经济人才的培养提供一套系统、全面的教科书或教学参考书;

(3)构建一个适应数字经济理论和数字技术发展趋势的科研交流平台。

这套数字经济系列教材面向应用型数字经济专业人才的培养目标,即培养兼具现代经济管理思维与数字化思维,又熟练掌握数字化技能的高素质应用型产业数字化人才。这套教材全面反映了数字经济理论、信息经济学理论及其最新进展,注重数字经济理论、数字技术与应用实践的有机融合,体现包括区块链、Python、云计算、人工智能等高新技术的最新进展和在各类商业环境下的应用,这其中着重强调Python作为大数据分析工具在财务和经济两大领域的应用。这套教材可以为数字经济相关专业背景的学生或从业人员提供研究数字经济现象问题的理论基础、建模方法、分析工具和应用案例。

希望这套教材的出版能够有益于我国数字经济专业人才的培养,有益于数字经济领域的理论普及与技术创新,为我国数字经济领域的科研成果提供一个展示的平台,引领国内外数字经济学术交流和创新并推动平台的国际化发展。

袁胜军

2022 年 1 月

前　言

　　《人民日报》将 2013 年视为中国大数据的"元年"。迄今为止,中国大数据发展虽然不到 10 年的时间,但发展势头迅猛。今天,我们在互联网和移动互联网上的一切行为都在产生数据,无穷无尽的大数据已成为数字经济发展的土壤。越来越多的人认识到:数据可以治国,也可以强国。大数据是 21 世纪隐形的金矿,蕴藏着巨大的商业价值。大数据的优势不在于数据量大,而在于它的分析能力。大数据将成为第三次浪潮的华彩乐章。

　　大数据的发展推动了关键领域的技术进步,引发了重大的思维变革和管理变革,也带来了市场环境的急剧变化。当下,人口红利、互联网流量红利逐渐消失,视频直播带货等营销方式日益火爆。企业营销人员一方面意识到传统营销模式越来越难以适应消费者日益增加的个性化需求,当企业缺乏有效连接用户的平台和渠道来进行营销工作时,营销策略就难以满足消费者和企业双方的需求;另一方面也发现了大数据的商业价值,并力图将大数据应用到客户上,利用大数据的挖掘和分析技术,洞察消费者需求,更好地帮助业务增长,将大数据"变现"为消费者价值和公司价值。在此背景下,大数据营销应运而生,浪潮澎湃。

　　大数据、人工智能等技术的迅猛发展给市场营销带来新的机会。大数据营销的思维首先应该是消费者思维。当前,消费者获取信息的方式发生了变化。以前企业掌握信息优势和主动权,消费者被动接收信息;现在随着智能手机的普及,消费者可以随时随地、主动搜索获得信息,消费者在线行为变得极其活跃,消费需求倾向通过一站式购物来解决。此时,企业应该考虑的问题是:消费者在什么时间,什么场景,需要什么样的商品,我们如何更贴心地满足他们?

　　在执行层面,大数据让营销变得更精准。通过"消费者画像"帮助营销人员精确识别出最有价值的客户,实现了实时化、个性化、定量化的大数据驱动营销模式。大数据为营销决策提供了定量依据,优化营销决策流程和营销组合,提升消费者体验、消费者价值和公司价值。当然,大数据带给营销人员的也是挑战。过去的营销人员没有机会面对如此庞大而复杂的数据,所以,如何有效分析和管理数据,进而由此研究消费者的行为特征,成为非常重要的问题。

　　2022 年 1 月,国务院印发《"十四五"数字经济发展规划》,提出到 2025 年,数字经济迈向全面扩展期,数字经济核心产业增加值占 GDP 比重从 2020 年的 7.8% 提升到 10%,并提出了 11 个提升工程的专项建设。2021 年,全国 41 所高校新增"数字经济"本科专业。本书作为"数字经济系列教材"之一,适合作为数字经济专业学生、市场营销(大数据营销方向)专业学生、电子商务专业学生的教材用书,也可供各行业市场部门、运营部门、数据部门等人员、大数据从业人员以及对大数据在营销领域应用感兴趣的人员参考,本书可以帮助读者拓宽视野,了解更多的大数据营销知识。

本书共分为 10 章,历时 2 年完成。其中,第 1 章到第 5 章由段晓梅副教授负责编写,从认识大数据开始,引出大数据营销相关概念与理论,目的是帮助读者建立大数据与大数据营销的基本认知,在此基础上,深入探究大数据营销流程,洞察消费者需求,形成大数据驱动的营销组合创新。第 6 章到第 8 章由陈义涛博士负责编写,重点剖析了大数据营销的三大策略——个性化营销策略、精准营销策略和关联营销策略及案例。第 9 章、第 10 章由陆文讲师负责编写,结合大数据的应用场景,介绍大数据营销的行业应用,并详细解读大数据营销的伦理风险。本书内容全面系统,综述了国内外前沿的大数据营销理论,并使理论和案例相结合,同时结合国内知名企业的数字化改革,突出了大数据营销的实操性。

大数据营销尚处于开始阶段,大多数企业的大数据营销实践也处于起步阶段,本书只是为读者打开了洞察大数据营销的一扇窗。书中内容难免有疏漏,不妥之处还请读者批评指正。

本书得到广西高等教育本科教学改革工程立项项目《基于 OBE 理念的大数据营销应用型人才培养模式改革与实践》(批准号:2020JGB195)及广西教育科学规划课题《新时代素质教育背景下广西大学生财经素养及其路径研究》(批准号:2021ZJY916)的支持。

最后,感谢大数据营销创新团队同仁的支持,感谢朋友们的帮助,感谢家人们的关怀!谨以此书献给数字经济浪潮中致力于大数据营销的朋友们!

编 者

2022 年 3 月

Contents

第 **1** 章　**认识大数据** ·· (001)

1.1　什么是大数据? ·· (001)

1.2　大数据的产生与发展 ·· (006)

1.3　大数据的商业价值 ·· (013)

1.4　大数据的支撑技术 ·· (016)

1.5　大数据时代的变革 ·· (019)

第 **2** 章　**大数据营销概述** ·· (026)

2.1　传统营销回顾 ·· (026)

2.2　大数据营销理论基础 ·· (029)

2.3　大数据营销的发展历程 ·· (033)

2.4　大数据营销的职责 ·· (036)

2.5　大数据营销的人才需求与培养 ·· (039)

第 **3** 章　**大数据营销流程** ·· (043)

3.1　构建数据管理平台 ·· (043)

3.2　数据采集 ··· (045)

3.3　数据处理 ··· (048)

3.4　营销数据挖掘与营销模型 ··· (054)

第 **4** 章　**大数据时代的消费者洞察** ······································ (063)

4.1　什么是消费者需求 ·· (063)

4.2　消费者需求管理 ·· (068)

4.3　基于大数据的消费者洞察 ··· (074)

第 **1** 章

认识大数据

（1）理解大数据的含义、特点和分类。

（2）了解大数据的产生与发展,掌握大数据发展的主要方向。

（3）理解大数据的商业价值。

（4）掌握大数据的技术架构,了解大数据的关键技术。

（5）理解大数据所引发的思维变革和管理变革。

"大数据"一词产生于 20 世纪 80 年代,世界著名的未来学专家阿尔文·托夫勒是"大数据"这一词汇的第一提及人。1980 年,托夫勒在其著作《第三次浪潮》里提及"所谓第三次浪潮,即是在农业文明、工业文明之后的信息社会",而"大数据是第三次浪潮的华彩乐章"。2011 年 6 月,麦肯锡公司发布了颇具影响力的大数据报告:《大数据:创新、竞争和生产力的下一个前沿》,指出了大数据将成为竞争的关键基础,支撑新的生产力增长。大数据的魅力在于它蕴藏着巨大的商业价值,而要想挖掘利用其中的商业价值,首先要正确理解大数据。

1.1 什么是大数据?

1.1.1 大数据的含义

大数据这一术语产生于全球数据爆炸增长的背景下,用来形容庞大的数据集合。今天是一个大量数据公开于大众的时代,因为无处不在的传感器和微处理器,所有的机械或电子设备都可以留下表明性能、位置、状态的数据痕迹。从网络摄像头、博客、微博、微信到超级计算机的仿真,来自不同渠道、不同形式的数据如潮水一般向我们涌来。中国海量数据快速增长,数据量年均增速超过 50%,2020 年,全球数据总量约为 44 ZB(1 ZB=10 亿 TB=1 万亿 GB),中国数据总量约为 8 ZB,占比约为 20%。中国成为数据量最大、数据类型最丰富的国家之一。而到 2030 年,全球数据总量将达到 2 500 ZB。如何收集、保存、维护、管理、分析、共享正在呈指数级增长的数据是当今社会必须面对的一个重要挑战。

小数据时代,信息的存储单位最大以 TB 计。比如,一首歌存储容量约为 4 MB,一部电影存储容量约为 1 GB,一座普通图书馆的藏书约为 1 TB。与此相反,大数据是以 PB、EB、ZB 为单位进行计量的,如图 1-1 所示。其中,1 PB 相当于 50% 全美学术研究图书信息内容,5 EB 相当于至今全世界人类说过的话语,1 ZB 相当于全世界海滩上沙子数量的总和,1 YB 相当于 7 000 人体内细胞的总和。以大数据企业脸书(Facebook)为例,Facebook 每天产生超过 500 TB 的数据,该容量的数据包括在 Facebook 上分享 25 亿条内容、27 亿"赞"的数量、上传的 3 亿照片等。

1 Byte=8 Bit
1 KB=1 024 Bytes
1 MB=1 024 KB=1 048 576 Bytes
1 GB=1 024 MB=1 048 576 KB=1 073 741 824 Bytes
1 TB=1 024 GB=1 048 576 MB=1 099 511 627 776 Bytes
1 PB=1 024 TB=1 048 576 GB=1 125 899 906 842 624 Bytes
1 EB=1 024 PB=1 048 576 TB=1 152 921 504 606 846 976 Bytes
1 ZB=1 024 EB=1 048 576 PB=1 180 591 620 717 411 303 424 Bytes
1 YB=1 024 ZB=1 048 576 EB=1 208 925 819 614 629 174 706 176 Bytes

图 1-1 数据量级图

2011 年,麦肯锡在其《大数据:创新、竞争和生产力的下一个前沿》大数据报告中,首次明确提出了大数据的含义。大数据是指数据量级超过传统数据库软件工具捕获、存储、管理和分析能力的数据集。

维基百科对大数据的定义是:大数据是无法在一定时间内用常规软件工具对其内容进行抓取、管理和处理的大量而复杂的数据集合。

美国 IT 研究与顾问咨询公司加特纳(Gartner)对大数据的定义是:大数据是体量大、快速和多样化的信息资产,需要高效率和创新型的信息技术加以处理,以提高发现洞察、做出决策和优化流程的能力。

美国国家标准与技术研究院(The National Institute of Standards and Technology,NIST)对大数据的定义是:大数据是数量大、获取速度快或形态多样化的数据,难以用传统关系型数据分析方法进行有效分析,而是需要大规模的水平扩展才能高效处理。

大数据专家涂子沛在《大数据》一书中分析了大数据的三大成因。他认为大数据形成的主要原因如下:一是基于摩尔定律,人类保存数据的能力增强;二是基于社交媒体发展,人类生产数据的能力增强;三是基于数据挖掘能力,人类使用数据的能力增强。同时,涂子沛从价值维度和容量维度定义大数据,如图 1-2 所示。

1.1.2 大数据的特点

维克托·迈尔-舍恩伯格和肯尼斯·库克耶在《大数据时代》一书中提出了大数据具有 4 V 特点:

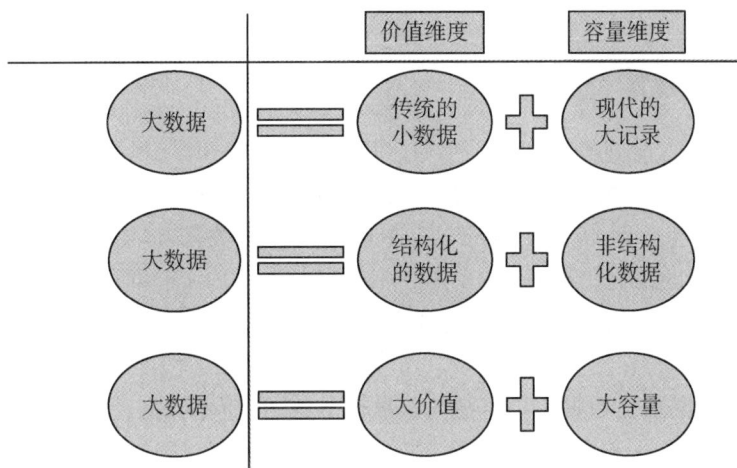

图 1-2　大数据的概念和维度

（1）数据量大（volume）。随着时间推移和技术进步，数据的存储单位从 GB 到 TB，再到现在的 PB、EB。大数据呈爆发式增长，数据集的大小以及数量级在不断增加，尤其是以音频、视频、图片为主的非结构化的数据呈超大规模增长，许多行业的大数据的数据集大小范围从几十 TB 到几 PB（1 PB＝1 024 TB）。以应用较为广泛的淘宝网和 Facebook 为例，淘宝网有近 4 亿的会员，日均产生的商品交易数据约为 20 TB；Facebook 有近 10 亿的用户，日均产生的志数据约为 300 TB。

（2）数据输入和处理速度快（velocity）。处于互联网和移动互联网上的用户，每天都在为大数据提供资料，这些数据是需要实时处理的。因为花费大量资本去存储作用较小的历史数据是不经济的，一个平台往往仅仅保存过去几天或几个月的数据，远期历史数据会及时清理。因而大数据对数据处理速度有着严格的要求，服务器中大量资源都用于处理和计算数据，一些平台甚至需要做到实时分析。数据源源不断，谁的数据处理速度快，谁就有优势，"唯快不破"。

（3）数据多样性（variety）。大数据来源广泛，一是来源于商业企业，如电信、金融、电商平台、社交网站等；二是来源于政府，如人口普查、户籍登记、社保、医保等。大数据来源的广泛性决定了其形式的多样性，主要包括结构化的日志数据和非结构化的数据，如图片、音频、视频等。一些主流的 App（应用软件）如淘宝、网易云音乐等会对用户的日志数据进行分析，进而向用户推荐其喜欢的产品或服务。

（4）数据价值密度低（value）。这是大数据的核心特征。在现实世界所产生的如此庞杂的大数据中，有价值的数据所占比例很小。相比于传统的小数据，大数据的价值在于从大量不相关的数据中，挖掘出对未来趋势预测分析有价值的数据，通过机器学习、人工智能、数据挖掘等方法进行深度分析，从而发现新规律和新知识，并应用于相应的领域，最终达到提高生产效率、改善社会治理的目的。

正如涂子沛在 2013 年出版的《大数据》中所述，"大数据"之"大"，并不仅仅在于其"容量之大"，更多的意义在于：人类可以"分析和使用"的数据在大量增加，通过这些数据的交换、整合和分析，人类可以发现新的知识，创造新的价值，带来"大知识""大科技""大利润"

和"大发展"。

1.1.3　大数据的分类

根据国际数据公司的测算,2011年数字世界产生约1 800 EB的数据。截至2020年,有300亿个设备连到互联网,数据以每两年翻一番的速度增长,平均每人将拥有5.2 TB的数据,数字宇宙将会达到40 ZB。传统IT企业的结构化数据和非结构化数据增长惊人。2005年,企业存储的结构化数据为4 EB,2015年增至29 EB,年复合增长率超过20%;音频、视频、图片等非结构化数据发展更为迅猛,2005年为22 EB,2015年增至1 600 EB,年复合增长率约为60%。

按照数据来源分,大数据主要划分为互联网数据、传感器数据、实时数据三大类。

(1) 大数据的第一来源是互联网数据。国内以BAT为首的互联网企业坐拥大比例的互联网数据。阿里巴巴拥有90%以上的电商数据,包括用户交易数据、用户浏览和点击网页数据、购物数据等;百度坐拥70%以上的搜索数据,包括中文网页、百度推广、百度日志等;腾讯坐拥大量的关系类数据,包括大量社交,游戏等领域累积的文本、音频、视频等数据。

(2) 大数据的第二个来源是传感器数据。传统的摄像头被视为原始的传感器,现在广泛使用的是射频识别芯片。传感器目前被大量应用于工作和生活场景,如零售业结算、物流跟踪、仓储管理、可穿戴设备以及物联网等。

(3) 大数据的第三个来源是实时数据。实时数据是指不断更新、快速变化的数据。主要是指在工业监控、智能交通、智能楼宇、通信、公用工程、环境、地理等领域所产生的实时数据。

按照存储形式分,大数据可分为结构化数据、非结构化数据和半结构化数据。

(1) 结构化数据是指用关系型数据库表示和存储的行数据,用二维表结构来表示,一般先有结构后有数据,结构一般不变,结构化数据处理起来较为方便。

(2) 非结构化的数据是没有固定结构的数据,包括各种文档、文本、图片、音频、视频等,非结构化数据存储在非结构数据库中。

(3) 半结构化数据是介于结构化数据和非结构化数据之间的数据,数据模型表现为树和图的形式,包括HTML、XML文档等。

按照数据产生的行业领域划分,大数据可分为电信行业大数据、金融与保险行业大数据、电力与石化行业大数据、公共安全领域大数据、交通领域大数据、医疗卫生领域大数据。

(1) 电信行业大数据涵盖了用户上网记录、通话、信息、地理位置等数据,我国单个运营商拥有的数据数量均在10 PB以上,用户数据增长数十PB/年。

(2) 金融与保险行业大数据涵盖了开户信息数据、银行网点数据、在线交易数据以及自身运营的数据等,我国金融系统每年产生的数据达数十PB,保险系统的年数据量也接近PB级别。

(3) 电力与石化行业大数据主要包括国家电网、石油化工、智能水表等每年产生和保存的数据,均达到数十PB级别。

（4）公共安全领域大数据主要是视频监控保存下来的数据，每年的数据量达数百 PB。仅北京市就有约 50 万个监控摄像头，每天采集视频数据量约 3 PB。

（5）交通领域大数据主要是列车、水陆空运输产生的各种视频、文本数据，数据量年均达数十 PB。以空运为例，航班往返一次产生的数据量就达 TB 级别。

（6）医疗卫生领域大数据涵盖了整个医疗卫生行业保存下来的数据，我国医疗卫生领域的年数据存储量达数百 PB。

此外，按照数据产生主体分，大数据可分为少量企业应用产生的数据、大量个人产生的数据以及巨量机器产生的数据。

【案例 1-1】

智慧战疫
——中国新冠疫情防控中的大数据应用

2019 年底，新冠肺炎疫情在湖北武汉暴发，并于 2020 年初迅速向全国蔓延。疫情来势汹汹，党中央、国务院、各级地方政府和全国军民共克时艰，到 2020 年 4 月底，这场倾举国之力的疫情防控"战役"终于初见成效。而在这个过程中，大数据、云计算、人工智能等快速发展的新一代信息通信技术，与疫情期间国家治理的方方面面深度融合，成为科技"战疫"的先锋。

大数据作为信息科技的基础，具有体量巨大、数据种类多样、处理速度快和价值密度低等鲜明特点，在疫情追踪、溯源与预警、辅助医疗救治、助力资源合理配置及辅助决策中得到广泛应用，全面配合了"智慧战疫"。

大数据在中国疫情防控过程中主要起了三大作用。

第一，整合系统，追踪疫情发展动态。在疫情期间，对疫情的追踪、溯源与预警对于控制疫情扩散发挥着重要作用。确定高危人群、潜在高危人群、潜在风险人群，并进行精准排查、预防、监测等，全程都需要数据支撑。工业和信息化部迅速整合资源，建立疫情电信大数据分析模型，统计全国，特别是武汉市和湖北省等地区的人员向不同城市流动的情况，从而帮助预判疫情传播趋势，提升各地疫情防控工作效率。中国有 16 亿手机用户，在疫情防控过程中，运营商凭借所掌握的数据资源规模大、人群覆盖率高、有时空连续性等特点，积极参与了工业和信息化部的大数据咨询。疫情期间，一款"密切接触者测量仪"于 2020 年 2 月初投入使用。由于得到卫生健康、民航、交通、铁路等相关部门的权威数据资源支持，普通民众通过输入个人信息就可以查询自己是否为新冠肺炎病人的密切接触者。同时，航空、铁路的实名旅客大数据也能帮助各个城市的防控前线部门，更快找到疫情高发区返回的人员。此外，互联网公司基于手机 App 定位系统所获取的用户位置信息，也可以帮助判断整体的人口流动方向。

第二，辅助医疗，提高救治与科研效率。一方面，可以通过基于大数据的人工智能及其他医学相关技术，辅助或加速确诊病例的判断与救治；另一方面，为了减轻医务人员负担,避免人员交叉感染,越来越多的基于大数据的智能机器人应用在抗疫前线。这些机器人在医院承担为隔离病房配送餐饮、生活用品、医疗物资等任务,新研发的清洁消毒一体机器人还可以对医院内的环境实现自主定位,提前规避密集人流,高效完成清扫任务。同时,大数据还可以识别高风险人群,助力基因检测、疫苗研发等重要的医疗科研工作,提升科研效率。

浙江省杭州市运用数字赋能,利用大数据、移动互联网等手段加强新冠肺炎疫情防控。该平台可以实现自行在线申报,经后台审核生成专属的不同颜色的二维码,作为个人在本地区出入通行的电子凭证,实现一次申报、动态管理、跨域互认、全省通用。

第三,合理配置,避免资源"旱涝不均"。首先,通过大数据整合防疫资源信息,查询了解资源分配态势和需求态势。比如主要查询企业信息数据的一款应用程序,在疫情期间重点梳理了生产前线紧缺医疗防护物资的企业信息,并向相关部门提供了一份防护服、消毒喷雾、医用酒精和红外线体温计等四大类生产企业的列表,详细梳理了这些企业的区块分布、企业规模以及联系方式等信息。相关部门拿到名单后快速梳理产能,制定企业医疗补贴政策和专项扶持,让企业尽快恢复生产。其次,物资精准投送。在整合物资信息的基础上,对接精准物流是一个重要环节。例如,除了常规的物资供应链运转外,为降低疫区配送人员在高危环境下配送时被感染的风险,一款智能仓储自动导航(AGV)机器人在武汉等地区已参与到配送服务中。而在河北、内蒙古等农村地区,物流无人机也逐步开展配送工作,为已封闭、隔离的偏远山区提供物流服务。

当然,疫情防控期间大数据技术的广泛使用体现出这一信息技术的应用优势,也暴露出一些短板,如数据采集与分析质量亟待提升。比如,一些国际学者基于我国学者发表的基础数据,在第一时间快速建立起新冠肺炎的传染模型,与疫情随后发展的实际情况契合度很高。而中国最先产生了大量原始数据,却没能发展出这样的建模创新研究。此外,公民个人信息保护压力倍增,隐私信息泄露风险加大,存在巨大的信息安全隐患。

新冠疫情仍未结束,大数据将持续为"战疫"助力。但大数据代表的终究只是信息,而非智慧,只有为人类的智慧所用,大数据的能量才会真正爆发。

【思考】

1. 在新冠疫情的防控过程中,我国是如何应用大数据实现智慧战疫的?
2. 当前,大数据在我国哪些领域、行业得到了应用?

1.2 大数据的产生与发展

1.2.1 大数据的产生

正解"大数据",应首先研究数据的来源。"数据",顾名思义是指"有根据的数字"。数据的三大来源包括测量、记录和计算。数据最早来源于测量,是对客观世界测量结果的记录,并非随意产生的。没有测量,就没有数据,也就没有科学。数据还来源于记录,如人类文明之初的"结绳记事"。除了测量和记录,数据还可以由旧数据计算衍生而来。由于测量、记录和计算都是人为的,所以正如专家涂子沛所说,"世上本没有数,一切数据都是人为的产物"。从文明之初的"结绳记事",到文字发明之后的"文以载道",再到现代科学的"数据建模",数据伴随着人类社会发展的变迁,见证了人类基于数据和信息世界的认知及所取得的巨大进步。

20 世纪 60 年代以后,随着软件科学的发展,数据库的广泛使用,数据不仅指"有根据的记录",还包括一切保存在电脑中的信息,包括文本、图片、视频等。因而,数据成为"数字、文本、图片、视频"等的统称。同时,随着数据库的发明和应用,数据的总量在不断增加,且增长速度不断加快。

1980—2008 年是大数据的萌芽期。

1980 年,未来学家托夫勒在其所著的《第三次浪潮》中提到"大数据"一词。书中将"大数据"称为"第三次浪潮的华彩乐章"。

1998 年,美国高性能计算公司 SGI 的首席科学家约翰·马西(John Mashey)在一个国际会议报告中指出,随着数据量的快速增长,必将出现数据难理解、难获取、难处理和难组织等四个难题,并用"Big Data(大数据)"来描述这一挑战,在计算领域引发思考。

2007 年,随着社交网络的激增,技术博客和专业人士为大数据概念注入新的生机。

2007 年,数据库领域的先驱人物吉姆·格雷(Jim Gray)指出,大数据将成为人类触摸、理解和逼近现实复杂系统的有效途径,并认为在实验观测、理论推导和计算仿真等三种科学研究范式后,将迎来第四范式——"数据探索"。后来同行学者将其总结为"数据密集型科学发现",开启了从科研视角审视大数据的热潮。2012 年,牛津大学教授维克托·迈尔-舍恩伯格(Viktor Mayer-Schnberger)在其畅销著作《大数据时代(*Big Data：A Revolution That Will Transform How We Live，Work，and Think*)》中指出,数据分析将从"随机采样""精确求解"和"强调因果"的传统模式演变为大数据时代的"全体数据""近似求解"和"只看关联不问因果"的新模式,从而引发商业应用领域对大数据方法的广泛思考与探讨。

2005 年,Hadoop 项目诞生。Hadoop 项目最初只是雅虎公司用来解决网页搜索的一个项目,后被 Apache Software Foundation 公司引入并成为开源应用。Hadoop 不是一个产品,而是多个软件产品组成的一个生态系统,为大数据分析提供服务。

2008 年 9 月,*Nature* 杂志推出了名为"大数据"的封面专栏,从科学及社会经济等多个领域描述了"数据信息"在其中所扮演越来越重要的角色,让人们对"数据信息"的广阔前景有了更多的期待,对身处或即将来临的"大数据时代"充满了好奇。

2008 年末,美国技术社区联盟(Computing Community Consortium)发表白皮书《大数据计算:在商务、科学和社会领域创建革命性突破》,它使人们的思维不再仅局限于数据处理,提出:大数据真正重要的是新用途和新见解,而非数据本身。

媒体对大数据的宣传于 2012 年、2013 年掀起高潮,2014 年后"大数据"的概念体系逐渐成形,对其认知亦趋于理性。大数据相关技术、产品、应用和标准不断发展,逐渐形成包括数据资源与 API、开源平台与工具、数据基础设施、数据分析、数据应用等板块构成的大数据生态系统,并持续发展和不断完善,其发展热点呈现了从技术向应用,再向治理的逐渐迁移。

目前,大部分学者对大数据已经形成基本共识,即大数据现象源于互联网及其延伸所带来的无处不在的信息技术应用,以及信息技术的不断低成本化。大数据泛指无法在可容忍的时间内,用传统信息技术和软硬件工具对其进行获取、管理和处理的巨量数据集合,其具有海量性、多样性、时效性及可变性等特征,需要可伸缩的计算体系结构以支持其存储、处理和分析。

1.2.2 大数据的发展

1. 大数据的发展阶段

1) 2009—2012 年,大数据成长期

截至 2009 年 12 月 31 日,中国互联网络信息中心(CNNIC)统计数据显示,中国网民规模达到 3.84 亿人,互联网普及率达到 28.9%。宽带网民规模达到 3.46 亿人,国际出口带宽达 866 367 Mbps(Mb/s),科技发达,信息流通,互联网数据呈爆发式增长。

2010 年 2 月,肯尼斯·库克尔在《经济学人》上发表了长达 14 页的大数据专题报告《数据,无所不在的数据》。报告指出:"世界上有着无法想象的巨量数字信息,并以极快的速度增长。从经济界到科学界,从政府部门到艺术领域,很多方面都已经感受到了这种巨量信息的影响。"库克尔因此成为最早洞见大数据时代趋势的数据科学家之一。

2011 年 6 月,麦肯锡发布研究报告《大数据:下一个创新、竞争和生产率的前沿》。报告指出:大数据已经渗透到当今的每一个行业和业务职能领域,成为重要的生产因素。人们对于海量数据的挖掘和运用,预示着新一波生产率增长和消费者盈余浪潮的到来。同时提到,"大数据"源于数据生产和收集的能力以及速度的大幅提升——由于越来越多的人、设备和传感器通过数字网络连接起来,产生、传送、分享和访问数据的能力得到彻底变革。

2011 年 12 月,我国工业和信息化部关于印发《物联网"十二五"发展规划》的通知,把信息处理技术作为 4 项关键技术创新工程之一被提出来,其中包括了海量数据存储、数据挖掘、图像视频智能分析,这些是大数据的重要组成部分。2012 年 7 月,我国《"十二五"国家战略性新兴发展规划》中指出:加强以网络化操作系统、海量数据处理软件等为代表的基础软件、云计算软件、工业软件、智能终端软件、信息安全软件等关键软件的开发。

2012 年,维克托·迈尔-舍恩伯的《大数据时代》风靡全球,推动了大数据的进一步发展。同年 1 月,在瑞士达沃斯召开的世界经济论坛发布了《大数据,大影响》(Big Data, Big Impact)报告,指出数据已经成为一种新的经济资产类别,就像货币或黄金一样。同年 3 月,美国政府发布《大数据研究和发展倡议》,并投入 2 亿美元用于大数据领域。与此同时,美国白宫科技政策办公室发布《大数据研究和发展计划》,成立"大数据高级指导小组",深入推动大数据技术研发,同时还鼓励产业、大学和研究机构、非营利机构与政府一起努力,共享大数据提供的机遇。这成为大数据技术从商业行为上升到美国国家科技战略的分水岭。这一阶段,大数据市场迅速成长,伴随着互联网的成熟,大数据技术逐渐被

大众熟悉和使用。

2）2013—2015 年，大数据爆发期

2013 年被《人民日报》称为中国大数据元年，中国三大互联网公司各显身手，分别推出创新性大数据应用。同年 11 月，国家统计局与阿里、百度等 11 家企业签署了战略合作框架协议，推动了大数据在政府统计中的应用。与此同时，国家自然科学基金、973 计划、核高基、863 等重大研究计划都已经把大数据研究列为重大的研究课题。

2014 年，"大数据"首次写入我国《政府工作报告》，大数据上升为国家战略。同年5 月，美国发布《大数据：把握机遇，守护价值》白皮书，对美国大数据应用与管理的现状、政策框架和改进建议进行了集中阐述。该白皮书表示，在大数据发挥正面价值的同时，应该警惕大数据应用对隐私、公平等长远价值带来的负面影响。

2015 年 4 月，全国首个大数据交易所（贵阳大数据交易所）正式挂牌运营。同年 8 月，国务院发布《促进大数据发展行动纲要》，对中国大数据发展进行国家顶层设计和总体部署。

这一阶段，大数据迎来了发展的小高潮，包括我国在内的世界各国纷纷布局大数据战略。如表 1-1 所示，美国、日本、英国、法国、澳大利亚、中国等国在大数据领域进行了研究部署，纷纷推出本国的公共数据开放网站，以使更多的人可以使用大数据资源，并从中获得利益。大数据时代悄然开启。

表 1-1　各国的大数据国家战略概况

国家	政策名称	政策内容
美国	《大数据研究和发展倡议》（2012）	投入 2 亿美元用于大数据领域
	《大数据研究和发展计划》（2012）	成立"大数据高级指导小组"，鼓励政产学研合作
	《大数据：把握机遇，守护价值》（2014）	阐述现状、政策框架和改进建议
日本	《面向 2020 年的 ICT 综合战略》（2012）	关注智能技术开发和大数据应用
英国	《数据能力战略》（2013）	英国政府在大数据和节能计算研究上投入 1.89 亿英镑
法国	《数字化路线图》（2013）	投入 1.5 亿欧元支持五项战略性技术，大数据是其中一项
澳大利亚	《公共服务大数据战略》（2013）	以六条"大数据原则"为支撑，旨在推动公共服务行业的大数据改革
中国	《促进大数据发展行动纲要》（2015）	第一个真正意义上的国家战略，对中国大数据发展进行总体部署
	《大数据产业发展规划（2016—2020）》（2016）	明确"十三五"期间大数据的发展目标和重点任务
	《中国大数据人才培养体系标准》（2017）	推进大数据人才培养

资料来源：作者根据公开资料整理而得。

3) 2016 年以来,大数据快速发展期

2016 年 1 月,《贵州省大数据发展应用促进条例》出台,成为我国第一部大数据地方法规。2016 年 2 月,国家发展改革委、工业和信息化部、中央网信办同意贵州省建设国家大数据(贵州)综合试验区,这也是首个国家级大数据综合试验区。同年 10 月,国家同意在京津冀、珠江三角洲、上海、重庆、河南等 7 个区域推进国家大数据综合试验区建设。

2016 年 2 月,教育部发布的《2015 年普通高等学校本科专业备案和审批结果》中首次增加了"数据科学与大数据技术专业",设计了相对完善的大数据课程体系。2017 年 11 月,《中国大数据人才培养体系标准》正式发布,进一步推进大数据人才培养。

2017 年 1 月,工业和信息化部印发《大数据产业"十三五"发展规划》。2018 年,地方政府陆续成立大数据局,着手体制机制建设。

2020 年,数据成为市场配置的关键生产要素。"数据安全""数据治理""数据交易"逐渐成为指导中国推进经济社会高质量发展的重要力量。根据赛迪顾问统计显示,2020 中国大数据产业规模达 6 388 亿元,同比增长 18.6%,预计未来三年增速保持在 15% 以上,到 2023 年,产业规模将超过 10 000 亿元。

在《国民经济和社会发展第十四个五年规划和 2035 年远景目标纲要》中,将"加快数字化发展,建设数字中国"作为独立篇章,从打造数字经济新优势到加快数字社会建设步伐,从提高数字政府建设水平再到营造良好数字生态,勾画出未来五年数字中国建设的新图景,并明确指出大数据是七大数字经济重点产业之一。这表明,进入数字时代,以大数据为重点的数字产业迎来了新的发展阶段和机遇,全方位、深层次激活数据要素潜能、释放数据要素价值将驱动大数据产业高质量发展。

据《2021 年中国大数据产业白皮书》报告,截至 2021 年 8 月 31 日,我国大数据企业达 6 万余家。从大数据企业来看,我国大数据市场供给结构初步形成,呈现三角形结构,即以百度、阿里、腾讯为代表的互联网企业,以华为、联想、浪潮、曙光、用友等为代表的传统 IT 厂商,以亿赞普、拓尔思、海量数据、九次方等为代表的大数据企业。从行业上来看,大数据企业主要集中在信息传输、软件和信息技术服务业、科学研究和技术服务业、租赁和商务服务业几个行业。从地域分布来看,"北上广"的大数据企业接近全国一半,我国大数据产业的集聚发展效应开始显现,出现京津冀区域、长三角地区、珠三角地区和中西部四个集聚发展区,各具发展特色。京津冀区域以北京为核心,依托中关村在信息产业的领先优势,快速集聚和培养了一批大数据企业,启动全国首个大数据交易平台,形成京津冀"大数据走廊";长三角地区城市将大数据与当地智慧城市、云计算发展紧密结合,吸引并集聚了一大批大数据企业;珠三角地区在产业管理和应用发展等方面率先突破,对大数据企业扶持力度大,集聚效应明显。目前,国内大数据已被广泛应用到政府公共管理、金融、交通、零售、医疗、工业制造等领域,并催生出万亿级产业。

可以看出,自 2016 年以后,我国大数据产业取得了突破性的发展。大数据产业规模持续稳步提升,产业价值不断释放;大数据相关政策陆续出台,产业发展环境日益优化;新型数据中心、5G 等大数据相关基础设施部署进程加快;大数据企业快速成长,培育和发展了一批有竞争力的创新型企业;大数据要素潜能逐渐释放,政府、企业、消费者数字化意识明显增强;大数据与各产业广泛融合,工业大数据、健康医疗大数据、金融大数据等日渐成

熟,支撑各产业优化升级;政府数据大量开放共享,有效提升政府服务能力,推动数字政府建设。

2. 大数据的应用

按照数据开发应用深入程度的不同,大数据应用分为描述性分析应用、预测性分析应用和指导性分析应用三个层次。不同类型的应用意味着人类和计算机在决策流程中不同的分工和协作,应用层次越深,计算机承担的任务越多、越复杂,效率提升也越大,价值也越大。

第一层次:描述性分析应用,是指通过大数据分析相关的信息和知识,帮助人们分析发生了什么,并以可视化形式呈现事物的发展历程。如美国的 DOMO 公司,从其企业客户的各个信息系统中抽取、整合数据,再以统计图表等可视化形式,将数据蕴含的信息推送给不同岗位的业务人员和管理者,帮助其更好地了解企业现状,进而做出决策。

第二层次:预测性分析应用,是指通过大数据分析事物之间的关联关系、发展模式等,并据此对事物发展的趋势进行预测。如微软公司纽约研究院研究员 David Rothschild,通过收集和分析赌博市场、好莱坞证券交易所、社交媒体用户发布的帖子等大量公开数据,建立预测模型,对多届奥斯卡奖项的归属进行预测。2014 年和 2015 年,均准确预测了奥斯卡共 24 个奖项中的 21 个,准确率达 87.5%。

第三层次:指导性分析应用,是指在前两个层次的基础上,分析不同决策将导致的后果,并对决策进行指导和优化。如无人驾驶汽车分析高精度地图数据和海量的激光雷达、摄像头等传感器的实时感知数据,对车辆不同驾驶行为的后果进行预判,并据此指导车辆的自动驾驶。

当前,大数据的应用尚处于初级阶段,以描述性和预测性应用为主,指导性深层次的应用偏少,仅在人机博弈等非关键性领域取得较好应用效果。在自动驾驶、政府决策、军事指挥、医疗健康等领域应用价值较高,但在与人类生命、财产、发展和安全紧密关联的领域,要真正获得有效应用,仍面临一系列有待解决的重大基础理论和核心技术挑战。

3. 大数据的治理

当前,大数据俨然成为一项重要的战略资产。但对于大多数单一组织而言,其数据往往仅包含事物的某个片面、局部信息,仅靠自身积累,难以聚集高质量的数据。因而,数据共享开放和数据跨域流通的需求迫在眉睫。为了让数据有序流通和共享,大数据治理须在隐私保护和数据安全方面加强规范和限制。

中国在针对互联网环境下的个人信息保护,制定了《全国人民代表大会常务委员会关于加强网络信息保护的决定》《电信和互联网用户个人信息保护规定》《全国人民代表大会常务委员会关于维护互联网安全的决定》和《消费者权益保护法》等相关法律文件。早在 2016 年 11 月 7 日,全国人大常委会通过的《中华人民共和国网络安全法》就明确了对个人信息收集、使用及保护的要求,并规定了个人对其个人信息进行更正或删除的权利。2019 年,中央网信办发布了《数据安全管理办法(征求意见稿)》,明确了个人信息和重要数据的收集、处理、使用和安全监督管理的相关标准和规范。

2018 年 5 月 25 日,欧盟制定的"史上最严格的"数据安全管理法规《通用数据保护条例》(General Data Protection Regulation,GDPR)正式生效。《条例》生效后,Facebook 和谷歌等互联网企业即被指控强迫用户同意共享个人数据而面临巨额罚款。

2020年1月1日,被称为美国"最严厉、最全面的个人隐私保护法案"——《加利福尼亚消费者隐私法案》(CCPA)正式生效。CCPA规定了新的消费者权利,旨在加强消费者隐私权和数据安全保护,涉及企业收集的个人信息的访问、删除和共享,企业负有保护个人信息的责任,消费者控制并拥有其个人信息。在这种情况下,过去利用互联网平台中心化搜集用户数据,实现平台化的精准营销的这一典型互联网商业模式将面临重大挑战。

当前,大数据的治理体系还处于雏形阶段,隐私保护、数据安全与数据共享利用效率之间尚存在明显矛盾,成为制约大数据发展的重要短板。各界已经普遍认识到了大数据治理的重要意义,大数据治理体系建设已成为大数据发展重点。

4. 大数据与数字经济

信息化在其发展进程中,经历了数字化、网络化、智能化三个发展阶段。20世纪80年代,信息数字化始于个人计算机大规模普及应用,且以单机应用为主要特征,此为信息化1.0阶段;20世纪90年代,互联网大规模商用进程推动了信息网络化,且互联网应用为主要特征,此为信息化2.0阶段;21世纪初叶,信息智能化以数据的深度挖掘和融合应用为主要特征,此为信息化3.0阶段。数字化奠定基础,实现数据资源的获取和积累;网络化构建平台,促进数据资源的流通和汇聚;智能化展现能力,通过多源数据的融合分析呈现信息应用的类人智能,帮助人类更好地认知复杂事物和解决问题。

在信息化3.0阶段,信息技术从助力经济发展的辅助工具向引领经济发展的核心引擎转变,进而催生一种新的经济范式——"数字经济"。

早在1996年,美国学者泰普斯科特在《数字经济时代》一书中便正式提出了数字经济的概念。之后,许多机构、学者、企业家、政府官员等从不同角度出发对其进行了阐释。

腾讯公司董事会主席兼首席执行官马化腾说:数字经济是指利用互联网融合创新,提升经济效率,催化新技术和新业态。它既包括以云计算、大数据等新一代数字技术为基础的增量市场,也包括与传统产业转型升级相结合盘活的生产消费存量市场。

埃森哲咨询公司认为,数字经济是指各类数字化投入带来的全部经济产出。数字化投入包括数字技能、数字设备(软硬件和通信设备)以及用于生产环节的数字化中间品和服务。

中国信息化百人会认为,数字经济分为两个部分:数字经济基础部分和数字经济融合部分。基础部分指信息产业本身,包括电子信息、电信运营、互联网和广播电视;融合部分是信息通信技术对其他产业融合渗透带来的产出增加与效率提升,而且能推动传统产业转型升级,促进整个社会转型发展。

2016年9月,G20峰会通过了《G20数字经济发展与合作倡议》。该倡议提出的数字经济概念:以使用数字化的知识和信息作为关键生产要素、以现代信息网络作为重要载体、以信息通信技术的有效使用作为效率提升和经济结构优化的重要推动力的一系列经济活动,是以新一代信息技术和产业为依托,继农业经济、工业经济之后的新经济形态。

2017年,数字经济第一次被写入中国政府工作报告,即"推动'互联网＋'深入发展、促进数字经济加快成长、让企业广泛受益、群众普遍受惠。"至此,数字经济上升为国家战略,把加快发展数字经济,加快推动数字产业化、产业数字化,作为高质量发展的行动路径之一,依靠信息技术的创新驱动,不断催生新产业、新业态、新模式。

根据《中国数字经济白皮书2017》的数据显示,2016年中国数字经济总量达到22.6万亿元,同比名义增长超过18.9%,显著高于当年GDP增速,占GDP的比重达到30.3%,同比提升2.8%。数字经济已成为近年来带动经济增长的核心动力,2016年中国数字经济对GDP的贡献已达到69.9%,数字经济在国民经济中的地位不断提升。

数字经济是经济高质量发展的核心,而"新基建"是数字经济发展的基础保障。2020年,新冠疫情倒逼需求,在线教育、远程办公、在线医疗、云游戏等新消费需求破土而出,展示了数字经济时代信息消费的优势及巨大潜力。在此背景下,中国加快了"新基建"的建设步伐,大规模建设和普及包括5G基站网络、大数据中心、工业互联网等在内的新一代高科技、信息化基础设施,全方位促进中国数字经济战略的推动与实施。

1.3　大数据的商业价值

《纽约时报》把2012年称为"大数据跨界之年",因为大数据在2012年进入了主流大众的视野。标志性的事件是著名的大数据企业 Facebook 和 LinkedIn(领英)于2012年上市,Facebook 在纳斯达克上市,LinkedIn 在纽约证券交易所上市。大数据企业的公开上市,表明华尔街对大数据业务的兴趣日渐浓厚。其他的一些商业用户如亚马逊等公司也开始面向用户开展大数据使用体验业务。

《人民日报》把2013年称为"中国大数据元年"。2013年,我国政府和企业逐渐认识到大数据的重要价值,意识到:数据是新经济的土壤,是未来智能社会的土壤,数据可以治国,还可以强国。根据中国信息通信研究院发布的《中国大数据发展调查报告(2018年)》,2017年中国大数据产业总体规模为4 700亿元,同比增长30%,核心产业规模为236亿元。到2020年,中国大数据产业总体规模达到101 100亿元,核心产业规模将达到586亿元。

随着大数据的飞跃发展,企业和个人如果将关注焦点放在大数据的"大"上,那么就陷入了认知误区,大数据的魅力在于它蕴藏着巨大的商业价值。大数据的商业价值主要体现在以下几个方面。

1. 数据存储空间出租

大数据的发展,首先衍生出了数据存储的商业需求。大数据时代企业和个人有着海量数据的存储需求,只有将数据妥善存储,才能进一步挖掘其潜在价值。在互联网免费的模式下,互联网公司及各大电信运营商,都为个人用户提供免费的云存储空间,从而形成使用黏性,再通过增值服务收费。对企业而言,企业通过易于使用的应用程序接口(application program interface,API),将各种数据放在云端,运营商可以像收水费、电费一样按量计费。

2. 数据画像

数据画像包括"人"的画像、用户画像、商品画像、企业画像等。有较大商业价值的大数据一般是关于"人"或"用户"的大数据,那些关于"物"的大数据,如收集一瓶矿泉水数据的业务,除了促销数据库,一般没有太大的商业价值。同时,关于人的数据在时间维度和空间维度上具有较多的数据,也就是在一定时间内,收集到关于这个人在多个场景的行为数据。比如,通过对这个人的需求或潜在需求做出判断,从而及时精准地为他(她)提供产品或服务,获得商业利益。

3. 精准营销

大数据使得科学的市场细分成为可能,从而形成精准的目标市场用户画像。大数据可以对一个产品市场进行顾客群体细分,然后对根据瞄准的目标市场上的用户画像,量体裁衣般采取独特的行动。大数据有助于实现精准营销和个性化营销。例如,大数据获得一个女性的消费数据,即性别:女性;年龄:33;消费偏好:住宅家具、童装/童鞋;消费偏好的价格区间:200~800 元/件,近期消费总额:725 元。依据以上数据,可以对其进行画像,并对其进行童装、家具类商品的推荐。

同时,根据大数据获得的客户属性数据,企业可以加强客户关系管理,从不同角度深层次地分析、了解客户,以此增加新的客户,提高客户的忠诚度,降低客户流失率,提高客户消费。

【案例 1-2】

隔屏有耳?

2018 年 11 月,上海的孙女士在和同事闲聊时提到想喝某品牌奶茶,在打开饿了么 App 时,在推荐商家首位看见了这种奶茶。让孙女士疑惑的是,自己之前从未在饿了么买过这种奶茶,此前也没有使用任何手机 App 搜索过这种奶茶的相关信息。在她手机后台,同时打开了淘宝、微信、知乎、微博等多个 App。

此外,生活中您或您的朋友可能会遇到这样的场景:在微信里和朋友聊完旅游,一会儿就能看到机票的广告;在现实生活中和朋友聊会儿家具,手机里一个字没打,电商平台里也会有家具的推荐。这不禁让人费解,难道隔屏有耳,我的手机被监听了?

业内专家表示:科技公司不会笨到用手机麦克风的方式来监听你的隐私,通过麦克风"偷听"是一件吃力不讨好的事,企业不太可能做。大多数主流 App 是没有权力调用个人手机麦克风权限的。同时,即使个人手机在安装 App 时不小心让 App 获得麦克风授权,从商家角度来说,大量的语音分析效率太低,不能明确获悉消费者的态度偏好,在商业上没有价值。

那么,App 知道我心思是怎么实现的?如何在消费者需要的时候正巧推荐了消费者所喜欢的东西。秘密在于大数据用户画像功能可以让互联网公司轻松猜中你的心思。互联网公司可以通过消费者的位置信息、使用习惯、浏览记录等,基本可以分析消费者的年龄、性别、兴趣爱好等信息。互联网公司通过数据共享可以勾勒用户画像。在网上搜索用户画像,就可以找到多家经营该业务的企业。一家公司声称可以快速找到精准投放广告的人群。比如投放汽车类广告,会考察用户是否安装"汽车之家"之类的 App、地理位置方面有没有去过 4S 店、哪段时间去过驾校、是否拿到驾照，再从中找到几百万乃至上千万符合这些要求的精准受众，媒体就可以精准投放汽车类广告内容。

隔屏有耳？非也！一切都是大数据精准营销的结果。互联网公司通过采集用户行为的大数据，经过数据挖掘和分析，勾勒大数据用户画像，针对用户需求进行精准营销。

4. 市场趋势预测

说到大数据的采集、存储和挖掘，最常见的应用案例有"预测流感""预测股市""预测消费者行为"。预测分析是大数据的最核心的功能。

大数据拥有数据可视化和大数据挖掘的功能，可以对已发生的信息进行价值挖掘并辅助决策。传统的数据分析挖掘效率会低一些，挖掘的深度、广度和精度也不够。大数据预测则是基于大数据和预测模型去预测未来某件事情的概率。让分析从"面向已经发生的过去"转向"面向即将发生的未来"。这是大数据与传统数据分析的最大不同之处。

大数据预测的逻辑基础是：在每一种非常规的变化事前一定有征兆，每一件事情都有迹可循，如果找到了征兆与变化之间的规律，就可以进行预测。大数据预测无法确定某件事情必然会发生，它更多的是给出一个概率。

当前，大数据常用于体育赛事预测、股票市场预测、市场物价预测、用户行为预测、人体健康预测、疾病和疫情预测、能源消耗预测等。

5. 数据搜索

随着大数据时代的到来，实时性、全范围搜索的需求越来越强烈。企业根据业务需要搜索各种社交网络、用户行为数据等，并将实时的数据处理分析与广告联系起来，实时广告业务和移动广告的社会服务蕴含着巨大的商业价值。

【案例 1-3】

亚马逊大数据的商业价值挖掘

作为一家信息公司，亚马逊不仅从每个用户的购买行为中获得信息，还将每个用户在其网站上的所有行为都记录下来：页面停留时间、用户是否查看评论、每个搜索的关键词、浏览的商品等。这种对数据价值的高度敏感和重视，以及强大的挖掘能力，使得亚马逊早已远远超出了它的传统运营方式。

2012年，亚马逊首席技术官沃纳·威格尔（Werner Vogels）在汉诺威电子信息通信博览会上做了题目为《无限的数据》的商业演讲，向与会者描述了亚马逊在大数据时代的商业蓝图。

Vogels 表示:"大数据不仅仅是分析,它是关于整个流程。当你思考大数据的解决方案问题时,你要考虑所有的步骤:收集、存储、组织、分析和共享","为了充分利用企业收集的数据并从中获取竞争优势,需要在上述所有这些领域不断创新,而不仅仅是分析这一块"。

长期以来,亚马逊一直通过大数据分析,尝试定位客户和获取客户反馈。"在此过程中,你会发现数据越多,结果越好。为什么有的企业在商业上不断犯错?那是因为他们没有足够的数据对运营和决策提供支持。"Vogels 说,"一旦进入大数据的世界,企业的手中将握有无限可能,不会受限于存储或者处理数据的方式。"从支撑新兴技术企业的基础设施到消费内容的移动设备,亚马逊的触角已经伸到更为广阔的领域。

亚马逊大数据的推荐价值:亚马逊的各个业务环节都离不开"数据驱动"的身影。在亚马逊上买过东西的朋友可能对它的推荐功能都很熟悉,"买过 X 商品的人,也同时买过 Y 商品"的推荐功能看上去很简单,却非常有效,同时这些精准推荐结果的得出过程也非常复杂。

亚马逊大数据的预测价值:用户需求预测(demand forecasting)是通过历史数据来预测用户未来的需求。对于书、手机、家电这些东西——亚马逊称之为硬需求(hard line)产品(可以称之为"标品"),预测是比较准的,甚至可以预测到相关产品属性的需求。但是对于服装这样软需求(soft line)产品,亚马逊干了十多年都没有办法预测得很好,因为这类东西受到的干扰因素太多。比如:用户对颜色款式的喜好,穿上去合不合身,爱人朋友喜不喜欢……这类东西太易变,买的人多反而会不好卖,所以需要更为复杂的预测模型,而大数据可以帮助构建软需求产品的预测模型。

亚马逊大数据的测试价值:你会认为亚马逊网站上的某段页面文字只是碰巧出现的吗?其实,亚马逊会在网站上持续不断地测试新的设计方案,从而找出转化率最高的方案。整个网站的布局、字体大小、颜色、按钮以及其他所有的设计,其实都是在多次审慎测试后的最优结果。

亚马逊大数据的存储价值:亚马逊的移动应用让用户有一个流畅的、无处不在的体验的同时,也通过收集手机上的数据深入地了解了每个用户的喜好信息;更值得一提的是亚马逊推出的一款平板电脑 Kindle Fire,内嵌的 Silk 浏览器可以将用户的行为数据一一记录下来。

以数据为导向的方法并不仅限于以上领域。对于亚马逊来说,大数据意味着大销售量。数据显示出什么是有效的,什么是无效的,新的商业投资项目必须要有数据的支撑。对数据的长期专注,让亚马逊能够以更低的售价提供更好的服务。

1.4 大数据的支撑技术

大数据的支撑技术主要包括大数据的技术架构和大数据的关键技术。大数据的关键技术分为大数据的采集技术和大数据的处理技术。

1.4.1　大数据的技术架构

　　大数据的技术架构搭建需要满足海量的存储容量、经济的存储成本、数据的快速移动、数据分析的实时响应等技术要求。因而,大数据的技术架构必须具备分布计算能力,从而可以在数据驻留的位置进行数据分析,减少跨网所引发的延迟。考虑到数据速度和数据量,移动数据进行处理是不现实的,所以,将计算和分析工具移到数据附近,这就是云计算。云计算和云模型对大数据的成功是至关重要的。大数据的应用价值不在于存储和提供数据,而是以新方式合成、分析和关联数据。通过新的视角挖掘企业传统数据,带来新的数据洞察力。

　　基于以上考虑,大数据的技术架构是包括基础层、管理层、分析层、应用层 4 层堆栈式的技术架构,如图 1-3 所示。

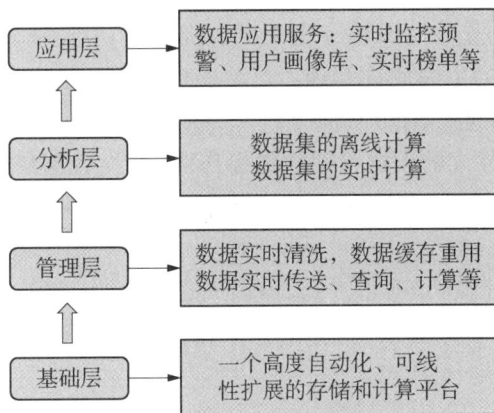

图 1-3　大数据技术架构图

　　第一层是基础层。基础层本质上是一个高度自动化、可线性扩展的存储和计算平台。基础层构建了数据从以前的存储孤岛,发展为具有共享能力的高容量存储池的数据基础设施,实现数据的实时采集、数据统一接入。

　　第二层是管理层。管理层使结构化数据和非结构化的数据融为一体,实现数据实时清洗,数据缓存重用,具备数据实时传送、查询、计算等功能。

　　第三层是分析层。分析层提供基于统计学的数据挖掘和学习算法,实现数据集的离线计算和实时计算,帮助企业获得数据价值的深入领悟。

　　第四层是应用层。新型商业需求需要大数据提供数据服务,驱动了大数据的应用,如实时监控预警、用户画像库、实时榜单等。

1.4.2　大数据的关键技术

　　大数据的关键技术包括了数据采集技术、数据预处理技术、数据存储及管理技术、数据安全技术、数据分析及挖掘技术、数据展示与应用技术(大数据检索、大数据可视化、大数据应用)。下面主要介绍与大数据营销相关的数据采集技术和数据处理技术。

1. 数据采集技术

采集对象：通过射频识别（RFID）、传感器、社交网络交互、移动互联网等产生的结构化、半结构化和非结构化的海量数据。

采集方法：①离线采集，主要使用 ETL 工具；②实时采集，主要使用 Kafka/Flume；③互联网采集，主要使用 Crawler，DPI 等。

主要采集工具介绍：

1）ETL 工具

ETL 是 extract（提取）、transform（转换）、load（装载）的缩写，一般简称为数据抽取。ETL 的操作过程是将数据从各种原始业务中读取出来，按照预先设计好的规则将抽取的数据进行转换，统一数据格式，最终将转换好的数据按计划导入数据仓库。ETL 工具支持多种异构数据源的连接，图形化界面操作十分方便，处理海量数据速度快，流程清晰。它是商务智能（BI）的核心和灵魂。

ETL 工具目前主要有 RestCloud、Informatica、Kettle 三种。

RestCloud 是全球领先的 API 混合集成平台提供商，专注业务系统集成、数据服务开放、数据清洗交换、API 的生命周期管理。目前服务对象包括了屈臣氏、中国移动南方基地等，疫情期间助力多地健康码的应用。

Informatica 是全球领先的数据管理软件提供商，专注数据集成、数据质量管理、元数据管理、主数据管理等。全球知名企业依靠 Informatica 管理其数据资产，实现数据潜能，如 Microsoft、GoogleCloud 等。

Kettle 是一款免费开源的 ETL 工具，由纯 JAVA 程序编写，无须安装。Kettle 中文名叫水壶，Kettle 的设计者 MATT 希望把各种数据放到一个水壶里，以一种指定的格式流出。

2）Kafka 工具

Kafka 最初由 Linkedin 公司开发，2010 年隶属于 Apache 基金会并成为顶级开源项目。Kafka 是一种高吞吐量的分布式发布订阅消息系统，本质上是一个日志收集系统和消息收集系统。它可以处理消费者在网站中的所有动作流（网页浏览，搜索和其他用户的行动）数据。

2. 数据处理技术

1）Hadoop

Hadoop 是以开源形式发布的一种对大规模数据进行分布式处理的技术，在数据处理方面具有高可靠性、高扩展性、高效性、高容错性。

Hadoop 是 Apache 软件基金会于 2005 年开发的，它以 MapReduce 为基础，主要包括三大部分（见图 1－4），即用于分布式存储大容量文件的 HDFS（Hadoop distributed file system），用于分布式处理大量数据的 HM（Hadoop MapReduce），以及超大型数据表 HBase。HDFS 是最重要的部分，它并非配备高性能 CPU 和磁盘的计算机，而是一种在计算机集群上进行大规模数据分布式处理的工作框架。2011 年 10 月，微软宣布与 Hortonworks 联手进行 Hadoop 的开发。目前，Hadoop 为许多国际知名公司如 Facebook、Twitter、摩根大通、GE、沃尔玛、迪士尼等公司运用。

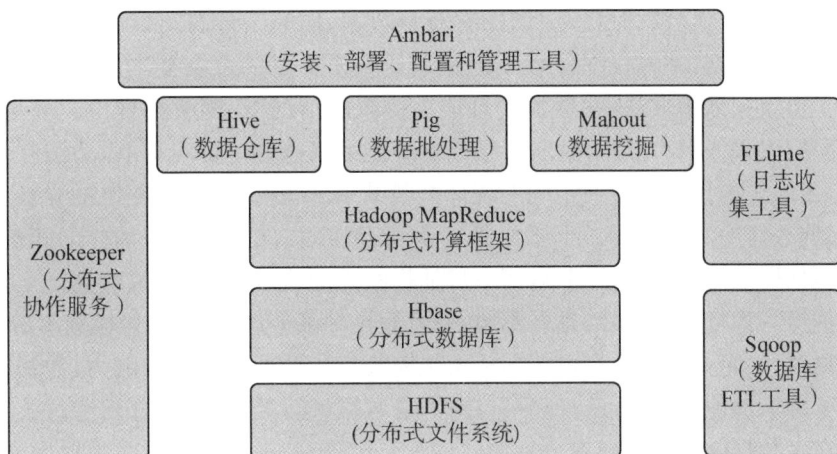

图 1-4 Hadoop 体系架构图

2）Spark

Spark 是专为大规模数据处理设计、基于内存计算的开源集群计算系统。它是 2009 年由加州大学伯克利分校 AMP 实验室开发的一个开源的类 Hadoop MapReduce 的通用并行框架。与 Hadoop 相比，Spark 的优点在于：①它可以在 Hadoop 文件系统中运行，而中间输出结果可以保存在内存中，不需要读写 HDFS，大大减少了大数据处理时间，提高速度。在内存计算下，Spark 要比 Hadoop 快 100 倍。②它可以实现实时的流处理。Hadoop 数据处理 MapReduce 只能处理离线数据，而 Spark 支持实时的流计算。此外，Spark 支持交互式计算和复杂算法，可以用它来完成包括 SQL 查询、文本处理、机器学习等各种各样的运算，能更好地适用于数据挖掘与机器学习等需要迭代的 MapReduce 算法。

3）Storm

从本质上看，Hadoop 是基于批处理模型的系统，不是真正意义上的实时计算系统。Storm 是 Twitter 开源的一个分布式、容错的实时计算系统。对于需要处理大量消息流的实时系统来说，消息处理是实时计算的基础。消息处理本质上是消息队列和消息处理者之间的组合。消息处理的核心是如何在消息处理过程中不丢失数据，同时使整个处理系统具有很好的扩展性，以便处理更大的消息流，Storm 满足了以上需求。目前，Spark 应用于实时分析、在线机器学习、信息流处理、连续性计算、ETL 等。

1.5 大数据时代的变革

大数据的发展不仅推动了关键领域的技术进步，它所蕴藏的商业价值还引发了重大的思维变革和管理变革。

1.5.1 大数据时代的思维变革

1. 思维变革的第一个转变

思维变革的第一个转变，即大数据时代，数据分析思维从随机抽样转变为"样本＝总体"的全数据模式。大数据时代,我们拥有海量数据,同时云计算可以分析和处理与某个现象相关的所有数据,不再仅仅依赖于随机采样分析少量的数据样本。随机采样是小数据时代的主要数据采集方法,在数据处理能力受限的情况下,随机抽样应运而生,它以花费低、简便易行、采样具有随机性、分析结果有一定的精确性等优点取胜,力图在误差允许的范围内,用最少的预算获得最精确的统计推断结果。在商业领域,随机抽样被用来监管产品质量、调查客户满意度等。但随机抽样本身存在固有的缺陷,即抽样的随机性问题,有时候实现抽样的随机性比较困难,而一旦抽样缺乏随机性,分析结果就会产生较大的偏差。随机抽样就像打印的照片,远看不错,一旦聚焦到某个点,就会变得模糊不清。

大数据时代,企业和个人有可能拥有大规模收集和处理大数据的能力,数据处理技术已经发生了翻天覆地的变化,云计算可以对海量数据进行处理,样本分析法的核心地位受到撼动。在大数据时代进行样本分析如同汽车时代骑马,大数据分析必将取代样本分析,成为数据分析的主流方式。

2. 思维变革的第二个转变

思维变革的第二个转变,即大数据时代,数据分析思维强调数据的完整性,包容数据的混杂性,不再一味追求小数据的精确性。数据多比少好,更多的数据相比于算法系统智能性更重要,大数据的简单算法比小数据的复杂算法更有效。当数据只有 500 万时,某一种简单的算法可能表现糟糕,但当数据规模达到 10 亿时,这种简单的算法变成表现最好的,准确率从 75% 提升到 95%。

小数据时代,因为收集的数据量较少,人们对数据收集最基本的要求就是减少数据错误,保证数据精确。随机抽样对精确度的要求更为苛刻,因为收集数据的有限性意味着细微的错误会被放大,进而可能影响整个结果的准确性。大数据时代,包容数据的混杂性,意味着包容数据的不精确,包括数据格式的不一致。大数据让我们不再期待精确性,因为数据量巨大,不需要担心某一些数据点对整个分析的不利影响。同时我们也无法实现精确性,因为从海量数据中剔除不精确的数据需要高昂的代价。大数据带来的利益让我们能接受数据的不精确、不完美,这样反而能更好地预测趋势,更好地理解这个世界。此外,大数据格式混杂,据统计,只有 5% 的数据是结构化且适用于传统数据库的,如果不包容数据的混杂性,剩下的 95% 的非结构化数据如视频资源等都无法利用。而包容数据的混杂性,我们就打开了一个从未涉足的世界的窗户。

3. 思维变革的第三个转变

思维变革的第三个转变,即大数据时代,数据分析思维由热衷寻找因果关系转变为关注相关关系。小数据时代,人们习惯用因果关系了解世界,由于信息的匮乏,人们习惯在少量数据基础上进行推理思考。而在大数据时代,利用相关关系,通过探求"是什么"而不是"为什么"可以比以前更容易、更清楚地分析事物、了解世界。

所谓相关关系,是两个数据值之间的量化数理关系,当一个数据值增加时,另一个数据值很可能随之增加。如 Google 流感趋势,在一个特定的地区,越多的人通过 Google 搜索与流感相关的关键词,该地区就有越多的人患了流感;若同时通过计算机把检索的关键词在 5 亿个数学模型上进行测试,就可识别出与流感传播最相关的词条。

小数据时代,相关关系已被证明大有用途,但由于数据处理能力不足,大部分的相关关系分析限于寻找线性相关关系,但事实上,实际情况更为复杂,呈现出来的往往是"非线性相关关系"。比如,多年以来,经济学家和政治学家一直认为人们的收入水平和幸福感是成正比的。但两者之间并非线性关系。对于收入水平在 1 万美元以下的人来说,收入增加幸福感会提升;但对于收入水平在 1 万美元以上的人来说,幸福感不会随着收入水平提高而上升,两者之间的关系是一条曲线而非直线。决策者如果发现这一非线性相关关系,政策重心就会放在提高低收入者的收入水平上,而非提高全民的收入水平上。

大数据时代,专家们正研发能发现非线性相关关系的分析工具,建立在非线性相关关系的预测是大数据分析的核心,应用会越来越广泛。

1.5.2　大数据时代的管理变革

中国进入大数据时代不到 10 年,但在大数据背景下企业管理领域已经悄然发生重大的变革,企业对数据的利用能力愈加重视,对大数据的商业价值产生浓厚的兴趣。当前,对广大的非互联网属性的传统企业而言,构建大数据管理思想还存在限制,因为在传统企业的管理模式下无法系统地对企业数据进行采集、挖掘、分析并决策。但传统企业的管理思维应逐步转变为大数据管理思维,因为智慧企业是第四次工业革命企业演进的新范式。

国际数据公司(IDC)预测,鉴于竞争对手和产业都在进行数字化转型,如果企业不能快速实现数字化转型,到 2022 年,企业逾 2/3 的目标市场就会消失。因而,大数据管理、企业的数字化转型是企业管理变革的战略方向。

1. 大数据管理对现代企业管理带来的积极作用

1) 提升了企业管理的科学性

大数据管理通过对企业各类信息、数据的收集、挖掘和分析,可以为企业战略发展提供有力的支撑,对提升企业管理的科学化水平有着积极作用。企业开展大数据管理,运用大数据技术最大限度地推动"精细化"管理,能使企业管理工作的针对性更强。

2) 强化了企业管理的效能

大数据管理通过运用大数据技术对企业资源进行优化整合,并找出企业管理中的薄弱环节,进行系统设计与分析,进而提升管理效能。比如开展大数据财务管理,利用大数据技术的数据收集、分析和预测功能,有效检测和排查财务"风险点",针对"风险点",制定有针对性的解决方案,在保障财务管理深入开展的同时,提高了财务管理的工作效能。

2. 大数据对现代企业管理的挑战

大数据对现代企业管理的挑战,不是要求企业掌握更多更好的大数据,而是要求管理者在正确理解大数据的基础上,具备清晰定义数据需求的领导力,具备数字化管理能力。

1) 管理思维从传统企业管理转变到数字化管理

大数据时代,企业管理工作一定要树立数字化管理思维。当前,一些企业还没有建立大数据思维,对大数据时代企业管理的发展趋势认识不清,在应用大数据技术方面受到一定的限制,在大数据投入上还不到位,对管理人员还没有开展大数据相关的教育和培训。即便有些企业建立了 OA 系统,加强了 ERP 的系统建设,但在具体应用过程中,使用大数据技术提升管理效率的意识不强。

2）管理平台从单一平台转变到企业云平台

大数据管理需要依托管理平台才能实现,否则大数据管理只是空谈。当前一些企业能够对数据进行处理,但仍然存在企业管理平台单一的问题,比如很多企业应用 ERP 平台进行管理,尽管具有较强的资源整合能力,但却没有构建比较完善的大数据模块,在大数据收集、处理和分析方面还不到位。只有将大数据技术和云技术有效结合,建立企业云平台,企业在大数据应用上才能实现企业管理的融合性和对接性,否则大数据只能在企业的某一个职能管理上发挥作用,无法对企业管理的全面数据化管理提供强有力的支撑。

【案例 1 - 4】

华为公司的数字化转型与数据治理

传统企业通过制造先进的机械来提升生产效率,但未来,如何结构性地提升服务和运营效率,如何运用更低的成本获取更好的产品,成为时代性的问题。数字化转型归根结底就是要解决企业的两大问题:成本和效率。

1. 华为数字化转型的整体目标

华为首先从用户体验的视角表达了对行业的最新判断,并将其总结为 ROADS,即实时(real-time),按需(on-demand),全在线(all-online)、服务自助(DIY)和社交化(social)。

2016 年,华为变革战略规划,明确提出要面向用户(企业客户、消费者、员工、合作伙伴、供应商)实现 ROADS 体验,持续提升效率、效益和客户满意度。明确要用 5 年时间完成业务数字化转型,数字化转型成为华为重大的变革。

2017 年,华为提出了企业新愿景:"把数字世界带入每个人、每个家庭、每个组织,构建万物互联的智能世界。"同时,华为公司董事、CIO 陶景文提出了"实现全连接的智能华为,成为行业标杆"的数字化转型目标。

对内,各业务领域数字化、服务化,打通跨领域的信息断点,达到领先于行业的运营效率。逐步构建以"面向客户做生意"和"基于市场的创新"两个业务流为核心的"端到端"的数字化管理体系。管理方式从定性走向定量,实现数据驱动的高效运作。

对外,对准 5 类用户的 ROADS 体验,实现与客户做生意更简单、更高效、更安全,提升客户满意度。

2. 华为数字化转型蓝图及对数据治理的要求

2017 年,华为基于愿景确定了数字化转型的蓝图和框架,统一规划、分层次开展,最终实现了客户交互方式的转变,实现内部运营效率和效益的提升。

华为数字化转型包括五项举措。

举措 1:实现"客户交互方式"的转变。用数字化手段做厚、做深客户界面,实现与客户做生意更简单、更高效、更安全,提升客户体验满意度,帮助客户解决问题。

举措 2:实现"作战模式"的转变。围绕业务流,以项目为中心,对准一线精兵团队作战,率先实现基于 ROADS 的体验,达到领先于行业的运营效率。

举措 3:实现"平台能力"提供方式的转变,实现关键业务对象的数字化并不断汇聚数据,实现流程数字化和能力服务化,支撑一线人员和客户的全连接。

举措 4:实现"运营模式"的转变,基于统一数据底座,实现数字化运营与决策,简化管理,加大对一线人员的授权。

举措 5:云化、服务化的 IT 基础设施和 IT 应用,统一公司 IT 平台,同时构建智能服务。

其中,举措 4 是华为数字化转型的关键,其承接着打破数据孤岛、确保源头数据准确、促进数据共享、保障数据隐私与安全等目标。华为数字化转型对数据治理的要求如下:

(1) 基于统一的数据管理规则,确保数据源头质量以及数据入湖,形成清洁、完整、一致的数据湖。这是华为数字化转型的基础。

(2) 业务与数据双驱动,加强数据连接建设,并能够以数据服务方式,灵活满足业务自助式的数据消费诉求。

(3) 针对汇聚的海量内外部数据,确保数据安全合规。

(4) 不断完善业务对象、过程与规则数字化,提升数据自动采集能力,减少人工录入。

3. 华为数据治理实践

1) 华为数据治理历程

华为从 2007 年开始启动数据治理,历经两个阶段的持续变革,系统地建立了华为数据管理体系。第一阶段近十年的持续投入,为华为在 2017 年开始的数字化转型打下了坚实的基础。同时,在数字化转型对数据治理的新要求下,2017 年正式进入第二阶段。

第一阶段:2007—2016 年。

在这一阶段,华为设立数据管理专业组织,建立数据管理框架,发布数据管理政策,任命数据负责人,通过统一的信息架构与标准、唯一可信的数据源、有效的数据质量度量改进机制,实现以下目标:

(1) 持续提升数据质量,减少纠错成本。通过数据治理度量与改进,确保数据真实反映业务,降低运营风险。

(2) 数据全流程贯通,提升业务运作效率。通过业务数字化、标准化,借助 IT 技术,实现业务上下游信息快速传递、共享。

第二阶段:2017 年至今。

在这一阶段,华为建设数据底座,汇聚企业全域数据并对数据进行连接,通过数据服务,数据地图,数据安全防护与隐私保护,实现数据随需共享、敏捷自助、安全透明的目标,支撑着华为数字化转型,实现如下的数据价值。

(1) 业务可视化,能够快速、准确决策。通过数据汇聚,实现业务状态透明可视化,提供基于"事实"的决策支持依据。

（2）人工智能，实现业务自动化。通过业务规则数字化，算法化，嵌入业务流，逐步代替人工判断。

（3）数据创新，成为差异化竞争优势。基于数据的用户洞察，发现新的市场机会点。

2）华为数据工作的愿景与目标

华为公司基于多业务、全球化、分布式管理等业务战略规划和数字化转型诉求，明确了华为数据工作的愿景，即"实现业务感知、互联、智能和 ROADS 体验，支撑华为数字化转型"。华为数据工作的目标为"清洁、透明、智慧数据，使能卓越运营和有效增长"。为确保数据工作的愿景与目标达成，需要实现数据自动采集、对象/规则/过程数字化、数据清洁、安全共享等特性。

华为数据工作建设的整体思路如下：

作为非数字原生企业，华为认为数字化转型的关键是建立一个跨越孤立系统，承载业务的数字世界。通过在数字世界汇聚、连接与分析数据，进行描述、诊断和预测，最终指导业务改进。在实现策略上，数字世界一方面要充分利用现有 IT 系统的存量数据资产；另一方面要构建一条从现实世界直接感知、采集、汇聚数据到数字世界的通道，不断驱动业务对象、过程、规则的数字化。

华为经过多年实践，形成了一套数据工作框架：

（1）数据源。业务数字化是数据工作的前提，通过业务对象、过程与规则数字化，不断提升数据质量，建立清洁、可靠的数据源。

（2）数据湖。基于"统筹推动、以用促建"的建设策略，通过物理与虚拟两种入湖方式，汇聚华为内部和外部的海量数据，形成清洁、完整、一致的数据湖。

（3）数据主题连接。通过以业务流（事件）为中心连接、以对象（主体）为中心连接、智能标签、报告数据、算法模型五种数据连接方式，规划和需求双驱动，建立数据主题连接，并通过服务支撑数据消费。

（4）数据消费。对准数据消费场景，通过提供统一的数据分析平台，满足自助式数据消费需求。

（5）数据治理。为保障各业务领域数据工作的有序开展，需要建立统一的数据治理能力，如数据体系、数据分类、数据感知、数据质量、安全与隐私等。

（资料来源：华为公司数据管理部.华为数据之道.机械工业出版社.2020.11）

【思考】

1. 非数字原生企业数字化转型面临什么样的挑战？

2. 华为的数字化转型对传统企业的数字化转型有怎样的启示？

扫描二维码获取
本章思维导图

习　题

1. 什么是大数据？

2. 大数据的特点是什么？

3. 当前大数据发展情况如何？

4. 为什么说"大数据是 21 世纪的石油和金矿"？

5. 简述大数据的技术架构。

6. 大数据的关键技术是什么？

7. 大数据带来了怎样的变革？

第2章

大数据营销概述

本章知识点

（1）回顾传统营销观念与理论演变，在此基础上，衍生出与消费者日益增加的个性化需求相适应的大数据营销。

（2）掌握大数据营销理论基础，包括大数据营销含义、特点及相关前沿理论。

（3）了解大数据营销的发展历程，包括大数据营销的互联网时代、社交网络时代、移动互联网时代、人工智能时代。

（4）熟悉大数据营销的职责。

（5）了解在数字经济背景下大数据营销人才的企业需求，掌握大数据营销人才的知识架构，了解大数据营销人才培养现状。

大数据时代，新的应用和新的商业模式颠覆了以往竞争的形态，大数据改变了商业世界的竞争规则，掀起了整条产业及商业链的风暴革命。大数据时代的营销思维亦从"经营产品"转向"经营顾客"，改变了以往营销从经验出发推测顾客爱好但缺乏统计消费者行为的实证数据与诠释的方式。当营销遇上大数据，大数据分析将成为市场营销人员的核心竞争力，如何有效运用数据这个最宝贵的企业资产，已经成为市场营销人员的重要课题。数据分析将帮助品牌从经济全球化、竞争同质化、产品服务重度商业化的环境中脱颖而出，大数据为企业精准营销和个性化营销插上腾飞的翅膀。

本章在回顾传统营销观念和理论演变的基础上，提出与消费者日益增加的个性化需求相适应的大数据营销，接着阐释大数据营销的理论基础，追溯大数据营销的发展历程，凝练大数据营销的职责，剖析大数据营销的人才需求与人才培养现状。

2.1 传统营销回顾

市场营销学产生于20世纪初的美国，是与企业管理相结合，并同经济学、行为科学、心理学、数学等学科交叉，隶属于管理学的一门科学。

1999年，郭国庆教授提出：市场营销是指满足人类各种需要和欲望为目的，通过市场变"潜在交换为现实交换"的一系列活动和过程。

2013 年,美国市场营销协会给出了"市场营销"的最新定义:营销是创造、沟通、交付、交换对顾客、客户、合作伙伴和社会有价值的产品或服务的一系列活动和过程。

2013 年,美国市场营销学家菲利普·科特勒在其出版的专著中给出了他对"市场营销"的最新理解:市场营销是通过为顾客创造价值来构建可获利的顾客关系并从中获取回报的过程。简言之,市场营销就是经营可获利的顾客关系。

以上观点,从交换、利益相关者以及顾客价值与顾客关系不同角度阐述了市场营销的概念。从本质上看,市场营销需要关注市场,关注消费者需求,关注顾客价值、企业价值和社会价值。

2.1.1　传统营销观念演变

在 100 多年的市场营销学的历史演变中,与当时的商品经济发展相对应,市场营销学产生了几种不同的理念。

首先,是流行于 1920 年至二战结束的"生产观念"。在物资短缺、市场产品的卖方市场条件下,企业奉行"萨伊定律",认为"供给创造自己的需求",也就是企业以生产为中心,企业生产什么,消费者就买什么,以产定销。这一阶段,企业重心放在降低成本、提高生产效率和分销效率上,不重视市场营销。例如,美国汽车大王亨利·福特曾傲慢宣称:"不管顾客需要什么颜色的汽车,我只有一种黑色的。"

接着,过渡到"产品观念"。与生产观念相似,产品观念也是一种以"以产定销"的观念,表现为重产品生产轻产品销售,重产品质量轻顾客需求。产品观念认为消费者最喜欢高质量、多功能和具有某种特色的产品,形成将注意力放在产品而忽视市场需求变化的"营销近视"。产品观念盛行之下,产品质量虽然优良,但产品单一、款式老旧、包装和推广缺乏。我国之前所谓的"酒香不怕巷子深""皇帝的女儿不愁嫁""祖传秘方"就是这一观念的现实反映。

之后,便是"推销观念"。随着生产力水平的提升,卖方市场向买方市场转化,同质化的产品出现过剩,推销观念被企业大量应用于推销消费者一般不会主动去购买的非渴求性商品,推销人员通过使用技巧寻找潜在客户,并说服他们购买产品。推销观念盛行之下,企业将重心从生产部分转移到销售上来,目的是销售其能生产的产品,而非生产能出售的新产品。推销观念在我国企业界曾广泛流行,以至于到今天,仍有大众将"推销"等同于"营销"。大众的意识偏差、观点偏见制约着中国市场营销在理论和实践方面的创新。

真正的营销变革即"市场营销"观念定型是在 20 世纪 50 年代,当时企业由"以产定销"转变为"以销定产",企业为了再获得市场竞争优势,开始真正关注消费者需求,"顾客需求什么,就生产什么"。具有典范意义的一则贝尔公司广告将这一观念贯彻到底:"现在,我们的中心目标是顾客。我们将倾听他们的声音,了解他们所关心的事,重视他们的需要并永远先于我们的需要,我们将赢得他们的尊重。顾客是我们的命根子,是我们存在的全部理由。我们必须永远铭记,谁是我们的服务对象,随时了解顾客需要什么、何时需要、何地需要、如何需要,这将是我们每一个人的责任。"在"客户观念"日益流行之时,企业希望获得更多关于客户的信息,确定不同顾客的终身价值,从而开展"精准营销",提高营销精准度和购买转化率。

20 世纪 70 年代,随着环境破坏、资源短缺、人口剧增等社会问题日益严重,西方市场营销学界提出:企业生产经营不仅要考虑生产者的需要,而且要考虑社会的长远利益。这就是"社会市场营销观念"。市场营销"从企业、消费者双主体形式变为企业、消费者、社会的三主体形式"。在三主体模式下,市场营销须注重企业利润、消费者满意度及社会福利。社会市场营销观念是真正意义上的现代市场营销观念,一直沿用至今,尤为上市公司奉行。

2.1.2 传统营销理论演变

与不同时期企业界所奉行的市场营销经营哲学相对应,市场营销学术理论也在随时代发展不断创新,经历了从 4P、4C 到 4R 的发展历程,同时被企业界加以推广应用。

1960 年,美国密歇根大学教授杰罗姆·麦卡锡(Jerome McCarthy)在其出版的《基础营销学》中提出了著名的 4P 营销组合经典模型,即"产品(product)、价格(price)、渠道(place)、促销(promotion)"。4P 理论认为市场营销活动是将商品或服务以合理的价格、恰当的渠道、多样化组合性的促销手段投放到目标市场的行为过程。该理论后被"现代营销学之父"菲利普·科特勒(Philip Kotler)在"大市场营销"背景下加入"政治权力(political power)"和"公共关系(public relations)"发展为 6P 理论,成为营销经典理论。

1990 年,美国营销专家、整合营销传播理论的奠基人之一罗伯特·劳特朋(Robert F. Lauterborn)在其《4P 退休 4C 登场》一文中,从消费者需求角度出发革新了市场营销理论,提出与 4P 相对应的 4C 理论,即"消费者需求(consumer's need)、消费者愿意支付的成本(cost)、购买商品的便利性(convenience)和企业与消费者之间的沟通(communication)"。4C 理论认为企业应把追求消费者满意放在首位,努力降低顾客的购买成本,充分关注顾客购买商品或服务的便利性,并以消费者为中心实施有效的双向营销沟通。微软公司、中国科龙、联想等企业都是 4C 理论的践行者和受益者。

1996 年,美国西北大学教授唐·E·舒尔茨以关系营销为核心,以竞争为导向概括了营销新框架 4R 理论,即"紧密联系消费者(relevance)、提高对市场及消费者变化的反应速度(reaction)、重视与消费者的互动关系(relationship)、力求获得回报(reward)"。该理论着眼于企业与顾客的互动与双赢,认为企业应积极地适应顾客需求,并主动地创造需求,通过为顾客提供价值,改进顾客关系,从而获得理想的回报,形成竞争优势。

经典营销理论的演变引导着营销实践的发展,企业从以生产为中心到以产品为中心,再到以消费者需求为中心,兼顾企业回报和社会利益。消费者从商品使用的被动方变成参与商品创造的主动方。但在互联网时代,传统营销模式越来越难以适应消费者日益增加的个性化需求,当企业缺乏有效连接用户的平台和渠道来进行营销工作时,营销策略就难以满足消费者和企业双方的需求。因而,企业要紧跟时代潮流,以大数据营销思维来指导营销创新,基于大数据技术实现精准营销,及时与消费者沟通,提升消费者消费体验,形成差异化优势,从而更好地推动企业营销。此外,需要强调的是:今天虽然已经进入数字经济时代,但经典营销理论体系并未崩塌,对当今企业的营销活动仍有着深远的影响。

2.2　大数据营销理论基础

随着互联网和移动互联网的发展,我们正逐步进入数字经济时代,传统营销也正逐步过渡到大数据营销。如表 2-1 所示,现实中的商业世界,营销经历了"消费者要什么,企业提供什么"的营销 1.0 时代,"从以产品为核心转变为以消费者为中心"的营销 2.0 时代,"以社会价值与品牌责任为使命"的营销 3.0 时代,进入了营销 4.0 时代,即大数据营销时代。营销人员利用大数据,从顾客真实的交易行为数据计算出每个消费者的下次购买时间,以及在什么时机提供什么宣传方案,顾客会愿意再度消费。营销人员通过进行快速数据分析,依据消费者的个性化需求,进行产品预测,找到精准目标客户,进行一对一营销,从而提升投资回报率。

表 2-1　营销时代演化表

营销时代	时期	特色
营销 1.0	"反映需求"时期	被动式营销,企业尽量满足顾客需求
营销 2.0	"塑造需求"时期	以消费者为核心,制造差异化去吸引消费者
营销 3.0	"经营需求"时期	企业家开始懂得创造需求,创造差异化价值吸引消费者
营销 4.0	"预测"时代	从满足顾客需求,到预知顾客渴望,在顾客开口前生意已经做完

2.2.1　大数据营销的含义

《社会消费网络营销》的作者拉里·韦伯认为,大数据营销就是通过互联网采集大量的行为数据,对这些数据进行筛选、整合后,有针对性地让潜在顾客看见并接受产品和服务的一种全新的营销方式。大数据营销从传统的互联网行业中产生,且只作用于互联网和移动互联网行业。大数据营销可以让一切消费行为和营销行为数据化。

美国的其他大数据营销专家对大数据营销的定义是:大数据营销是通过收集、分析、执行从大数据所得的洞察结果,以此鼓励客户参与、优化营销效果、评估内部责任的过程。

国内有学者认为,大数据营销是在数字经济时代,企业利用大数据技术采集海量的低价值密度的数据,通过数据挖掘和分析技术精准洞察、预测消费者的偏好,并给消费者及时提供满足其需求的个性化产品、服务的广告信息,从而提高购买转化率,优化营销效果,以大数据技术优势获取商业价值并保有竞争优势,实现数据驱动式的精准营销的活动过程。

本书采用贾建民教授的观念,认为大数据营销是指营销人员运用大数据技术和分析方法,将不同类型或来源的数据进行挖掘、组合和分析,发现隐藏其中的模式,例如不同客户群体的用户画像、沟通交互方式,以及这些形式是如何影响消费者的购买决策;并在此基础之上,公司有针对性地开展营销活动,以迎合顾客的个人喜好,为顾客创造更大的价值。

2.2.2 大数据营销的特点

大数据营销的特点包括以下 5 点。

1. 数据管理平台采集的数据多样化

大数据的数据来源多样化,多平台采集包含互联网、移动互联网、广电网、智能显示屏、可穿戴设备甚至智能家居等一切与消费者发生关系的数据。采集的数据类型较为多元,包含结构化数据、半结构化数据和非结构化数据。

移动互联网时代,用户的行为呈现出数据化特点。不论是在 Facebook、Twitter 还是微信等社交平台发布感兴趣的内容,还是在淘宝、京东、拼多多等互联网销售平台浏览、收藏、购买所需要的商品,或是滴滴出行等打车平台下单打车服务,甚至一些游戏平台、视频平台和学习平台的数据,都为大数据营销所用。广泛的数据来源为大数据营销用户画像的刻画奠定了基础。

2. 数据的时效性强

由于互联网和移动互联网的传播速度较快,用户在短时间内可以收到大量的新增信息,这意味着消费者需求、购买欲望、购买方式有可能在较短的时间内发生变化。大数据企业十分重视实践时间营销的策略,主张通过技术手段充分了解网络消费者的需求,并及时响应每一个网络消费者的即时需求,力图利用大数据技术分析消费者决定购买的"黄金时点",即用户需求最大时刻,让潜在消费者在决定购买的黄金时间内,及时接收到相关商品广告信息。

3. 营销精准度高

有了大数据可以做精准营销。精准营销是依托强大的数据库资源,以用户为中心,通过对数据的剖析整合,对用户进行准确的剖析定位,做到在合适的时间、合适的地点,将合适的产品以合适的价格和合适的营销渠道提供给合适的人。

1) 目标客户定位精准度高

以前,销售找客户的方式是发名片、发传单。实际效果是大多数人只看一眼就丢进垃圾桶,收到的回复寥寥无几。据统计,全球每年有 120 亿张名片被交换,约 88% 被丢弃,转化为商业价值的名片不到 1%。

那么,谁是准确的目标客户?如何在合适的时间、合适的地点,以合适的方式传达给消费者正确的信息?随着大数据收集、存储、管理、分析、挖掘与应用的技术体系的发展,这些问题的答案已经可以显现于眼前,大数据给了营销"会心一击"。

精准营销通过主动条件搜索和智能潜客挖掘两种方式找出目标客户。主动条件搜索通过主动输入搜索条件信息,如年龄、职业、浏览商品等,实现目标客户的初步筛选。智能潜客挖掘是对现有客户的标签化分析及特定条件筛选,为企业建立客户画像,利用大数据技术深入分析客户特征,帮助企业从海量企业数据库中,自动匹配出符合要求的目标客户,大大提升寻找客户的效率。

2) 营销信息投放精准度高

营销人利用大数据,从顾客的真实交易行为数据中,计算出每个消费者的下次购买时间,在什么时机、提供什么宣传方案,顾客会愿意再度消费。营销人根据数据预测顾客行为,从而提高成交率。

例如,每位手机淘宝用户的首页商品推荐都是不一样的。这是因为淘宝通过分析不同客户的数据,把客户最感兴趣、最有可能购买的商品放在首页推荐给客户。淘宝还通过客户的点击情况和页面停留情况等数据反馈,不断优化推荐,提高客户的购买率。

3) 营销成本控制精准度高

营销大师菲利普·科特勒说过:"促销费用的大部分都打了水漂,仅有 1/10 的促销活动能得到高于 5% 的响应率,而这个可怜的数字还在逐年递减。"美国百货商店之父约翰·华纳梅克曾感叹:"我在广告上的投资有一半是无用的,但问题是我不知道它是哪一半。"

大数据技术使得广告投放更加精准。在大数据的支持下,企业利用数据挖掘分析出消费者的基本属性、兴趣爱好、消费习惯等,更加准确地定位目标受众并进行细分;再利用人群定向技术,精准地向目标受众投放针对性的广告,提升了广告的转化率和回报率,大大节约了成本,避免了促销费用浪费。

4) 营销效果评估精准度高

精准营销过程可回溯追踪,营销效果可定量化评估。例如,淘宝商家投放了广告,淘宝的数据系统会持续跟踪反馈广告效果,即过去一段时间内,有多少客户通过广告点击进入商品页面,其中有多少客户是简单浏览,有多少客户将商品加入了购物车,有多少客户成功购买。广告的营销效果就这样被精准地定量评估了。

4. 营销更具个性化

近年来,随着互联网的发展,特别是智能手机的普及和 5G 移动互联网的广泛使用,使得网络数据呈爆炸式增长。用户在面对大量信息时,从中获得对自己真正有用的那部分信息变得越来越困难,对信息的使用效率反而降低了。基于此,个性化推荐系统应运而生,个性化营销是在个性化推荐系统基础上的大数据营销策略。

个性化推荐系统是一种帮助用户快速发现有用信息的工具,它通过分析用户的历史行为,给用户的兴趣建模,从而主动给用户推荐能够满足他们兴趣和需求的信息。与用户有明确目的、主动查找需求信息的搜索引擎相比,个性化推荐系统能够在用户没有明确目的的时候帮助他们发现感兴趣的新内容。从某种意义上说,个性化推荐系统和搜索引擎对于用户来说是两个互补的工具。

5. 开展大数据关联营销

维克托·迈尔-舍恩伯格等在《大数据时代》一书中指出:大数据时代要放弃对因果关系的渴求,转而关注相关关系。美国沃尔玛将尿布与啤酒摆在一起,使尿布和啤酒的销量大幅增加。美国妇女通常在家照顾孩子,她们经常嘱咐丈夫下班回家时为孩子买尿布,而丈夫则顺手购买了啤酒。于是,尿布与啤酒有了关联。因此,大数据挖掘的基础是数据之间的关联,单独的、片段化的数据再多,在大数据环境中也无法实现其价值。所以,企业要对原有的数据进行深度分析,首先要建立数据之间的联系,或以"人"的信息(姓名、手机号、身份证号、住址),或以产品信息(如产品的唯一编码),把各个渠道的数据打通,找到"数据的相关关系"。

找到数据的相关关系后,开展大数据关联营销,将自己的产品关联到其他的产品详情页面上。这里所说的其他产品,可以是同类、同品牌、可搭配等产品周边有关联的产品,从而构建一个专属的流量闭环,将用户流量掌握在企业手中。比如,利用高德地图搜索目的地,然后打车业务一项与其他的快车出行公司关联,快车出行公司获得了客户订单,用户基于高德的打车业务推荐提升了出行满意度。

2.2.3 大数据营销前沿理论

1. 4D 营销理论

2020 年,中国北京大学教授赵占波在其《智慧营销》一书中提出数字经济时代以消费者需求为基础,以互联网思维为灵魂的 4D 营销理论,即"消费者需求(demand)、数据决策(data)、价值传递(deliver)、动态沟通(dynamic)"。该理论认为企业首先需要了解消费者的需求,以超出消费者期望的方式满足需求;同时企业应借助大数据、云计算为营销提供咨询、策略、投放等方面的服务;企业制定营销策略时,应将产品的各项价值——由产品的功能、特性、品质、品牌等所产生的价值传递给消费者,并利用互联网社交网络对消费者进行多对多、立体化的动态沟通。

2. 新 4P 理论

高德纳咨询公司副总裁金佰利·科林斯提出了大数据驱动时代的新 4P 理论,即"消费者(people)、成效(performance)、步骤(process)、预测(prediction)"。新 4P 理论的核心理念是围绕用户,经营数据,通过实时控制预测带来智慧控制。

(1)消费者。大数据时代,互联网核心思维是用户思维,大数据时代的用户存在异质性和变动性,需要将用户分为新用户、主力用户、瞌睡用户、半瞌睡用户、沉睡用户(所谓沉睡用户,即 180 天没有重复购买的用户)。用户的沉睡程度越深,品牌唤起用户的机会就越低,唤醒成本也越高。实施大数据营销需要实时掌握每个用户的实际状态,为每个用户定制专属的沟通时间节点,从而减少顾客流失。

(2)成效。企业经营的最终目的是获利,在用户分类的基础上,提升用户的经营性指标,如增加顾客数、提高客单价、提高活跃度。

(3)步骤。通过有层次的执行程序,增加营收。当影响营业收入的 3 个关键变量新增顾客、客单价、活跃度出现问题时,采取适当的战略解决问题。当商家发现营业收入下滑时,发现顾客人数不够,就应想法增加新顾客或是设法留住老顾客;当顾客活跃度不够或忠诚度不足时,就针对早期购买顾客或现有顾客,进行定期关怀等,提升顾客活跃度;当客单价不够时,去评估是新顾客还是老顾客的客单价问题,如果是新顾客客单价不够,就用优越的价格吸引新顾客。

(4)预测。有了大数据,营销就可以及早做出应对方案。当用户被贴上标签后,可对用户进行智能化的控制,用数据分析未来,预测消费者的"再次购买时间",让商家在准确的时间与最可能发生购买的顾客进行沟通,做到实时观测、零时差沟通和个性化信息推荐。

3. 奥卡姆剃刀原理

14 世纪,英格兰的逻辑学家、来自奥卡姆的威廉提出了奥卡姆剃刀(Occam's razor)原理。这个原理称为"如无必要、勿增实体",即"简单有效原理"。使用"奥卡姆剃刀",采用简单管理,化繁为简,将复杂的事物简单化。该原理主张,当两个解说具有完全相同的解释力和预测力时,应使用较为简单的那个。事实上,越是复杂的大数据,营销者越需要做减法思考,在关键点上做正确的事。大数据营销的最终目的需要回归到营业收入,即企业获利水平是否获得提升。数据越复杂,解释越简单。

从奥卡姆剃刀原理的角度看,大数据营销的核心是降维。营销人员通过10个关键指标即新增率、变动率、流失率、转化率、活跃度、瞌睡顾客唤醒率、半瞌睡顾客唤醒率、沉睡顾客唤醒率、新顾客客单价和主力顾客客单价,进行降维思考,做出营销决策。

2.3 大数据营销的发展历程

大数据营销是随着大数据的发展而发展的,从互联网与先进信息技术的发展来看,大数据营销的发展历程经历了以下4个阶段。

2.3.1 大数据营销的互联网时代(2000年至今)

20世纪90年代中后期,以Amazon(1995年)和Google(1998年)为代表的具有重要影响力的互联网企业正式诞生,由此开启了大数据营销的互联网时代。互联网以其快速、低成本、交互性强等优点在世界范围内迅速推广,用户通过互联网获取独特而新颖的服务,如电子商务、信息搜索等,用户在互联网社区也留下丰富的数据。营销人员通过捕获的用户数据,为营销活动提供了新的视角。其中,网站点击流、搜索和在线口碑是营销关注最多的三个方面。

21世纪初,很多学者基于网站点击流数据来预测消费者购买行为。网站点击流数据可以提供用户浏览网站所看到的页面序列或路径的信息,代表着目标用户关注的兴趣点。在搜索方面,信息搜索在顾客决策选择中扮演着非常重要的作用,互联网的出现不仅降低了信息搜索的成本,而且允许消费者获取大量的新信息来源。因此,刻画消费者的在线搜索行为,并提供搜索的优化解决方案成为营销大数据研究着重关心的问题。此外,由电子商务网站图书的在线评论发起的在线口碑,对商品销量的影响日益显著,在线口碑逐渐发展成为企业或品牌不可或缺的营销要素部分。

2.3.2 大数据营销的社交网络时代(2004年至今)

随着Facebook(2004)、Twitter(2006)以及新浪微博(2009)等社交媒体的出现和流行,大数据营销迎来了社交网络时代。社交媒体的核心是用户的个性化资料,包括发布的文字、图片或视频等相关内容。社交媒体对营销的影响主要表现在两个方面:其一,社交媒体上大量的用户生成内容(文字、图片、视频等),成为非结构化营销大数据的重要来源;其二,个体用户的意见和采纳行为一定程度上会影响其他人,部分消费者可能通过模仿与学习,进而开始采纳新产品,由此产生拥有众多粉丝的权威专家或网红充当着意见领袖的作用,他们的推荐和建议会对消费者的购买决策产生影响。

在社会网络化发展的大数据背景下,大数据营销关注焦点分为三个方面:第一,传播的动机和传播的内容。用户为塑造个人形象,提升自我价值感和社交接受度而进行传播,这是用户愿意进行社交分享的主要动机。从传播的内容看,正逐渐从文本为中心向以视觉为导向进行转变,有图片或视频的社交媒体帖子比没有图片或视频的更受欢迎。第二,社交媒体作为营销沟通的渠道,对消费者有着重要影响。企业在社交媒体上的传播内容对顾客的参与行为有着积极而显著的影响,越来越多的企业在社交媒体上开通官方账号,并保持较高的活跃度。第三,随着个人在线社交网络的日益密集,大数据营销更多关注内容营销。企业需要对社交媒体的内容进行优化设计,找准合适的时间和地点,来有效开展内容营销。

2.3.3　大数据营销的移动互联网时代(2007年至今)

随着移动通信技术的发展和智能手机的广泛普及,尤其是2007年苹果公司第一代IPhone手机和2008年Google公司Android系统的推出,标志着人类进入了智能手机和移动互联网应用时代。截至2021年6月,我国手机网民规模达10.07亿,网民使用手机上网的比例为99.6%。随着智能手机和移动互联网的应用,移动用户可以随时接入互联网,为基于位置服务的场景需求营销提供了可能,消费者可以随时随地进行搜索、社交、支付、娱乐休闲和购物等多个活动。这时,大数据营销更关注移动App的营销作用以及个性化推荐的场景化、贴身化。

移动App是产生大量移动消费者数据的重要承载。作为移动端的新渠道,移动App的出现相对于传统渠道来说,是一个重要的延伸和补充。同时,移动App的营销作用对提升企业销售收入有着显著的积极影响,可以增加公司价值。此外,个性化推荐的场景化在移动电商中的应用最多,比如"相似商品推荐""猜你喜欢""买了又买(看了又看)"就是典型的例子。

2.3.4　大数据营销的人工智能时代(2013年至今)

互联网催生了大数据,2013年是"大数据的元年",大数据又催生了人工智能。2018年,百度发布了《AI赋能营销白皮书》,预示着大数据营销进入人工智能时代。大数据和人工智能的结合为消费者行为洞察提供了新的解决方案。而这些解决方案往往涉及机器学习、文本挖掘和自然语言处理等技术。

基于机器学习或自然语言处理的大数据营销,聚焦在点击流、在线评论和社交媒体等方面。比如,利用深度学习,结合日常交易网站中的点击流数据来研究消费者的购买行为;利用深度学习算法分析数十万个在线评论对销售转化的影响;利用机器学习的方法从用户生成内容(User Generated Content,UGC)中识别用户需求。在大数据营销的人工智能时代,营销分析需要的数据量和种类要更庞大复杂,有助于营销人员从中洞察新的营销见解,从而给企业在制定营销策略时提供新机遇。

综上所述,大数据营销的每一次发展都伴随着互联网技术的重大变革和创新,信息技术的进步可以将消费者的行为轨迹做数据记录与保留。大数据营销的使命是基于这些不断积累的数据,及时、准确捕捉和洞察消费者的行为变化,为最大化创造消费者价值进而提升公司价值提供解决方案。

《人民日报》将2013年视为"中国大数据的元年"。当下,几乎所有大公司的首席营销官都将利用大数据的潜力提上日程,思考如何利用大数据以实现利益的最大化。从大数据营销实践来看,比较具有典型意义的代表性案例是《纸牌屋》的大数据营销。

【案例 2 - 1】

《纸牌屋》的大数据营销

　　成立于 1997 年的美国奈飞公司(Netflix)曾经是一家北美家喻户晓的通过邮寄方式租赁 DVD 的在线影片租赁供应商,面对互联网经济的冲击,盈利每况愈下,后转型成为一家会员订阅的流媒体播放平台。

　　Netflix 公司在转型过程中逐步意识到数据的重要性。在其网站上,订阅用户每天产生高达约 3 000 万行为数据,如收藏、推荐、回放、暂停等,每天给出约 400 万个评分,300 万次搜索请求以及演员导演的喜爱程度、电视节目收看行为、剧集播放设置、剧情导向选择、剧集播放时间等。这些数据都被 Netflix 公司转化成代码记录下来。一开始,这类数据被 Netflix 公司用于精准推荐,随着数据挖掘技术的成熟,海量的用户数据积累和分析为制作方决策提供精准的依据,被用于影片的制作生产。

　　2013 年,Netflix 公司的工程师发现,喜欢 BBC 剧、导演大卫·芬奇(David Fincher)和老戏骨凯文·史派西(Kevin Spacey)的用户存在交集,如果一部影片同时满足这三个元素,影片就可能大卖。

　　于是,Netflix 公司花 1 亿美元买下了一部 1990 年就播出的 BBC 电视剧《纸牌屋》的版权,请大卫·芬奇担任导演,凯文·史派西担任男主角。如何成片、在哪个时间段播出,都由广大受众的客观喜好决定。从受众洞察、受众定位、受众接触到受众转化,每一步都由精准、细致、高效、经济的数据引导,实现大众创造的 C2B,即由用户需求决定生产。

　　根据官方公布的数据,3/4 的订阅者会接受 Netflix 的观影推荐。这样,Netflix 不用一集一集地攒《纸牌屋》这一新剧的口碑,只需向标签为"喜欢凯文·史派西"或者"喜爱政治剧"的观众推荐一下就行了。

　　此外,Netflix 通过大数据观测到另一流行趋势:越来越多的人不再像以前一样在晚上固定时刻守在电视机前,等着收看电视剧的最新剧集,而是攒起来,直到整季剧情全部播放完毕后,才选一个自己方便的时间点和地点,在方便的设备上,多数是网络设备如电脑、IPAD 上一次性观看。越来越多的美国付费用户喜欢"攒剧情、一口气看",也成了 Netflix 开创性的"一口气放出 13 集"的决策依据。

　　结果,《纸牌屋》大热,Netflix 收益提升,公司股价狂飙 26%,甚至连美国总统都成为其忠实用户。《纸牌屋》不仅是 Netflix 网站有史以来观看量最高的剧集,也在 40 多个国家热播。由此,《纸牌屋》开启了大数据营销在影视行业的全面应用。

2.4　大数据营销的职责

大数据营销的总体职责是通过大数据的收集和分析,加深对消费者需求的洞察,挖掘其中所蕴含的商业价值,为企业营销提供新见解和新方案。具体来说,大数据营销的职责包含以下 5 个方面。

1. 建设大数据营销所需要的数据设施

传统营销的数据设施主要包括客户关系管理(CRM)系统建设等,而大数据营销需要搭建数据管理平台(DMP)、地理位置收集系统、地理信息系统、CRM、营销自动化工具等。其中 DMP 是大数据营销的核心数据设施,负责帮助企业收集数据、组织处理数据并与其他营销技术系统共享。营销人员利用 DMP 获得客户和潜在客户的多维视图,设计有针对性的广告活动,将影响范围从已知客户扩展到相似的潜在客户,并推动跨渠道的更多个性化互动,从而获得更多的客户购买和更有效的推行广告计划。根据 Gartner 信息分析公司 2018 年的营销组织调查报告,北美和英国等地区 4/5 的营销组织拥有或正在实施 DMP。因此了解 DMP 能做什么、如何提供帮助将非常重要。

举个例子,假设有一家汽车公司 HAVA,该公司希望吸引居住在城市地区并喜欢驾驶高性能越野车的 40 岁以上的男性。当忠实于 HAVA 的客户张先生访问该公司的网站时,DMP 通过放置在浏览器中的 ID 识别出他,然后将他的信息连接到公司的 CRM 系统,CRM 为他显示了一个新型白色 SUV 的展示广告。后来,当张先生访问百度查看某场足球比赛比分时,该网站上运营的广告交易平台将他的个人资料与 DMP 共享的信息联系起来,展示了同一辆 SUV 的另一个广告。一天后,当张先生打开微信 App 时,他又再次看到了一个关于 SUV 折扣优惠的新广告。受到了该激励,他联系经销商进行试驾,这也许最后还会促成了购买。这就是 DMP 所发挥的作用。

2. 进行大数据市场研究,为企业制定战略方向

市场研究的使命是从消费者视角洞察消费者需求。传统的市场研究包括定性研究及定量研究。以座谈会为主的定性研究受制于主持人的访谈技巧,以问卷访问为主的定量研究虽然以严谨的抽样理论为基础,但同样不能完全代表总体的客观情况。而大数据时代革命性的调研方法为市场研究人员提供了以"隐形人"身份观察消费者的可能性,可以让市场研究人员"无干扰"地真实还原消费过程。利用智能化的信息处理技术进行低成本、大样本的定量调研,超大样本量的统计分析使得研究成果更接近市场的真实状态。这将推动消费行为及消费心理研究达到一个新的高度,帮助快速消费品企业更为精准地捕捉商机。

大数据时代,市场研究可以基于互联网进行低成本、高效率的市场调研;可以挖掘脸书、QQ、微博、微信等网络社交平台信息,进行消费者态度及心理研究;可以利用数据仓库有效地支撑企业进行大数据分析与应用;可以构建基于云计算的数学分析模型,可以将碎片化信息还原为完整的消费过程信息链条,帮助营销人员研究消费行为及消费心理,有助于营销人员更有效地制定营销战略。当然,大数据市场研究也存在一定的技术阻碍及伦理问题。比如,如何智能化检索及分析文本、图形、视频等非量化数据;如何防止过度采集

信息,充分保护消费者隐私。但不可否认的是,大数据市场研究有着无限广阔的应用前景。

3. 通过商业智能,结合数据挖掘和数据可视化进行业务决策

随着云计算和互联网技术的不断发展,企业内 CRM、企业资源计划(ERP)、供应链管理(SCM)等各个系统的数据将会越来越庞大,如何有效利用这些海量的数据,支持企业做出准确快速的决策,是企业亟须考虑的问题。商业智能(business intelligence),就是一个完整的解决方案,它融合了 ETL 数据处理、指标管理、数据建模、数据可视化、数据分析、数据填报、移动应用等核心功能,从数据源接入到数据采集、数据处理,再到数据分析和挖掘,打通数据生命周期的各个环节,实现数据填报、处理、分析一体化,为用户提供一站式数据服务。

通过商业智能数据挖掘,可以把海量的数据浓缩成"标签",帮助企业完成客户画像、交叉销售、产品定价等商业目标。同时,商业智能数据可视化可以让营销人员借助直观的图表进行营销业务决策。

4. 实现精准营销,提升营销效率

传统营销中的定位理论有助于营销人员找到目标市场和目标客户,但是找到目标客户后,营销内容是否能直达目标用户,并让他们产生兴趣,最后促成购买,这其中存在相当大的不确定性。如果营销对象不精准,就相当于大海捞针,再多的营销费用都是浪费。

大数据营销本质上就是精准营销。大数据营销利用大数据技术将消费者的消费需求进行更为精准的定位,进而生产符合消费者需求的产品,实现精准营销。要做到精准营销,需要精准定位客户。定位客户是通过大数据分析将消费者按照消费喜好、购买能力和消费群体的特征进行分类,进而对目标客户进行精准定位。

大数据营销可以在获客渠道上做到精准,通过直接访问渠道、搜索引擎渠道、指定广告跟踪等渠道来源的获客具有更高的销售订单转化率。大数据营销可以根据用户特征形成用户画像,再利用用户分群进行智能营销,从而做到把合适的商品信息在合适的时间推给合适的用户,降低营销成本,提高营销效果。

5. 基于协同过滤实现个性化推荐

个性化推荐系统早已渗透进我们的日常生活中,网易云音乐的"每日推荐",淘宝的"猜你喜欢",这些都是生活中非常常见的个性化推荐的案例。企业开展大数据营销,可以采取基于用户的协同过滤算法和基于商品/服务的协同过滤算法两种方法进行个性化推荐。

基于个性化推荐系统的个性化营销在满足消费者个性化需求的同时,可以解决商品的长尾效应问题。一般来说,主流商品代表了消费者的共性需求,而长尾商品则代表了消费者的个性化需求。按照二八原则,80%的销售额来自20%的热门品牌,长尾商品虽然仅占销售额的20%,现在互联网用户量巨大,挖掘长尾商品的需求也变得相当重要。个性化推荐系统通过发掘用户的行为,找到用户的个性化需求,从而将长尾商品准确地推荐给需要它的用户,帮助用户发现那些他们感兴趣但很难发现的商品。

【案例 2 - 2】

大数据营销下中国购房人群的用户画像

互联网对购房人群的大数据分析将使房企销售告别盲人摸象的盲目性和局部性,从而使房企不同城市的不同产品有更精准的营销推广方式。这样的画像不仅仅为房企打造产品提供依据,也为房企开展互联网营销提供了前提和基础。

在数字经济、产业互联网飞速发展的背景之下,房地产领域的消费者正在经历一场由线下到线上的迁移变革。从成交前浏览房源、即时通信(Instant Messenger, IM)咨询、带看等准备工作,再到交易中的签约、贷款核实等环节,目前消费者全流程购房行为已经实现了不同程度的线上化渗透。

购房客户从线上来的趋势更加明显,2020 年重点城市购房客户群中,来自线上的比例达到 57%,相较 2017 年增长近 15 个百分点。消费者线上活跃度有显著提升,2020 年每一个购房客户成交前平均需要 IM 联系近 9 位经纪人、IM 次数平均达 80 次,较 2017 年实现了多倍的增长;2020 年前 8 月贝壳平台上消费者和经纪人共同发起了超 3 200 万次虚拟现实(VR)带看,相比去年同期增长了 425 倍。总的来看,消费者对线上工具的依赖度明显增强,住房领域消费行为的线上化是时代所趋。

购房客户画像特征

1. 30~39 岁客群是购房主力,占比近 5 成

近几年来,90 后青年群体在房产市场中不断刷新交易记录,而作为"前浪"的 80 后们实力不减,仍是绝对的购房主力。贝壳平台成交数据显示,2020 年(1—8 月,下同)重点城市购房人群中 30~39 岁客户群占比最高,达到 47.7%,其次是 25~29 岁群体购房占比 23.9%。与一线城市相比,新一线城市购房客户群相对年轻化。受制于购房政策、居住成本等因素影响,一线城市买房置业的难度整体较大,2020 年购房群体中 30~39 岁占比 53.3%;而新一线城市购房客户群相对年轻化,30~39 岁客户群占比较一线城市低 8.3 个百分点,30 岁以下客户群购房占比较一线城市高出 13 个百分点。从城市来看,成都、合肥、重庆、西安等城市 30 岁以下购房客户群占比最高,其中成都 30 岁以下群体购房占比达到 42.8%。究其原因,主要是新一线城市购房门槛相对较低,同时有人才引进及落户政策上的倾斜。而居住成本较高的城市如北京、上海、厦门等购房客户群年龄相对偏高,其中北京 30 岁以下群体购房比例尚不足 2 成。

2. 郑州、长沙等七城市女性购房占比超过男性

楼市购房"她需求"走强,女性购房比例逼近男性。2020 年重点城市购房人群中男性占比 52.9%,女性占比 47.1%。分城市等级看,一线城市与新一线城市中,女性购房占比基本持平,其中一线城市女性购房比例达到 46.7%,新一线城市女性购房占比为 47.5%。不同城市购房性别结构存在显著差异。郑州、长沙、深圳、重庆等七城市女性购房比例高于男性,其中郑州、长沙女性购房占比均达到 55%,女性独立购房现象突

显。而杭州、苏州、沈阳、广州等城市仍是以男性为主导的交易结构,其中杭州女性购房比例仅占 37.5%,在 30 个样本城市中居于后列。

3. 已婚为主,新一线城市婚前购房比例高于一线城市

新一线城市婚前购房比例显著高于一线城市。2020 年重点城市客户婚后购房占比 47.4%,婚前购房占比为 42.9%,婚后购房仍是主流形式。分城市等级看,新一线城市购房客户婚前置业的比例要比一线城市高出近 20 个百分点,这种差异一定程度上与城市居住成本有关联。一线城市住房负担整体较高,购房作为典型大宗消费,多数情况下需要靠双方家庭共同完成承担。对比不同城市,居住成本相对较高的北京、深圳、厦门等城市婚后购房占比超 6 成,其中北京购房客户群中已婚占比达 64.2%。而武汉、长沙、西安、郑州等城市购房群体中,未婚的比例已超过已婚,相对友好的房价水平为客户婚前置业提供了便利的条件。

4. 省内购房客户是大部分城市的需求主力

从客户户籍来源分布看,绝大部分样本城市以省内客户购房占据主导地位。但结合城市发展特点和置业客户来源结构看,样本城市又可以划分为三种不同类型。深圳、北京、上海作为粤港澳、京津冀、长三角三大城市群的核心城市,对省(市)外的人口虹吸效应大,购房人群中外地客户占比较高;杭州、天津、苏州、佛山等城市毗邻于都市圈核心城市,承接外溢的产业与人口,对人口的吸引力逐渐向省外周边城市扩张;中西部省会城市光环效应显著,郑州、合肥、武汉等城市对省内客户群具有更强吸引力,省内购房客户群占比达到 8 成以上,省内非本市购房人群占比也超过 5 成。

(资料来源:贝壳研究院.《2020 年中国房地产互联网营销报告》)

【思考】

1. 为什么要做用户画像?

2. 从贝壳研究院的购房客户用户画像来看,新一线购房客户的性别比发生怎样的变化?

2.5　大数据营销的人才需求与培养

2.5.1　大数据营销变革中的企业人才需求

2021 年 12 月,国务院印发《"十四五"数字经济发展规划》,提出到 2025 年,数字经济迈向全面扩展期,数字经济核心产业增加值占 GDP 比重从 2020 年的 7.8% 提升到 10%。同时,提出了 11 个提升工程的专项建设。其中,"重点行业数字化转型提升工程"和"数字经济新业态培育工程"提出要"持续壮大新兴在线服务,深入发展共享经济,鼓励发展智能经济,有序引导新个体经济","提升商务领域数字化水平,引导传统业态开展线上线下、全渠道、定制化、精准化营销创新"。由此表明,"十四五"期间企业对大数据营销人才有着迫

切的需求。据统计,在发达经济区域,有超过半数以上的企业已经准备购买相关网络推广服务。在一些招聘网站中,新浪、网易、谷歌以及百度等互联网公司有大量的大数据营销人才的空缺岗位。从市场人才现状反馈来看,大数据营销人才的需求在不断上升。

另一个证据是当前国内外大公司的岗位变革。当前,国内外一些企业取消了首席营销官(Chief Marketing Officer,CMO)职位,取而代之的是首席增长官(Chief Growth Officer,CGO),把营销业务、用户服务和商业领导战略整合到一起由 CGO 负责。由CMO 转变到 CGO 是一种蜕变式的自我革新。CGO 最早起源于硅谷,由"增长黑客"延伸到增长团队、增长经理、增长副总经理(VP)直到 CGO 逐步进阶升级而成。2010 年在线市场调研服务公司 Qualaroo 的创始人 CEO 肖恩·埃利斯提出了"增长黑客"的概念,即增长黑客是一群以数据驱动营销,以市场指导产品,通过技术手段贯彻增长的人。2012 年,硅谷专家 Andrew Chen 对 CGO 这样定义:"一半营销人,一半程序员,用 A/B 测试、着陆页优化、邮件和病毒营销等技术手段,解决获客问题,能运用 SQL/EXCLE 对数据进行定性定量的分析,并指导优化传统渠道的营销。"CGO 的目标是用最低的成本、最快的速度获得最大的增长。很多公司如 Facebook、Linkedin 等互联网公司以及宝洁、可口可乐、Visa、沃达丰等传统公司都设立了类似岗位。

2.5.2 大数据营销人才的能力架构

当前,大数据正迅速改变着企业经营的内外环境及其运作模式,全面的基于大数据和互联网的创新模式给企业的营销理念、业务流程、营销决策等工作提出了巨大的挑战,越来越多的企业正致力于从大数据中挖掘有价值的消费者信息,进行"用户画像"从而实行"精准营销"。毫无疑问,大数据时代的到来对大数据研究与应用人才的需求更加强烈,海量营销数据的处理与分析能力备受企业重视,而挖掘数据背后蕴藏的商业价值是营销人才应具备的能力。

大数据营销人才应具备系统化思维和定量化思维,在知识层面应同时具备数据科学与营销科学的知识体系,具备计算机学科、营销学科、统计学多学科专业知识;在能力上,具备数据获取能力、数据分析能力和数据应用能力三大能力模块。数据获取能力是指能够围绕企业要解决的实际营销问题,熟练使用 Python 等软件获取结构化和非结构化数据的能力;数据分析能力主要是指围绕企业要解决的实际营销问题,熟练运用统计理论和应用软件进行数据处理和数据分析的能力;数据应用能力主要是指围绕企业要解决的实际营销问题,熟练运用营销理论和商业洞察力,将统计分析结果应用于商业分析与营销决策的能力。大数据营销人才要具备以上能力,需要至少形成以下 4 个方面的知识架构。

1. 统计学

统计学隶属于应用数学,利用概率论建立数学模型,收集所观察到的数据,进行量化分析、总结,做出推断和预测,为相关决策提供参考和科学依据。统计学不仅仅统计数字,也包括调查、收集、分析、预测等,应用范围较为广泛。如果说传统的统计实务重心放在收集基础数据,难点在于如何获取数据,那么在大数据时代,统计实务更在于如何选择有用的数据。

统计学知识内容由基本概念、数据收集、数据描述、回归和分类、多元分析、概率分析、参数估计、假设检验等构成。对这些知识的了解有助于我们培养大数据营销分析思维,从而更好地利用已有数据。

2. 营销学

大数据营销人才需要对传统营销理论有全面的理解,熟悉市场营销理论体系:从定位理论到 4P、4C、4R 再到 4D,以及迈克尔波特的"五力模型",从而了解营销的逻辑和模式,能够为企业制定准确的大数据营销策略,进而有效嵌入企业的整合营销环节中。

3. 大数据营销技术

大数据营销技术是大数据营销人员的基本功。要想精通大数据营销,必须会操作数量超过百万条的数据库。基本的大数据营销技术包括如下内容:

(1)营销数据设施相关硬件和软件技术。比如,如何从零开始搭建一个数据库,以及如何搭建数据管理平台(DMP),熟悉需求方平台(demand-side platform,DSP)、网站分析、计算广告等。

(2)数据工具。包括结构化查询语言(structured query language,SQL)、爬虫及 ETL 工具、商业智能(business intelligence,BI)工具(如 Tableau 等)。

(3)分析工具。数据挖掘工具,如 SAS、SPSS、Matlab 等,以及大数据工具,如 Hadoop、R 语言以及 SPARK 等。

(4)营销工具。包括营销自动化、客户关系管理平台等。

4. 行业业务知识

与统计学、营销学不同,对行业业务知识的理解需要长期的行业经验积累才能获得,也是大数据营销人员最宝贵的才能。没有 3～5 年的行业经验积累,一个大数据营销人员则无法对这个行业的大数据营销有全面而深刻的理解。

2.5.3　大数据营销的人才培养

在国内高校大数据营销人才培养的实践方面,目前国内培养大数据营销人才的高校共有 30 余所,分别为中央财经大学商学院、香港中文大学、江汉大学、河南财经政法大学、北京工业大学等。中央财经大学商学院于 2015 年在国内首家设立了市场营销(大数据营销)专业方向,在国内首家率先采用新理念、新技术改造营销学科,开始招收本科生及双培班;组建大数据驱动的市场营销创新研究团队,完善培养方案,开办"大数据精英班";不断建设和完善大数据教学实验室,与大数据企业进行产学研合作。

但是,从整体上说,大数据营销人才的培养还处于起步阶段。首先,由于数据采集技术及数据伦理问题导致数据采集不全,大数据的商业价值还未能充分显现,使得大数据营销仅限于大公司,未能在企业中普遍落地实施。因而,大数据营销课程的建设相对滞后。其次,大众对营销专业的偏见和误解,认为营销就是销售,无须接受专业高等教育也能干好。因而,大数据营销也受到大众偏见的制约。最后,虽然大数据和人工智能使企业更能具备以前所未有的洞察力,了解消费者需求和特质,提供精准营销,但也对大数据营销人才的市场适应能力提出更高的要求,相应地对培养大数据营销人才的教师也有很高的要求。

综上,基于快速发展的大数据环境和企业需求,大数据营销人才的培养势在必行。国内有部分大学已经率先进行了大数据营销人才培养的探索,通过开设营销前沿课程、交叉课程、大数据营销创新实践课程、大数据营销讲座课程,在培养中纳入前沿的统计学方法和计算机技术,培养学生应用大数据技术解决营销管理问题的能力,使之成为兼具敏锐的商业洞察力与创新的大数据思维,具有熟练分析处理结构化及非结构化数据的技能,能够从事企业营销管理工作并具备初步科学研究潜质的应用型人才。

当然,大数据营销人才的培养主体不应仅仅是高校,企业和社会培训机构也应注重大数据营销人才的培养。营销人员自身更应时时关注、学习并应用大数据营销新技能,以满足时代对大数据营销人才的要求,提升自我的同时实现社会价值。

习　题

扫描二维码获取
本章思维导图

1. 大数据营销的产生是否意味着传统营销理论体系的崩塌?
2. 简述大数据营销的前沿理论。
3. 简述大数据营销的含义。
4. 简述大数据营销的特点。
5. 简述大数据营销的职责。
6. 简述大数据营销人才的知识结构。

第3章
大数据营销流程

📓 **本章知识点**

（1）理解大数据营销的流程，掌握大数据营销的实施流程。
（2）了解数据采集过程，能采集需要的数据。
（3）了解数据处理过程，能对数据进行"脱敏"以及数据资产管理。
（4）了解大数据营销数据分析目的，掌握大数据营销数据分析方法。
（5）理解主要的大数据营销模型，应用主要的大数据营销模型。

在介绍大数据营销的概况后，本书接下来详解大数据营销流程。大数据营销的流程始于数据管理平台的DMP的构建，在确定好DMP的构建方式和数据来源后，接下来进行大数据的数据采集和数据处理，进而进行营销数据的挖掘和营销模型的构建，为营销决策提供科学的依据。

3.1 构建数据管理平台

数据管理平台（data management platform，DMP），是把分散的多方数据进行整合，纳入统一的技术平台，并对这些数据进行标准化和细分，让用户可以把这些细分结果推向现有的互动营销环境里的平台。

3.1.1 DMP的分类

数据管理平台按照建设主体不同，可以分为以下三类。

1. 第一方DMP

企业在积累了自己的用户数据后，着手建立第一方DMP，以便为形成自己的营销闭环打下基础，从而实现基于数据分析和定量优化的营销智能化。

第一方DMP主要的数据源是广告营销中积累的广告投放数据以及转化效果数据（如用户互动、用户购买等行为）、企业在社交接触点上的行为数据，而线上线下购买数据通常较少，主要原因在于线下购买数据往往归渠道方所有，线上购买数据往往归第三方电商平台所有,但线上线下购买数据对打通营销闭环,分析核心购买客户群非常重要。

第一方 DMP 的主要应用场景包括客户洞察、营销闭环和迭代优化。通常依据第一方 DMP 积累的数据和第三方数据实现客户洞察,对消费者进行 360 度画像。营销闭环和迭代优化可以实现精准营销、千人千面等目的。

2. 第二方 DMP

第二方 DMP 是媒体提供的 DMP 服务。如果企业没有自己的 DMP,在广告投放中想运用数据实现精准投放,可以利用第二方 DMP,通过利用媒体提供的人群标签,选择自己的目标人群进行营销。第二方 DMP 的主要应用场景是人群洞察和精准营销。人群洞察主要是查看人群在第二方 DMP 上的标签特征,但无法拼接出企业完整的客户画像;精准营销的场景也仅限于媒体内部应用。总之,第二方 DMP 对企业来说应用受限。

3. 第三方 DMP

第三方 DMP 由专门的数据公司构建,按数据使用量收费为其他企业提供数据服务,为企业更精准地定位目标人群,更全面地洞察消费者提供帮助。第三方 DMP 的主要应用场景是用户洞察。

越来越多的企业开始搭建自己的第一方 DMP,主要是由于数据源和加工逻辑不同以及数据质量的因素,第二方和第三方 DMP 在应用过程中存在若干限制,而第一方 DMP 又是一个难度很高、需要长期投入的项目。因而,企业进行大数据营销的初期,可以采用第二方 DMP、第三方 DMP 为主,随着自身数据平台的不断建设和完善,逐步过渡到以采用第一方 DMP 为主。

3.1.2 DMP 的数据源

DMP 中所有数据均是以消费者为核心,只要对营销效率有提升的数据都可以纳入 DMP 的存储、加工和应用范围。一般来说,DMP 数据源包括了私域数据、泛私域数据和公域数据三类。

1. 私域数据

私域数据是企业在自有触点采集和留存的用户数据,包括官网数据、自有电商数据、自有 App 数据、线下数据等。

(1) 官网数据。用户在企业官网产生的行为数据,包括浏览、搜索、填写表单、咨询、购买等行为数据。对于 to B 类的企业或汽车行业,通常把官网作为收集购买意向的重要触点,因此对官网数据采集和应用做得很深入,通常会请专门的服务商做官网的定期更新优化。DMP 在应用官网数据进行分析时,需要建立相应的接口。

(2) 自有电商数据。如果企业拥有自有电商,那么数据会非常丰富,搜索、下单、付费、复购等行为数据都是研究核心用户消费行为非常有价值的数据。随着第三方电商平台的兴起,大的零售品牌一般都会在第三方电商平台开设旗舰店等专营店铺,自有电商往往是因为营销战略意义而存在,并不是线上销售额的主要来源。DMP 可以采集设备 ID 和对应的行为类型。

(3) 自有 App 数据。一些企业有自己的 App,由于 App 功能完善且客户体验较好,自有 App 也积累了一定数量的用户行为数据,包括注册、登录、活跃、留存、购买转化等一系列数据。自有 App 数据往往价值很高,DMP 要加工并利用这部分数据,建立与自有 App 对应的数据接口。

(4) 线下数据。部分企业有自建的线下行为采集系统,经过告知、获取用户授权后,可以采集到用户的线下行为数据,包括用户到访店铺的信息数据、参与活动的行为数据,以及线下智能设备与用户互动产生的行为数据等。这些数据作为研究线下客户消费特征的数据源,被 DMP 加以分析利用。如饮料行业普遍采用的 UTC(一瓶一码)、零售行业的一物一码、线下的扫码参加活动等都可以积累一定的线下数据。

2. 泛私域数据

泛私域数据指的是在第三方平台与用户沟通和接触时产生的可以通过商务谈判纳入第一方 DMP 利用范围的数据,包括社交数据、第三方电商数据、广告营销数据。

(1) 社交数据。用户在企业的微信公众号、小程序、官方微博等社交网络中产生的数据,包括社交账号数据、阅读、点赞、转发、评论等行为数据。这些数据虽然是企业自有会员信息,但存储在微信微博的后台,在符合消费者隐私保护的前提下,企业可以通过开放的 API 接口将数据导入第一方 DMP 平台,并与其他数据关联和打通。

(2) 第三方电商数据。企业通常在淘宝、京东等第三方电商平台有自己的旗舰店,如果消费者在这些店铺下单购买,为了给这些消费者提供送货、维保等售后服务,企业可以从第三方电商平台把消费者的必要信息导回自有平台,这部分的数据分析也可纳入 DMP 平台。

(3) 广告营销数据。如果企业在第三方流量平台投放了广告,那么在广告投放过程中产生的用户交互数据,如广告曝光、点击等相关数据,可以用来进行精准营销,或者进行营销方面的深度分析。企业可以与媒体及第三方监测进行谈判,获取数据中的非 PII(个人验证信息)部分,用于分析和用户洞察,且纳入 DMP 平台。

3. 公域数据

公域数据主要包括第三方购买数据和网络爬虫数据。

(1) 第三方购买数据。第三方购买数据是企业在进行营销分析和策略优化过程中,发现私域数据和泛私域数据在精度和深度方面无法达到要求时,以购买的方式从第三方获得的用户数据,通过 API 接口进行数据对接。当前,一些新型技术如多方安全计算理论(Secure Muti-Party Computation,SMPC)可以在不泄露用户隐私和多方数据信息的情况下,提供加强数据合作和深度建模分析等服务。

(2) 网络爬虫数据。企业为了了解自身品牌的网络舆情或者消费者对某项活动的评价,会借助网络爬虫技术对某些关键字有针对性地进行舆情数据爬取,以便企业进行公关,改善客户服务和用户体验。

3.2 数据采集

企业 DMP 平台构建好以后,接下来进行数据采集。过去,传统的大型企业,10 年的客户数据积累大约在 T 级别,而现在,通过大数据营销技术收集数据的中小型企业,也许每月就会产生 T 级数据。

数据采集是数据处理和数据分析的基础。在建设过程中,DMP数据处理场景一般是批量处理,数据采集就是完成ELT的过程,而DMP有部分场景涉及实时流式数据处理,数据采集就是完成ETL的过程。所谓ELT是将数据从数据源提取出来,保留源格式直接装载在DMP文件系统中,再进行格式转换。ETL则是将从数据源提取的数据先进行数据格式的转换,再将数据装载进DMP。一般来说,数据的采集过程包含数据源梳理、采集接口技术类型确定、数据清洗和数据转换4个部分。

3.2.1　数据源梳理

数据源梳理需要从以下几个方面进行:

1. 数据源的梳理需要了解业务应用场景和流程

客户所处的行业不同,业务场景会有差异。快消行业的DMP通常侧重于营销分析和应用场景优化;零售及细分行业如美妆、母婴等,通常需要进行垂直细分人群的深入分析和管理,以及产品和用户的关联分析、销售预测分析等;高客单价、低频行业如地产和汽车比较关注销售线索的评估和转化;金融行业则希望DMP能精准地将用户从公域引流到企业私域里,后续在企业内持续运营。

2. 数据源的梳理需要了解可利用的数据源

数据源包含第一方、第二方、第三方的数据源。了解可利用的数据源主要判断各数据源对接的难度,包括判断是否可对接、评估对接周期、对接的费用成本和时间成本,最终给出针对某个应用场景的全面数据源对接计划。

传统的客户数据主要描述"客户是谁""客户买过什么东西""客户有无投诉"等情况,记录的是客户"真实"的信息。而大数据营销的客户数据主要描述"客户有什么互联网行为"。大数据营销中关于客户行为的数据可以分为以下几类:

(1)浏览行为数据。客户在不同的终端(手机、电脑)使用不同浏览器浏览网页的数据。

(2)搜索行为数据。客户在不同搜索引擎上的搜索内容数据。

(3)地理行为数据。客户手机定位出的地理位置数据。

(4)电商行为数据。客户在不同的电商平台上浏览、购买商品的信息。

(5)社交行为数据。客户在社交媒体上的行为数据,以及在社交媒体上的朋友圈数据。

(6)互联网金融行为数据。在互联网上的借贷行为、收入支出行为以及相关的信用数据。

3. 数据源的梳理需要了解可利用的数据源质量

了解可利用的数据源质量主要是针对第一方、第三方数据源进行评估。对于第二方的数据源,如广告投放的曝光、点击数据等,在数据质量方面没有评估空间。

对于第一方数据源,主要进行数据属性和记录值是否缺失、业务数据是否完整、业务数据是否符合业务逻辑、数据是否冗余、数据是否冲突5个方面的质量评估。

(1)数据缺失:由于数据某些重要的数据属性和数据记录值缺失,会导致统计、分析建模和分析结果误差较大。如定义有100个字段,实际有值的可能只有50个。

（2）数据不完整：业务数据不完整。比如在客户购买分析中，有的客户有购买记录，但没有相应的客户信息；有的客户有客户信息但没有购买记录。

（3）数据不合理：由于数据采集程序没有进行合法性校验，导致数据质量出现问题，数据不符合业务逻辑。比如客户年龄 150 岁，身份证号码位数不对等。

（4）数据冗余：由于数据有多个入口以及数据模型设计得不合理，同一数据有多个版本，产生数据不一致的问题。

（5）数据冲突：由于缺乏统一规划，同一数据在多个系统中有多个不同内容。

对于第三方数据，进行数据质量评估需要通过不同第三方服务提供商的交叉验证测试，评估数据源的优劣；同时评估第三方服务提供商的数据合法性和后续提供服务的稳定性。如果选择了不能持续稳定提供数据服务的第三方服务商，则为 DMP 平台后续建设埋下隐患。

3.2.2 采集接口技术类型确定

DMP 平台需要具备常用的采集接口技术，包括开放的 API 接口采集、JS 监测代码采集、SFTP 接口采集、离线文件上传接口采集、SDK 采集。

（1）开放的 API 接口采集。由于 API 接口采集方式是全自动系统采集，没有人为参与，可靠性较高，且接口适用的场景丰富，支持实时、准实时、定期采集，流式、批量采集，全量、增量采集，故而被越来越多的企业采用。

（2）JS 监测代码采集。JS 检测代码采集常用于媒体数据和官网数据的采集，JS 代码是用 JavaScript 编写的脚本文件代码，扩展名为 JS。一般在需要回传的数据处埋置一段 JS 代码，使得用户数据实时传送到 DMP 系统中。

（3）SFTP 接口采集。SFTP 接口采集常用于 DMP 平台从其他平台定期批量采集数据，双方按规定的文件格式定期传输数据，即可完成数据的采集和入库工作。

（4）离线文件上传接口采集。离线文件上传接口采集主要是将企业通过线下活动采集的用户数据上传到 DMP 平台，实现统一管理。

（5）SDK 采集。SDK 采集常用于采集企业 App 中的用户行为数据。企业 App 用户行为分析平台一般是独立的平台，如果企业有该平台，直接用 API 接口采集即可，如果企业没有该平台，需要在企业 App 中嵌入 SDK。

此外，还有一些其他的采集方式，如爬虫采集技术，将消费者对企业营销产生的行为定期爬取，以指导市场营销策略。

3.2.3 数据清洗

数据清洗是过滤掉不符合要求的数据。具体包括清洗不完整的数据、错误的数据和重复的数据。

1. 清洗不完整的数据

清洗不完整的数据，指的是清洗关键特征信息存在缺失的数据。如用户属性信息、用户行为信息等。这一类数据如果不能在规定的时间内补全，则需要进行清洗。

2. 清洗错误的数据

产生错误数据的原因在于数据源系统本身的数据质量控制机制不够健全,在数据输入后没有进行判断就直接导入 DMP 平台,比如数据日期格式不正确等。错误的数据会导致下一步数据转换失败,因而要么在数据源修正后再抽取,要么直接进行清洗。

3. 清洗重复的数据

重复的数据在维度表中较为常见,需要将重复的数据记录下来,确认后进行清洗。

数据清洗是一个反复的过程,需要持续运营,不断发现问题,解决问题。数据清洗要注意每个过滤规则的认真验证,不要将有用的数据过滤掉。

3.2.4 数据转换

数据转换是将不一致的数据进行转换,将数据粒度进行转换,以及按业务规则进行数据的计算。

将不一致的数据进行转换是一个重新整合数据的过程,在数据抽取后统一转换成一致的编码。如同一个供应商在结算系统中编码是 XX001,而在 CRM 中的编码是 UU001。数据粒度是 DMP 平台中数据的细化和综合程度,细化程度越高,粒度越小,而粒度越小的数据包含信息越多,越难解读,一般情况下,DMP 要按照业务需求对数据粒度进行聚合转换。此外,部分业务指标需要按照数据源提供的原始数据,经过一定的业务逻辑计算后存储在 DMP 平台中。

3.3　数据处理

DMP 平台完成数据采集工作后,下面进行数据处理工作。数据处理过程包括 ID 映射(ID Mapping)、数据"脱敏"保护、标签体系设计与标签口径梳理、数据资产管理。

3.3.1　ID Mapping

DMP 平台的数据源来自许多不同的系统,而不同的数据源其 ID 类型是不同的。比如,微信是通过 Open ID/Union ID 标识用户,微博是通过 UID 来标识用户,第三方平台是通过电商账号、手机号来标识用户,官网是通过 Cookie 来标识用户,WIFI 探针是通过抓取到的 MAC 来标识用户。DMP 平台要把这些分散的特征信息进行整合,形成一个完整的360 度的特征视图,必须采用一定的方法如基于统计学的 Mapping 方法等把 ID 系统进行打通,这就是 ID Mapping。例如,两个或两个以上的数据源同时具备了某个 ID(比如用户的手机号),那这些数据源就可以通过这个 ID 关联起来。

ID Mapping 的主要目的是把客户不同系统中的标识打通,以此来标识同一个客户,消除数据孤岛,提供客户完整的信息视图,从而全方位地了解客户行为轨迹数据,以便使同一客户在不同系统中接触某类商品时,精准地与客户进行互动。

1. ID Mapping 的方法

1) 基于统计学的 Mapping 方法

基于统计学的 Mapping 法是对客户出现在不同系统的 ID 进行映射关联,形成一个客户的统一 ID 视图,如图 3-1 所示。

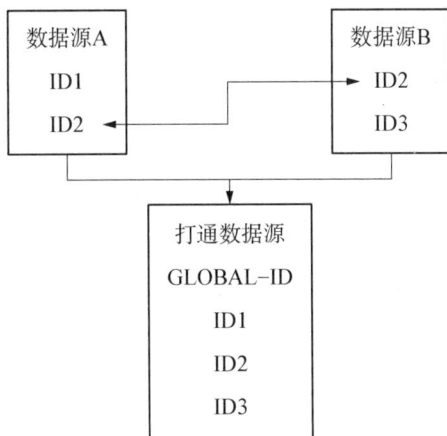

图 3-1　客户统一 ID 视图

有的数据源同时有多个 ID 类型,其中一个是主 ID 类型。例如,在微信 Open API 中,可以获得用户的 OpenID,如果用户为注册某企业品牌的会员进行授权,可以获得用户的手机号,这样两个数据源同时具备某一个 ID 后,就可以通过这个 ID 关联起来。这种 ID Mapping 的技术要求不高,在了解各数据源的字段表结构后,做数据源的清洗、去重和关联就可以打通。

2) 借助第三方数据能力进行 ID Mapping

大部分情况下,仅凭企业的第一方数据源是很难打通 ID 的。例如,企业品牌投放了大量的新媒体广告,产生了点击数据,这些数据可以通过 Device ID 来标识客户。在投放广告的同时,品牌天猫旗舰店获得了大量订单,通过用户授权,品牌主可以获取用户的手机号码。但要分析哪些订单是因为广告投放使得用户最终在天猫产生的购买,需要把看广告用户的 Device ID 和下订单用户的手机号打通。品牌主的第一方数据源一般不具备 Device ID 和手机号的关联关系,这时需要借助第三方的数据能力,通过第三方 ID Mapping 服务商进行 ID 关联,从而打通 ID。选择第三方 ID Mapping 服务商,一般要综合考虑打通率、准确性、合法性和合规性等因素。

3) 模糊 ID Mapping

以上两种 ID Mapping 都属于精确 ID Mapping 解决方案。在没有充足预算、第一方数据源只能打通一定比例的 ID 且存在大量数据无法打通的情况下,需要采用模糊 ID Mapping。

模糊 ID Mapping 需要利用数据挖掘和建模技术。例如,利用弱关联关系(IP 地址)判断消费者的行为模式,进而判断是不是同一个消费者。在一定时间内,同一个 IP 在两个不同的数据源产生两次行为,经过判断具备相同的消费者行为模式,则在一定置信度水平下判断是同一个消费者。为了提高判断的准确性,可以增加模型的判断维度。一般情况下,判断维度越高,准确度越高,但能够关联打通的数据比例越低。

2. ID Mapping 的注意事项

（1）ID 使用有一定的期限。Cookie ID 的有效期一般是 1 个月，Device ID 的有效期相对好一些，也存在改变的情况。企业品牌要实现 ID 的持久化，需要建立第一方账户体系。当客户生命周期价值和消费频次达到一定临界值，就有必要建立长期账户体系来进行客户运营。

（2）通过账户体系可以将同一用户的不同设备进行打通。一般情况下，消费者和设备不能直接对等，因为一个消费者往往有多个设备。例如，办公时使用笔记本电脑，休闲娱乐使用智能手机，有些人因业务需要同时使用多部手机。如图 3 - 2 所示，ID Mapping 首先打通的是同一设备在使用不同应用时的不同 ID，如果用户在不同设备上都登录过该账户，则可以将多个不同的设备打通，一旦打通则长期有效。

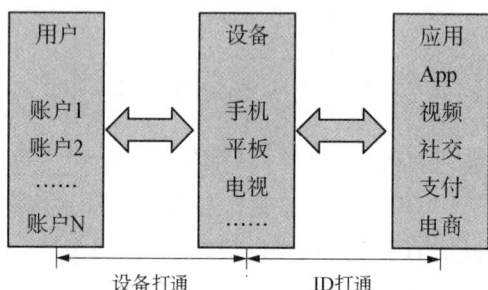

图 3 - 2　设备 ID 打通层次关系图

（3）一般情况下，利用微信 Open ID、Union ID 进行 ID mapping 更为常见，而微博体系相对封闭，可以为付费接口 ID mapping 提供服务，而 Cookie ID 有效期较短，往往打通率比较低。

3.3.2　数据"脱敏"保护

所谓数据"脱敏"保护，是指将用户的敏感信息或隐私性信息，通过脱敏规则进行数据的去隐私化，最终实现数据的可靠保护。常见的需要脱敏的数据有姓名、身份证号、地址、电话、银行账号、交易日期、交易金额等。常用的数据脱敏算法包括 Hiding 算法、Truncation 算法、Mask 算法、Floor 算法、Hashing 算法等。

1. Hiding 算法

Hiding 算法将数据替换成一个常量，如 500→1。

2. Truncation 算法

Truncation 算法将数据尾部截断，只保留前部分。如 0515 - 5564877→0515。

3. Mask 算法

在 Mask 算法下，数据长度保留不变，只保留部分数据信息，例如 320981198209234145→320981 * * * * * * * 4145。

4. Floor 算法

在 Floor 算法下，数据或日期取整，如：20210721 11:20:45→20210721。

3.3.3 标签体系设计和计算口径梳理

数据经过脱敏保护后,需要通过一个标签体系来描述一个消费者所具有的特征,如性别、年龄等人口属性特征,居住地、工作地、娱乐地等地域特征,消费能力、消费类型等购买特征,折扣偏好、参与频率等活动特征。

一个典型的用户标签体系如表3-1所示。

表3-1 用户标签体系设计表

	用户 基础属性标签	人口属性
		地理位置
		兴趣爱好
	用户 业务属性标签	保有产品品牌
		消费能力
		消费类型
用户标签体系	用户 市场属性标签	广告互动情况
		官网互动情况
		社交互动情况
		互动特征(频次、折扣偏好、渠道偏好)
	模型标签	高意向访客
		低意向访客
	预测标签	线索预测
		消费预测

如图3-3所示,标签一般分为事实标签、权重标签、模型标签三种。

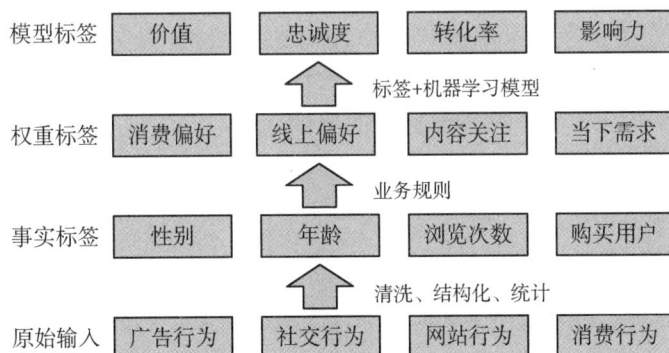

图3-3 标签类型图

事实标签是把用户的属性和行为的事实情况变为标签。一般来说,不易变化的属性会被加工成事实标签。如人口属性、会员等级等。

权重标签是通过业务逻辑规则判断加工出来的标签。业务逻辑规则判断有一定的时效性和强弱度,这类标签会带有权重,一般根据有效时间内符合规则的次数来确定权重大小。随着时间变化,某用户的某权重标签如果没有符合规则的情况发生,那么,该标签权重会衰退直至 0,从而失去该标签。

模型标签是通过机器学习模型加工出来的标签。模型标签分为分类标签(如忠诚度的高、中、低)、预测标签等。模型标签需要营销业务场景驱动,它的设计一定是为了解决某个具体业务问题。

在 DMP 平台中,标签可以用于消费者筛选、用户画像、聚类、精准营销、业务推荐等。同时,在 DMP 平台中,标签体系建设不是一蹴而就,需要不断更新和维护,追求的不是大而全,而是简单好用,以事实标签和权重标签为主,模型标签为辅。

标签体系建立好以后,需要对标签进行口径梳理,包括业务口径梳理和技术口径梳理。业务口径梳理需要 DMP 平台搭建方与业务部门协商进行,技术口径梳理需要 DMP 平台搭建方与技术部门协商进行。业务口径梳理要确定标签业务含义、根据业务场景确定标签的更新频率。技术口径梳理要考虑计算的准确性、计算效率以及后续用户规模扩大后是否会造成性能下降。标签的口径梳理完成后,DMP 平台可以按规定周期进行标签更新。

3.3.4 数据资产管理

经过数据清洗、数据脱敏、数据标签化后,DMP 平台汇聚大量有效的数据,形成宝贵的数据资产,DMP 平台应具备快速高效管理数据的能力。数据资产管理是进行数据的管控、标准化、流程化、规范化的一系列工作。数据资产管理通常情况下包括数据治理、数据架构管理、数据开发、数据操作管理、数据安全管理、参考数据和主数据管理、数据仓库和商务智能管理、文档和内容管理、元数据管理和数据质量管理 10 项职能。总而言之,DMP 平台的数据资产管理是企业数据资产管理体系的一部分。

【案例 3-1】

大数据时代的爱情
——"百合网"玩转婚恋大数据

我国拥有将近 1.8 亿的单身适婚男女,经济发展和城市化进程所带来的地区间、城市间生活趋同化,"北上广深"等传统单身重灾区正逐渐向新兴二线城市蔓延,且呈现城市新特点。婚恋问题已经蔓延成一个社会问题。由此催生的《非诚勿扰》《新相亲大会》等电视相亲节目的火爆俨然成为这个时代一个鲜明的符号。而万能的大数据能否帮助 1.8 亿单身男女解决婚恋问题?

百合网是一家实名认证的婚恋网站,成立于 2005 年,在中国首次推出"心灵匹配,成就幸福婚姻"的独特婚恋服务模式,目前注册用户已逾 1 亿。百合网的发展目标是做好婚恋全产业链。从恋爱到婚姻,有非常多的线上线下用户需求,需要围绕大数据,提供敏捷、高弹性的技术架构;既有性能、数据量、计算量方面的要求,又需要保证研发速度;既需要控制成本,又需要高可扩展性。

担任百合网 CTO 的杨溢欣,负责百合网的线上技术,以及部分项目的产品、运营等工作,下辖团队成员 100 多人,包括客户端、服务端的研发工程师,算法研究员,测试、运维团队,产品、运营团队等。基于公司亿级的用户群和婚恋产业链领导者的定位,百合网技术部门强调数据驱动,要求团队勇于创新,能够做到用快速、敏捷的方式完成产品需求,并注意各种技术积累,以让各功能、算法和模块在不同的项目里可以复用,提升开发效率;同时,通过技术驱动的方式,尝试在婚恋、情感这种领域,用互联网、机器学习、多媒体的技术去创新。

大数据对于百合网的作用,杨溢欣用 iOS 之于苹果的重要性来类比。百合网提出的心灵匹配算法(量化两个人心灵的契合程度),不仅仅是一个心理学模型,更是一个算法模型。然而,婚恋不同于电商,要求你情我愿,双向匹配的实现难度更高。

"心灵匹配算法"是基于百合网与北师大心理学院、中科院心理所、北京大学人格与社会心理学研究所多年的研究成果,集合机器智能学习理论,基于中国用户的心理特征、兴趣爱好以及海量行为数据,采用聚类算法结合协同过滤算法搭建的心灵匹配智能推荐引擎。杨溢欣认为,婚恋匹配的难度是电商推荐难度的平方:如果电商基于 user、item 推荐成功的概率是 P,则双向匹配成功的概率则是 $P \times P$。此外,电商推荐的 item 是严重冷热不均的,而百合网需要保证 item 的被推荐次数处于冷热合理的区间。

对百合网来说,对用户匹配的难度和技术含量相当高。百合网采用了大数据挖掘和机器学习的手段,为用户寻找到最匹配的另一半。比如说百合网用户属性,直接提供的用户属性共有 160 多项,加上用户行为分析得出来的数据,可能是 1000 项左右的数据,每个用户都有 1000 项左右的用户属性数据。同时,百合网的算法考虑基本的用户画像、单向推荐模型(即经典的 user/item 推荐,基于用户属性和用户行为),用户的活跃、沟通方式模型(基于用户行为),双方成功建立联系的模型(基于行为与一部分属性),以及用户对收发信息的偏好模型等因素。

大数据架构方面,百合网基于开源的 Hadoop 体系,包括 HDFS、YARN、MapReduce、HBase、Hive、Pig 等,实时处理的部分用 Spark,这和流行的框架基本一致。事实上,百合网使用的大部分基础设施都来自开源项目,也都是业界流行的,从 LVS、HAProxy、MongoDB、Redis、Kafka、ZooKeeper、Spark、Mahout 到 Hadoop 等一套体系。

此外,百合网在图像领域,人脸识别、匹配等方面也有一些尝试应用。比如百合网尝试了人脸识别和人脸打分,供择偶参考。2016 年初,百合网投资了一家叫作兰亭数字的 VR 公司,希望让 VR 技术在婚恋行业之中得到应用。百合网认为,VR 技术在婚恋体验上有良好的效果,例如 VR 技术在婚礼全景记录会有较好的应用前景。

(数据来源:https://blog.csdn.net/happytofly/article/details/80123336,案例根据资料整理而成。)

【思考】

1. 相比于其他婚恋网站,百合网的核心竞争力是什么?
2. 百合网如何利用大数据实现"心灵匹配"?
3. 百合网的大数据技术架构特点是什么?

3.4 营销数据挖掘与营销模型

3.4.1 营销数据挖掘

当数据采集、数据处理完成后,接下来进行营销数据挖掘。

1. 营销数据挖掘的含义

营销数据挖掘是利用人工智能、机器学习、统计学等技术,从大量有噪声的数据中提取有效信息的过程。其主要特点是对海量数据进行营销数据的抽取、转换、模型化处理,从中提取辅助营销决策的关键数据。通过营销数据挖掘,洞察消费者需求是大数据营销流程中最关键的环节,能够让企业从海量营销数据中发现有价值的营销信息,为企业营销实践提供科学的指导。

与"营销数据挖掘"相关的另一个概念是"营销数据分析",在某些场合,概念是可以互换的。它们的区别表现在以下 3 个方面:

(1) 数据量不同。营销数据分析的数据量通常较小,单位通常是 MB 或者 GB;营销数据挖掘的数据量通常很大,单位往往是 TB 甚至 PB。

(2) 数据类型不同。营销数据分析的数据类型通常是结构化数据,而营销数据挖掘的数据类型不仅含有结构化数据,还包括半结构化数据和非结构化数据。

(3) 算法不同。营销数据分析的主要算法一般是以统计学为基础,而营销数据挖掘的算法不仅需要统计学,还需要运用机器学习的算法。

2. 营销数据挖掘的标准化流程

营销数据挖掘的标准化流程参照 1999 年由戴姆勒-克莱斯勒、SPSS 和 NCR 的分析人员联合开发的"CRISP-DM"(cross-industry standard process for data mining,跨行业数据挖掘标准流程),如图 3-4 所示。CRISP-DM 模型目前在各种知识发现模型(knowledge discovery in database,KDD 模型)应用中处于领先地位,应用最广泛。

营销数据挖掘的流程分为 6 个步骤:商业理解、营销数据理解、营销数据准备、建模、模型评估、结果发布,如图 3-5 所示。其中商业理解、营销数据理解、营销数据准备是营销数据挖掘花费时间较长的 3 个步骤,约占 1 个营销数据挖掘项目进度计划的 85%。

1) 商业理解

商业理解是从营销的角度理解业务并确定分析目标,进而理解营销数据挖掘的要求和最终目的,并将这些目的与营销数据挖掘的问题定义以及结果结合起来。

商业理解阶段流程可分解为:首先,商业理解要明确目标。明确要达到的业务目标,并将其转化为数据挖掘主题。其次,转换数据挖掘定义。要从商业角度对业务部门的需求进行理解,并把业务需求的理解转化为数据挖掘的定义,拟定达成业务目标的初步方

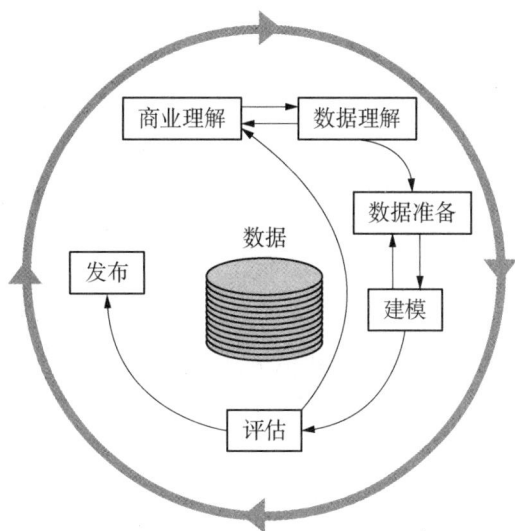

图 3-4 基于 CRISP-DM 的营销数据挖掘标准化流程图

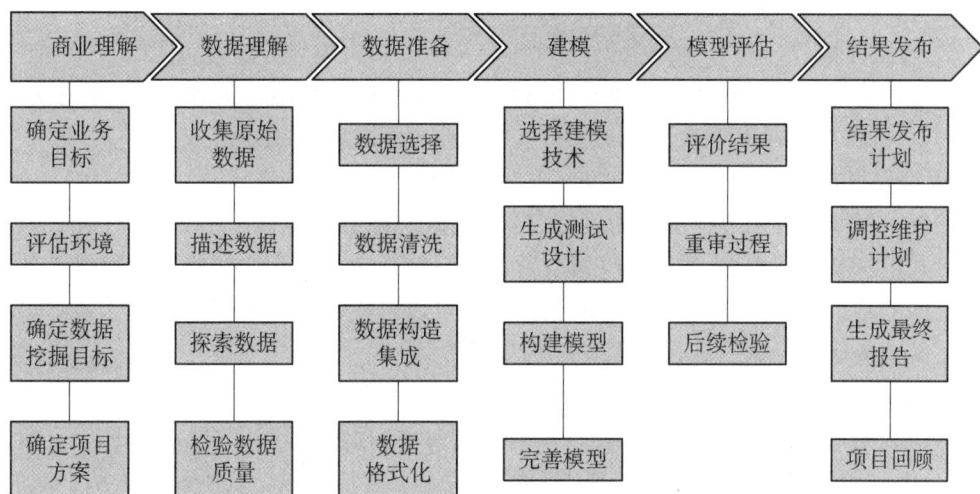

图 3-5 营销数据挖掘标准化流程分解图

案。具体包括商业背景分析、商业成功标准的确定、形势评估、获得企业资源清单、获得企业的要求和设想、评估成本和收益、评估风险和意外、初步理解行业术语。最后,确定数据挖掘的目标和制定数据挖掘计划。

2) 营销数据理解

营销数据理解是指对原始营销数据的采集、营销数据的描述与探索、数据质量的检验。

营销数据理解阶段流程可分解为:首先,收集数据。找出可能影响主题的因素,确定这些影响因素的数据载体、数据表现形式和数据存储位置。其次,熟悉数据。具体包括检测数据质量、对数据进行初步理解、简单描述数据、探测数据意义。最后,检验数据质量。分析数据中潜藏的信息,提出拟用数据加以验证的假设。

3）营销数据准备

营销数据准备是指对原始的营销数据进行预处理,也称为营销数据 ETL,即对营销数据进行抽取、清洗、转换、加载。营销数据准备是整个营销数据挖掘中最耗时的环节。

营销数据准备要从原始营销数据中生成作为建模分析对象的最终数据集。数据准备阶段的具体工作主要包括数据制表、记录处理、变量选择、数据清洗转换、数据集成、数据格式化等。

4）建模

建模是应用软件工具,选择合适的建模方法,处理准备好的数据表,找出数据中隐藏的规律。它是整个营销数据挖掘流程中最关键的一环。

在建模阶段,将选择和使用各种建模方法,并将模型参数进行优化。对同样的业务问题和数据准备,可能有多种数据挖掘技术方法可供选用,此时可优选提升度高、置信度高、简单而易于总结业务政策和建议的数据挖掘技术方法。在建模过程中,还可能会发现一些潜在的数据问题,要求回到数据准备阶段。建模阶段的具体工作包括选择合适的建模技术、进行检验设计、建造模型。

5）模型评估

模型评估是从业务角度和数理统计与算法角度进行模型结论的评估,检查建模的整个过程,以确保模型没有重大错误或遗漏重要的业务问题。

6）结果发布

建模本身不是营销数据挖掘的目标,营销数据挖掘的根本目标是将有价值的信息以某种方式组织和呈现出来,并用来改善运营和提高效率。在实际的营销数据挖掘工作中,根据不同的营销业务需求,结果发布的具体工作可以是提交营销数据挖掘报告,也可以复杂到将模型集成到企业的核心运营系统中去。

3. 营销数据挖掘的算法

营销数据挖掘的常用算法包括 4 种类型,即分类、预测、聚类、关联,如图 3-6 所示。其中,分类和预测属于有监督学习,聚类和关联属于无监督学习。这 4 种算法从不同的角度对营销数据进行挖掘分析,建立模型,帮助企业从海量低价值密度的营销数据中,挖掘有商业价值的营销信息,改善运营,提升营销效率。

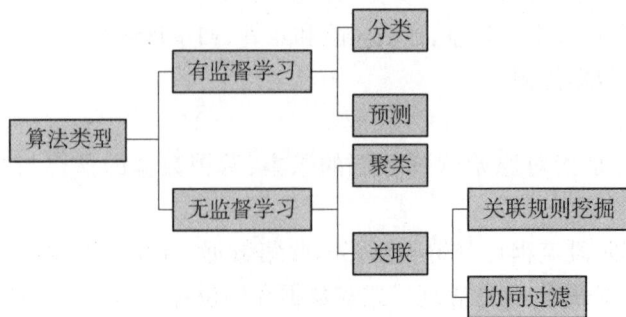

图 3-6 营销数据挖掘的算法

1）分类

分类算法是营销数据挖掘最常用的算法。分类算法广泛应用于客户细分、客户的属性和特征分析等。常用的分类算法包括逻辑回归、决策树、贝叶斯分类器、支持向量机（Support vector machine，SVM）、神经网络等。

图 3 - 7 是一个"决策树"的示例，树的内部结点表示对某个属性的判断，该结点的分支是对应的判断结果；叶子结点代表一个类标。

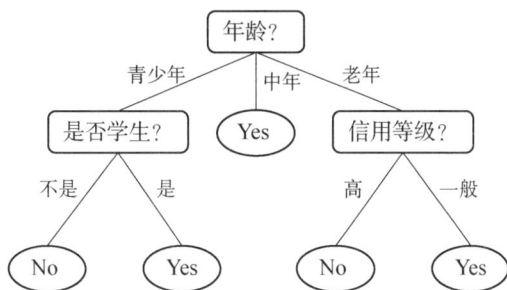

图 3 - 7　决策树示意图

这是一个人是否会购买电脑的"决策树"，利用这棵树，可以对新记录进行分类，从根节点（年龄）开始，如果某个人的年龄为中年，就直接判断这个人会买电脑；如果是青少年，则需要进一步判断是否是学生；如果是老年则需要进一步判断其信用等级；直到叶子结点可以判定记录的类别。

2）预测

数据挖掘预测则是通过对样本数据（历史数据）的输入值和输出值关联性的学习，得到预测模型，再利用该模型对未来的输入值进行输出值预测。一般可以通过机器学习方法建立预测模型。

一般来说，科学预测的发展趋势是定性研究和定量研究相结合。常用的预测算法包括线性回归分析法、非线性回归分析法、时间预测法、灰色预测法、神经网络法、支持向量机法等。

3）聚类

与前两种算法不同，聚类本质上是无监督学习算法。聚类根据数据自身的距离或相似度，将样本划分为若干组，划分的原则是组内距离最小化，而组间距离最大化。聚类的核心思想是物以类聚，人以群分。其目的是使得属于同一类别的数据间的相似性尽可能大，不同类别中的数据间的相似性尽可能小。聚类可以用于客户细分等。常用的聚类算法包括 K-means 聚类法、层次聚类法、DBSCAN 密度法等。

4）关联

关联就是把两个或两个以上在意义上有密切联系的数据项组合在一起。其分析结果可以应用于商品货架布局、货存安排以及根据购买模式对用户进行分类等。关联包括关联规则挖掘和协同过滤。

关联规则（association rules，AR）挖掘用于从大量数据中挖掘出有价值的数据项之间的相关关系。关联规则挖掘的一个典型例子是购物篮分析。关联规则挖掘有助于发现交易数据库中不同商品项之间的关系,找出顾客购买行为模式,如购买了某一商品对购买其他商品的影响。常用的关联规则挖掘算法是 R. Agrawal 提出的 Apriori 算法和 J. Han 等提出的 FP-tree 算法。

表 3-2 代表一个事务数据库 D,其中最小支持度为 50%,最小置信度为 70%,求事务数据库中的频繁关联规则。

表 3-2 事务数据库 D

序号	项目集
1	面包,牛奶,啤酒,尿布
2	面包,牛奶,啤酒
3	啤酒,尿布
4	面包,牛奶,花生

由于最小置信度为 70%,依据 Apriori 算法可得:{面包,啤酒}→{牛奶},{牛奶,啤酒}→{面包}为频繁关联规则。也就是说,买面包和啤酒的同时肯定会买牛奶,买牛奶和啤酒的同时也是会买面包。

协同过滤(CF, Collaborative Filtering)通常被用于分辨某位特定顾客可能感兴趣的东西,这些结论来自对其他相似顾客对哪些产品感兴趣的分析。简单地说,协同过滤是利用兴趣相投、拥有共同经验的某个群体的喜好来推荐用户感兴趣的信息。协同过滤往往应用于推荐系统。

一般来说,协同过滤分为 3 种类型:基于用户的协同过滤、基于商品的协同过滤、基于模型的协同过滤。基于用户的协同过滤是通过计算用户和用户的相似度找到跟用户 A 相似的用户 B、C、D……再把这些用户喜欢的内容推荐给 A;基于商品的协同过滤是通过计算物品和物品的相似度找到跟物品 1 相似的物品 2、3、4……再把这些物品推荐给看过物品 1 的用户们。基于模型(model based)的协同过滤算法可以分为:矩阵分解法,关联算法,聚类算法,分类算法,回归算法,神经网络算法等。

基于商品的协同过滤用矩阵分解法举个实例。

表 3-3 中是 5 个用户对 4 部电影的评分情况,由于 5 个用户中没有人 4 部电影都看过,仅仅是 5 个用户对已看过的电影进行打分,故表 3-3 不是完整评分而是稀疏评分,那接下来针对用户没有看过的影片如何进行个性化推荐?

表 3-3 用户对电影的稀疏评分表

	M1	M2	M3	M4
User1	5	3		1
User2	4			1
User3	1	1		5
User4	1			4
User5		1	5	4

　　只有上述的数据是很难使用户相互推荐电影的,因为单个用户本身看过的电影不够多,那么如何使数据更加"饱满"呢? 可以利用矩阵分解进行协同过滤。矩阵分解的目的就是把一个稀疏的用户评分矩阵分解成用户因子矩阵和项目因子矩阵相乘的形式,即用户评分矩阵＝用户因子矩阵 * 项目因子矩阵。由表3-3可知,User3对电影 M5 打分为5,可以判断该用户可能喜欢类似属性的电影,利用 Python 软件和矩阵分解算法,得到用户对电影的完整评分估计表,如表3-4所示,那么就可以向 User3 推荐电影 M3。协同过滤是基于以下假设,即相似的用户对同一件物品的兴趣是相似的;相似的物品对同一个用户的吸引力是相似的。协同过滤是目前最有效且被应用得最为广泛的推荐算法。

表3-4　用户对电影的完整评分估计表

	M1	M2	M3	M4
User1	4.9538	2.9143	3.2729	0.9970
User2	3.9247	2.3202	2.7853	0.9900
User3	1.0211	0.8617	4.9057	4.8165
User4	0.9893	0.7930	4.2363	3.9272
User5	1.6119	1.1652	4.7480	4.1570

4. 营销数据挖掘的主要目标

　　营销数据挖掘的主要目标是通过大数据分析进行用户分群,构建立体的用户画像。基于 DMP 平台,数据挖掘主要包括针对用户的分析和媒体的分析两大类。由于大数据营销的思维主要是用户思维,所以这里主要阐述针对用户的分析方法。针对用户的营销数据挖掘包括用户分群、用户画像和相似人群扩展(Look-alike)。

　　1) 用户分群

　　企业的营销策略往往针对其选择的目标市场,而要选定目标市场需要进行客户细分。传统的客户细分往往基于一定的细分标准,通常比较粗放。构建了 DMP 平台后,客户细分可以根据不同的数据维度,依据业务规则,使用科学的计算模型进行用户分群,从而为精准营销奠定基础。

　　用户分群一般包含两大类,即简单规则分群和模型分群。

　　(1) 简单规则分群。

　　简单规则分群是营销人员选取某些用户特征如人口统计特征、地理特征、行为特征、心理特征等,结合一定的规则,对客户进行分群。按该方式分出来的客户群即为营销部门想要测试的目标客户群。

　　(2) 模型分群。

　　模型分群有两种方法,第一种方法是利用聚类算法(无监督学习)进行分群,第二种方法是利用监督学习的分类算法进行分群。

　　无监督学习就是没有训练样本可用,但还是需要利用模型进行分群。常用的聚类算法包括 K 均值(K-Means)聚类、最大期望聚类(EM)等。无监督学习的聚类算法由于没有训练样本,分出的用户群体有时是局部最优解,有时无法从业务视角解读结果。举例:通过 K 均值聚类方法,对购买红酒的人进行聚类,如果按商务人士、家庭主妇、小企业主将人群分为 3 类,可以从业务角度进行合理解读;如果按身高 180 cm、身高在 160～180 cm 之间、身高在 160 cm 以下分为 3 类,那么该分类无法与购买红酒关联在一起。

监督学习是在分类过程中有训练样本可用,该方法一般用于解决预测性问题。比如,根据电商官网获得的数据,有些用户发生购买行为,有些用户没有产生购买,那么,可以把发生购买行为的用户作为正样本,没有产生购买的作为负样本。根据训练模型,研究什么特征的人最终会产生购买。当有新用户访问官网时,根据其特征迅速给出产生购买的概率,根据购买概率将用户分类为高转化率用户和低转化率用户,从而对不同用户采用不同的营销策略。

监督学习常用的分类算法包括朴素贝叶斯分类算法、决策树分类算法、神经网络分类算法。具体的监督学习逻辑如图 3-8 所示。

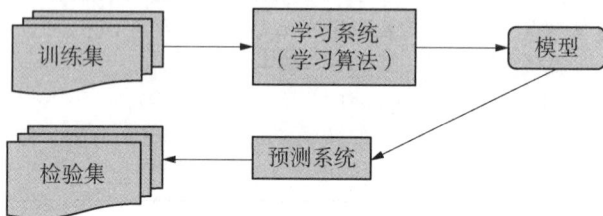

图 3-8　监督学习逻辑图

2) 用户画像

很多传统企业对自己的用户了解并不全面,其市场营销策略大多是根据自身产品去寻找目标用户,是产品驱动型的。大数据营销的第一步是在对用户进行分类的基础上,对用户进行全面洞察。

用户画像是企业对不同消费者群体特征进行统计和分析。用户画像在营销业务中表现为通过一个可视化平台,对标签进行查看和检索。画像的可视化一般使用饼图、柱状图对标签的覆盖人数,覆盖比例等指标做形象展示。

3) 相似人群扩展(Look-alike)

相似人群扩展是寻找相似性的用户。如图 3-9 所示,相似人群扩展的基本逻辑是:将现有的购买用户视为种子用户,是机器学习的正样本,负样本会从非种子客群或者平台过去积累的一些人群中进行选取,正负样本形成完整的学习样本。相似人群扩展问题转化为一个二分类模型,利用模型对活跃用户进行打分,最后得出企业需要的目标用户。

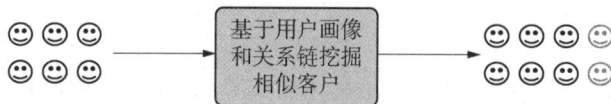

图 3-9　相似人群扩展逻辑图

相似人群扩展在营销应用上,往往和聚类算法一起使用。原因在于种子用户的人群成分往往比较复杂,往往掺杂了大量子类人群。如果直接将这些种子用户进行相似人群扩展处理,相当于弱化了人群特征,最终找出来的相似人群特征会不明显。例如,某奢侈品牌,他们的种子用户包括两类消费者:第一类是真正有钱的消费人群,开豪车、住别墅;另一类是城市的小白领,他们往往攒几个月工资才会进行一次奢侈品牌的消费。这两类消费者需要利用聚类算法区分出来,再利用相似人群扩展算法去扩大目标用户。

3.4.2 营销模型

很多企业在营销中应用了大量的数据挖掘模型。下面基于一些应用场景,介绍应用较多的5个营销模型,即高价值客户挖掘模型、客户营销响应模型、客户流失预警模型、休眠客户唤醒模型和购物车分析。

1. 高价值客户挖掘模型

营销问题:金融企业客户具有典型的帕累托效应,20%的客户贡献了80%的业务收入。数据分析表明,银行移动端8%的银行理财客户拥有75%左右的资产。利用DMP平台找出这些高资产客户,分析这些高资产客户的主要特征,找到类似的高资产客户。

建模思路:银行在其DMP平台上,将分析出的1万名高资产用户作为种子用户,作为学习样本,以高资产用户的相关变量(包括设备聚集点、App应用名称、设备型号、交易信息、客户信息等)作为输入变量,通过Look-alike算法,在几百万的移动设备中计算出与这些高资产设备相似的设备。利用DMP平台的ID Mapping对照表,将客户编号与设备对应,找到这批客户的联系方式。利用客户数据库(customer data platform, CDP)营销自动化模块中的推送功能,推送专属营销活动,激活这些客户的购买行为。

操作步骤如下:

(1) 找到拥有80%资产的那20%客户。

(2) 分析这些高资产客户的特征。

(3) 利用这些特征,采用Look-alike算法,找相似人群,进行定向营销,提升20%的总人数。

(4) 对这20%的高资产客户进行定向营销,提升其活跃度。

(5) 将营销费用从不起作用的客群转向20%的高价值客户。

2. 客户营销响应模型

营销问题:某证券公司每年都会投入巨大的营销费用,以红包激励的方式投向所有客户。但公司发现,客户利用红包购买理财产品的转化率很低,一般红包带动销售的转化率都低于1%,浪费了大量的激励红包和营销时间。

建模思路:将相应红包的客户作为种子用户,在已有的客户数据库中进行机器学习,从百万设备中找到与种子用户相似的设备信息,定位潜在的利用红包购买理财产品的人群。通过App的消息推送对目标设备进行营销,以提高红包激励的转化率。借助数据分析和机器学习的精准营销,可以将红包激励转化率提高10倍以上,进而提高广告投入的投资回报率。

操作步骤:

(1) 以现有的相应红包购买理财产品的客户作为种子用户。

(2) 分析种子用户的主要特征。

（3）利用这些特征，采用 Look-alike 算法，在客户数据库中寻找相似人群，进行定向营销。

3. 客户流失预警模型

营销问题：银行发现很多客户在理财产品到期后，不再购买该行的理财产品了。理财产品到期后的一段时间，客户流失率较高。还有一些客户，购买 T＋0 产品后，持有时间很短，很快将资金转走了，银行不知道这些资金的用途，无法进行精准营销。

建模思路：将已经流失的客户作为种子用户、学习样本，在客户数据库中进行机器学习，在潜在客户中寻找相似客户，对潜在的流失客户在理财产品到期前一周进行精准营销，降低潜在客户的流失率。同时，分析转走资金的客户在移动互联网的行为特征，为这些客户打上相应标签，银行利用 DWP 识别出带有标签特征的客户，针对这些客户发送利率较高的理财产品，利用客户购买率。

4. 休眠客户唤醒模型

营销问题：某零售企业客户中 30％ 以上的流失客户和休眠客户都是高价值客户，这些客户对品牌比较认可，且在过去数年中贡献了很高的销售额。由于不同原因，这批高价值客户成为休眠客户和流失客户，不再购买本品牌的产品或长期不活跃。

建模思路：依据客户的设备活跃时间、价值贡献额、高价值客户特征等变量，采用机器学习，从几百万的客户中计算出已经休眠的高价值客户，通过 CDP 的营销自动推送模块发送专属的激励红包唤醒休眠客户，激活客户购买产品。

5. 购物车分析

对客户的购物车数据、交易数据和用户点击等行为数据进行分析，发现某些产品具有很高的相关性，相关系数超过 0.7，例如，牛肉和红酒之间的相关系数超过 0.8，牛肉和海鲜之间的相关系数超过 0.75。但这些商品之间的交易路径较长，一些用户流失在相关商品的选择路径上。

利用关联分析找到相关度较高的商品，将其在各自的交易页面互相导流，或者作为捆绑销售的商品，引导客户在选择商品的过程中购买另外的商品，协同销售降低销售成本，提高销售额。

扫描二维码获取
本章思维导图

习 题

1. 简述大数据营销的流程。
2. 简述大数据营销中数据采集的流程。
3. 简述大数据营销中数据处理的流程。
4. 简述营销数据挖掘的基本算法。
5. 简述营销数据挖掘的主要目标。
6. 简述几个主要的大数据营销模型。

第4章

大数据时代的消费者洞察

✎ **本章知识点**

（1）理解消费者需求的含义、分类以及大数据时代消费者需求的特点。

（2）掌握消费者需求管理的步骤以及相应的方法。

（3）理解消费者洞察的含义，熟悉基于大数据的消费者洞察的内容，了解基于大数据的消费者洞察的工具。

科特勒在《营销十宗罪》里提到：大部分企业营销没有充分关注市场和客户导向，没有充分理解目标客户。大数据营销的基础是什么？那就是利用大数据精准洞察消费者的需求。大数据时代，人们可以获得各个行业在各个维度的数据，数据之间还可以打通连接，从而发现事物背后的潜在相关性。大数据告诉我们，潜在客户是谁？他们需要什么？

4.1 什么是消费者需求

4.1.1 消费者需求的含义和分类

1. 消费者需求的含义

什么是需求？需求是指人本体对生理安全、生存环境、社会活动的某种需要，人的需求是与生俱来的，就和其他哺乳类动物一样，这是人的天性。从客观物质上理解，需求是由生理上或者心理上的某种不满足、缺失所引起的一种神经上的紧张状态，具体体现在人类生产生活中的对物质和精神两方面的需求上。如表4-1所示，不同学者从不同角度对需求进行定义。

表4-1 需求的概念

学 者	定 义
凯恩斯	需求是人们对商品和服务的欲望，通过提供一般购买力而达到相应的目的。并且分析到，美国大萧条时期的直接原因是消费需求的不足，而不是供给不足

（续表）

学者	定 义
穆勒	需求是指需求的数量,这个数量随价格的变动而变动。并且针对国际贸易分析到,在国际分工的条件下,两个国家各自生产不同的产品并相互交换,这两种产品的交换比例必须等于两国相互需求对方产品总量的比例
马斯洛	人们需要动力实现某些需求,有些需求优先于其他需求。并且划分了人类需求的金字塔五级模型,从层次结构的底部向上分别为生理(食物和衣服)、安全(工作保障)、社交需要(友谊)、尊重和自我实现。这种五阶段模式可分为不足需求和增长需求

【案例4-1】

马斯洛的需求层次理论

亚伯拉罕·马斯洛(Abraham Harold Maslow)出生于纽约市布鲁克林区,是美国社会心理学家、人格理论家和比较心理学家,人本主义心理学的主要发起者和理论家,心理学第三势力的领导人。马斯洛理论把需求分成生理需求、安全需求、社会需求、尊重需求和自我实现需求五类,依次由较低层次到较高层次,如图4-1所示。

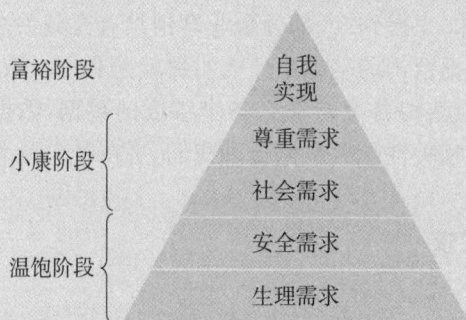

图4-1 马斯洛人类需求五层次理论

在马斯洛看来,人类价值体系存在两类不同的需要:一类是沿生物谱系上升方向逐渐变弱的本能或冲动,称为低级需要和生理需要;另一类是随生物进化而逐渐显现的潜能或需要,称为高级需要。人都潜藏着这五种不同层次的需要,但在不同时期表现出来的各种需要的迫切程度是不同的。最迫切的需要才是激励人行动的主要原因和动力。人的需要是从外部得来的满足逐渐向内在得到的满足转化的。

低层次的需要基本得到满足以后,它的激励作用就会降低,其优势地位将不再保持下去,高层次的需要会取代它成为推动行为的主要原因。有的需要一经满足,便不能成为激发人们行为的起因,于是被其他需要取而代之。高层次的需要比低层次的需要具有更大的价值。热情是由高层次的需要激发。人的最高需要即自我实现就是以最有效和最完整的方式表现他自己的潜力,唯此才能使人得到高峰体验。人的五种基本需要在一般人身上往往是无意识的。对于个体来说,无意识的动机比有意识的动机更重要。对于有丰富经验的人,通过适当的技巧,可以把无意识的需要转变为有意识的需要。

马斯洛在1943年发表的《人类动机理论》一书中提出了需要层次论。这种理论的构成根据3个基本假设:首先,人要生存,他的需要能够影响他的行为。只有未满足的需要能够影响行为,满足了的需要不能充当激励工具。其次,人的需要按重要性和层次性排成一定的次序,从基本的(如食物和住房)到复杂的(如自我实现)。第三,当人的某一级的需要得到最低限度满足后,才会追求高一级的需要,如此逐级上升,成为推动继续努力的内在动力。

【思考】

举例说明马斯洛需求在每个阶段的代表性产品有哪些?

消费者需求(consumer demand)是人们为了满足物质和文化生活的需要而对物质产品和服务的具有货币支付能力的欲望和购买能力的总和。消费者需求是动态变化的,消费者需求是推动消费者购买的最大动力。

2. 消费者需求的分类

1) 按消费者的购买目的不同,可分为生产性消费需求和生活性消费需求

生产性消费需求是为满足生产过程中物化劳动和活劳动消耗的需要。如企业的生产需要劳动力、厂房、土地、机器设备、原材料、水、电、汽等,这些都属于生产性消费。生活性消费需求是指为满足个人生活的各种物质产品和精神产品的需要。如人们在生活中对衣食住行等物质产品的需要,对文化、教育、艺术等精神生活的需要。

2) 按消费者需求满足的对象不同,可分为社会集团消费需求和个人消费需求

社会集团消费需求是指为实现社会的集体消费基金而统筹安排用来满足公共消费需要的部分。个人消费需求主要是指居民有货币支付能力的生活消费需要。社会集团消费需求在我国的社会消费需求总量中占有相当的份额。随着市场经济的发展,个人消费需求的领域将不断扩展,内容会更丰富多彩,消费需求的满足程度也将大大提高。

3) 按消费者需求的实质内容不同,可分为物质消费需求和精神消费需求

这也是对生活消费需求进行分类的一种方法。物质消费需求是指人们对物质生活用品的需要。精神的需求是指满足人的心理和精神活动的需要,如人的自尊、发挥自己的潜能、精神上的娱乐等需要。与物质的需求相比,精神上的需求是高一层次的需求。

4) 按消费者需求的实现程度不同,可分为现实消费需求和潜在消费需求

现实消费需求是指目前具有明确消费意识和足够支付能力的需求。按需求的实现程度不同,现实消费需求又可分为已实现的消费需求和未满足的消费需求两种。已实现的消费需求是指由于购买到商品而得到实际满足的那部分需求;未满足的消费需求是指由于市场上缺少购买者所需要的消费特性的商品,而未得到满足的那部分实际存在的有支

付能力的需求,它直接表现为市场上的"消费热点"。如果某一个时期内某种商品出现短缺,那么市场上就会出现相当数量的未满足的消费需求。

5)按消费者需求的满足程度分类,可分为基本型需求、期望型需求和兴奋型需求

按照1984年东京理工大学教授狩野纪昭(Noriaki Kano)提出的KANO模型,依据消费者需求的满足程度进行分类,可分为基本型需求、期望型需求和兴奋型需求,KANO模型如图4-2所示。

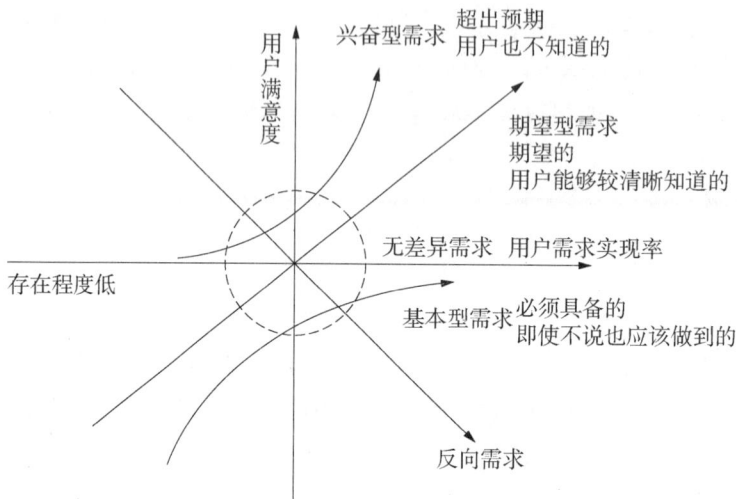

图4-2 KANO模型示意图

(1)基本型需求。基本型需求是不需要消费者表达出来的,它是对产品功能最基础的期望。基本型需求很重要,只要实际情况与消费者的期望有较小的偏差,就会招致顾客的严重不满,但基本型需求的超额满足对提升顾客满意度贡献不大。基本型需求可通俗表述为"我可以不用,但你必须要有"。比如,搭飞机在机场候机,如果没有公用的WiFi则会影响乘客的上网体验,引发乘客对机场服务的不满。

(2)期望型需求。期望型需求是消费者表达出来的产品性能需求。在能达到基本功能的前提下,顾客希望产品或服务在性能上能够提升,在价格上能够优惠。作为产品的供应方就必须不断改进产品或服务的相关性能,根据顾客表达的需求尽可能生产、个性化的产品,并提供针对性的服务。消费者满意度是随着期望型需求的满足程度线性提升或下降的。期望型需求可通俗表述为"如果有这个该多好啊!"

(3)兴奋型需求。兴奋型需求很少会被顾客表达出来,甚至经常连消费者自己也没有意识到,它是企业根据其生活形态和需求特征挖掘出来的需求,而一旦这类需求被满足,顾客会立刻感到强烈的喜悦。对消费者而言,满足了兴奋型需求,是意外惊喜,没有满足也不会造成对现有产品满意度的下降。

只有将消费者的兴奋型需求转化为产品或服务,才能牢牢抓住消费者。兴奋型需求的抓取不是靠"听消费者如何说"来得到的,传统的定量、深访等调查方式在兴奋型需求的挖掘上略显不足,从而更多地需要通过对消费者生活形态、使用行为的深度观察以及社会

化媒体结合大数据的深度分析来进行洞察。

4.1.2 大数据时代消费者需求特点

大数据背景下,消费者需求具有多样性、层次性、迭代性、弹性、可预测性、可创造性等特征。

1. 消费者需求具有多样性

多样性是消费需要的最基本特征。它首先表现在不同消费者的需要的差异性上。由于各个消费者的民族传统、宗教信仰、文化程度、收入水平、个性特点、生活方式、职业、年龄等的不同,他们会有不同的价值观念和审美标准,有各种各样的兴趣和爱好,对产品和服务的需要自然也是千差万别和丰富多彩的。其次,就同一消费者而言,其需要也是多方面的。消费者不仅需要吃、穿、用、住,还需要社会交往、文化教育、娱乐消遣、休闲旅游、艺术欣赏等,这些都体现出消费需要的多样性。此外,同一消费者对某一特定消费对象常常同时兼有多方面的要求。例如既要求产品质量好,又要求外形美观,具有时代感,同时又要求经济实惠等。消费需要的多样性决定了市场的差异性,这是企业进行市场细分和选择目标市场的基础。

2. 消费者需求具有层次性

消费者的需求是有层次的。除了马斯洛提出的人类需要层次性之外,还有消费者消费水平、购买力大小的层次性。消费者的收入水平、购买力大小是有差异的,不同层次的消费者购买的产品数量、质量、品牌等均有差异。

3. 消费者需求具有迭代性

需求的迭代性是指因产品的更新换代和个人购买力的增长,消费者的需求会不断更新。一方面,消费者需求随时代的进步而产生迭代。时代的进步往往产生许多新的技术、新的产品、新的观念、新的社会风尚,这必然会引起消费者需求的迭代。另一方面,消费者需求的迭代表现在基于个人购买力的需求层次发展变化上。一般是较低层次的需要得到满足之后,逐渐向高层次推进,从简单需要向复杂需要发展,从物质需要向精神需要发展,从单纯追求数量上的满足向追求质量和数量的全面充实发展等,形成阶梯式的发展趋势。

4. 消费者需求具有弹性

需求的弹性是指受商品和服务价格变动或消费者收入变动影响而产生的需求量变化的程度。需求弹性分为价格弹性和收入弹性。如果一个商品的价格变化程度大于需求量变化程度,则该商品富有价格弹性,反之则缺乏价格弹性。同时,消费者需求弹性受消费者收入的影响,收入弹性是消费者收入每增加 1 元商品需求量增加多少,往往消费者收入越高,对某产品的需求越多。最后,需求弹性还受替代品的影响,商品 A 价格不变的情况下,替代品 B 价格越高,商品 A 的需求量越多。

5. 消费者需求具有可预测性

需求的可预测性是指电商平台会从各方面记录用户行为,一个账号成为一个消费者的代表,企业会记录每个账号的交易数据、行为数据,如主动搜索的关键字,并将上述数据汇总成连续数据,并通过消费者的行为习惯推断消费者偏好,从而预测消费者需求。比如,手机淘宝中的"推荐"则是平台对用户近期搜索关键字,做出的相关商品推荐。

大数据时代下,市场的变化由消费者决定,因此采集消费者的数据更能贴近真实需求。利用大数据的便利与海量,能协助企业大范围地收集消费者信息,通过固定消费群体的消费行为长期跟踪、记录,更好地积累市场信息。只有采集客户数量越多,采集的数据容量越大,数据所包含的信息越广,才越有利于企业进行消费者需求预测。

例如,客户 A 连续浏览了 5 款电视机,其中 4 款来自国内品牌 S,1 款来自国外品牌 T;4 款为 LED 技术,1 款为 LCD 技术;5 款的价格分别为 4 599 元、5 199 元、5 499 元、5 999 元、7 999 元。这些行为某种程度上反映了客户 A 对品牌认可度及倾向性,如偏向国产品牌、中等价位的 LED 电视。而客户 B 连续浏览了 6 款电视机,其中 2 款是国外品牌 T,2 款是另一国外品牌 V,2 款是国产品牌 S;4 款为 LED 技术,2 款为 LCD 技术;6 款的价格分别为 5 999 元、7 999 元、8 300 元、9 200 元、9 999 元、11 050 元。类似地,这些行为某种程度上反映了客户 B 对品牌认可度及倾向性,如偏向进口品牌、高价位的 LED 电视等。

6. 消费者需要具有可创造性

需求的可创造性是在消费者还未意识到自己的需求情况下推出产品,将消费者的潜在需求变为真实需求。对消费者而言,这是一种被动需求,但不代表消费者没有这方面的需求,往往企业创造的需求比挖掘需求更有价值。"用户说要更快的马,你给一匹赤兔马就可以满足他,但如果给他一辆汽车,就相当于创造了需求。"在这里,消费者需求的并不是一匹"更快的马",他的真实需求其实是"更快",而"马"只是实现"更快"需求的一种交通解决方案;当在马车这个解决方案上做改良时,便创造出一种全新的、满足更快需求的解决方案——汽车。消费者需求可以被发现,也可以被创造;企业不止于满足需求,更在乎创造需求。

乔布斯做智能手机的时候,员工问他,是不是应该做一下市场调查?乔布斯说,不用做市场调查,因为"消费者并不知道自己需要什么"。他坚信,只要有革命性、创造性的产品发明,就足以对用户起到引导作用。果不其然,苹果智能手机一经推出,立即风靡全球,引领了需求、创造了消费,长时间占据手机市场的主导地位。

2020 年,新冠疫情突如其来,疫情让原本逐步趋于稳定的网红经济,再一次被线上流量所激活,其中最火爆的就是直播带货。2020 年在线直播的用户规模将增 5.26 亿人,直播电商销售规模将达 9 160 亿元,约占中国网络零售规模的 8.7%,可以说,"直播带货"有着近万亿元的市场。本质上讲,直播带货是新零售对人、货、场的重构。消费者逐渐从主动消费变被动消费。主动消费中搜索选择需要一个长时间的品牌导入过程,但被动消费,流量的传播及二者的交互会大大减少用户的购物决策时间。直播带货在满足需求的同时,也在创造需求,越来越多的消费者倾向边看直播边购物。

4.2　消费者需求管理

菲利普·科特勒在《营销管理》一书中提到:市场营销管理的实质就是需求管理。如图 4-3 所示,如果将消费者的需求视为一座冰山,外显需求仅仅是肉眼所见的冰山一角,绝大部分的需求是隐藏在水面之下,隐藏在消费者的潜意识里的,需要通过多种方法加以刺激引导,才会显现。

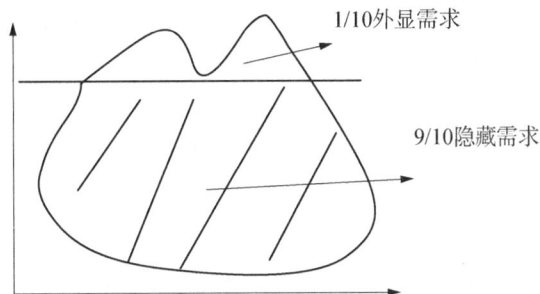

图 4-3　消费者需求冰山

大数据时代,消费者的需求管理需要回答"谁是我的客户?""客户现在有什么样的具体需求?""客户未来有什么样的需求?""如何满足客户的需求?""我能引导并创造需求从而更好地满足客户吗"这一系列问题。消费者的需求管理主要从了解消费者需求、适应消费者需求、预测消费者需求和引导消费者需求等 4 个方面进行。

4.2.1　了解消费者需求

依据消费心理学原理,需求激发动机,动机产生行为。消费者的购买行为都隐含着某种购买目的,企业一旦知晓了消费者的购买目的,就了解了消费者的需求,就等于打开了消费者心中的"黑匣子"。所以,了解消费者需求,是有效的消费者需求管理的第一步,也是企业在市场竞争中取胜的关键一步。消费者需求把握得准确与否,决定着产品的成败。企业只有充分了解消费者的需求,才能投其所好,企业经营才有可能会成功。

按照美国心理学家马斯洛提出来的需求层次理论,人的需求可以分为五个层次,分别是:生理的需求、安全的需求、社交的需求、尊重的需求和自我实现的需求。对于消费者而言,这五种需求有不同的消费需求含义:

(1)生理需求表现为产品应具备消费者要求的基本功能,能满足消费者的基本需求,比如,智能扫地机能扫地,洗衣机能清洗衣物等。

(2)安全需求则表现为消费者会关注产品对身体及对环境的影响,消费者会关注产品是否有益健康,是否有益环保,是否是绿色产品等,比如新能源汽车需做到电池质量可靠、充电安全、自动驾驶安全等。

(3)社交需求则表现为消费者会关注产品是否有助于提高自己的交际形象,消费者会关注精美的包装等产品的附加功能。比如,部分女性爱买包,认为包能够提高自己的交际形象。2013 年美国明尼苏达州大学研究者有项结论:女性买奢侈包,有标识配偶的忠贞投入、震慑潜在求偶竞争者的功能。

(4)尊重需求则表现为消费者对产品的象征意义的关注,消费者会把产品当作一种身份的标志,关心的是"获得别人认可",此时产品是否具有最优秀的技术、是否具有独一无二的功能则是消费者需求的焦点。如汽车品牌往往和车主的社会地位及隐藏的性格等车主形象关联在一起。

(5)自我实现的需求则表现为消费者会对产品有自己判断的标准,消费者会注重拥有自己固定的品牌,并会注重品牌的精神内涵。

这五类需求依次由较低层次到较高层次,每一个需求层次上的消费者对产品的要求都不一样,会要求不同的产品可以满足消费者的不同需求。

对于企业来说,了解消费者的需求的常规方法有以下三种:

(1) 观察法,即可通过摄像、录音、记录或神秘顾客等方法对消费者在购买或消费时的行为进行实地观察,了解其心理活动和需求。

(2) 实验法,即借助于专门实验室的仪器模拟自然、现实条件对消费者的生理、心理反应进行测试,从而发掘他们潜在的想法和需求;也可在实际的营销活动中,通过更新包装、折扣、礼品馈赠、互动活动等方式给消费者一定的刺激和诱导,了解消费者真实的想法和需求。

(3) 调查法,即可通过问卷、交谈等方式,利用事先拟定的问题或表格了解消费者的消费行为和态度偏好,从而间接了解和推测他们的心理活动和需求。

借助于这些方法,企业可以清楚地了解消费者的需求,了解自己的产品是否符合这种需求。

4.2.2 适应消费者需求

消费者心理的差异性和多维性决定了消费者的需求是不断变化的,是有差异的。企业应持续紧跟消费者的需求不断地做出反应,随机而变,不断适应,为消费者带来他们需要的产品。

随着经济的发展,人们对于生活的饮食需求越来越高,但白领和学生族平时的生活节奏非常紧凑,午餐高峰期谁也不愿去餐饮店排长队而浪费午休时间,因而外卖市场存在着很大的市场需求,美团外卖、饿了吗等外卖平台应运而生。很多餐饮店都抓住了白领和学生族要求方便、快捷的餐饮需求,开通外卖业务。但渐渐地,外卖食客更关注外卖的安全、卫生,有的商家发现这一需求后,使用订书钉、透明胶等将外卖进行简易封口。今天,外卖商家为响应消费者安全卫生需求、防止外送餐食外包装在运送过程中被人为拆启或意外破坏而采用外卖封签。

企业适应消费者日新月异需求的方法有两种:

(1) 不断地创新。平凡的企业满足现有的消费者需求,因而沉沦为缺乏创造力的大多数中的一员;伟大的企业着眼于发掘新的需求并不断地根据消费者的需求研发新的产品。苹果从 1984 年起就响亮地提出口号"不同凡想",这种创新意识使苹果的 iMac、iPod 和 iPhone 都取得了很好的市场表现。

(2) 进行市场细分。由于消费者对消费品的需求是多方面的,因此,不论一个企业的经营规模有多大,也不可能满足消费者的所有需求,而只能满足市场上某一部分消费者的一部分需求。所以,每个企业都必须为自己的市场规定一定的范围和目标,明确自己的企业是为满足哪一类消费者的哪些需求而从事生产和销售的。它要求企业根据消费者的需求状况、经济状况、地理环境和购买行为等差异,把市场区分为两个或更多的消费者群体,并针对所确定的目标市场生产适应消费者需求的产品。市场细分是从消费者的角度进行划分的,其依据是消费者的需要、动机、购买行为和购买习惯的差异性。因此,它是企业适应消费者需求变化的一种有效方法。

4.2.3　预测消费者需求

互联网和大数据的发展可以使企业更精准地预测消费者需求。当数据量足够大时，消费者的行为很多时候是趋同的，消费者的许多行为并非无法预测。同时，大数据时代，思维发生变革，从因果思维转向相关思维。对企业而言，利用相关思维、把握产品间的相关性就可以采用即时信息进行实时预测，并做出相应的决策。

预测消费者需求的方法包括深度访谈、数据洞悉、营销直觉、微弱信息搜集机制和调查问卷。

1. 深度访谈

用户访谈是一种获得消费者需求的常用方法，访谈的关键在于通过面对面深度的沟通。此种方法是市场调研中非常实用和有效的定性方法，它具有一般的问卷调查所无法达到的效果。焦点小组座谈会的精髓在于透过倾听来了解消费者内心的真实想法，并不仅仅是听到一些表面似乎是真实的东西。

首先，你必须仔细筛选目标人群来进行交流，运用面对面深度沟通的谈话方式，通过直觉来判断不同态度背后的想法。比如说，如果找一定量的男性群体进行面对面的谈话，说"男人最在意什么？"他们一定会说："责任、事业、家庭、朋友……"全世界男人的回答也许都一样，但这仅仅是男人表层回答上所能告知的。如果长时间与目标消费者进行发散性的深入的访谈，调查男人内心潜意识当中最喜欢、最在意的是什么。题目是开放性思维的，例如"请描绘出你最开心的瞬间、最幸福的时刻"所有男人表述的都是一样的情景：辽阔的大海、波涛汹涌的浪花翻卷和帆船在大海上航行，空旷的景色象征着男人喜欢无拘无束的性情，不愿被别人牵绊的随性而为的形象。男人的骨子里喜欢的是天高任鸟飞、海阔凭鱼跃的自由生活写照。

例如：啤酒卖的并不是口味、质量、清爽或其他什么，而是男人的梦幻。啤酒为什么卖的是梦想？一个男人喝完啤酒希望看到非真实的自己，变成放大的自我、超越自我的幻觉。雪花啤酒就突出的是情感定位，其目标消费者是 20～35 岁的年轻人群。雪花啤酒觉得年轻人最在意的是"成长"，所以广告语就是"雪花啤酒、畅享成长"。一个人单独喝啤酒的时候比较少，一般是三三两两的好友聚在一起分享畅饮。所以，雪花啤酒所宣传的"畅享"是非常好的定位。

2. 数据洞悉

调研中获得的数据很重要，是我们参考的依据，但隐藏在数据背后的判断则更重要。数据判断时有个思维的方法叫"逆向思维"。美国在 20 世纪 60 年代时生产电视机是不赚钱的，因为据当时调查得知看电视的人数很少，所以就得出投资生产电视机是无利可图的。但随着电视台的节目编排日渐丰富，连带地促使电视机的增长空间不断上升。从逆向思维的角度分析的话，并不是观看电视机的人数减少，而是观看的电视节目的数量和质量相对匮乏。并不是电视机和观看者的关系，而是电视节目的稀缺才造成观看者数量的减少，才导致电视机的购买量相应地减少。

无论是从正面思维的角度抑或是从逆向思维的角度考虑事物的结果，都要树立共同意识：数据很重要，但对数据的判断更重要。国内市场很多行业存在裂变式、爆发式、跳跃式发展的机遇,市场的发展呈现不规律性,随时都会有暴增的机会点。这也是国内市场最迷人的地方。在欧美成熟的市场上,这种机遇非常少,而在中国则非常多。

1990年,第一部手机在我国投入使用时,政府有关部门曾放胆预测:到2000年,中国手机的用户将达到80万户。事实上,到了2000年,中国手机用户已达到8700万户,是预计数字的100多倍。而到了2002年,中国手机用户迅猛增长到2.06亿。当时,市场调查公司在调查国产手机的市场前景时,常会直接问消费者"您会买国产手机吗?"得到的答复往往是"不会"。甚至还会遇到被调查者强烈的抵触——"你才会买国产手机呢"。然而,时至今日,国产手机凭借设计创新与渠道创新,已抢占了手机市场的半壁江山。从手机的发展历程我们可以领略国内市场的壮阔场景。

3. 营销直觉

我们在制定营销策略的时候,多数是从消费者调研的途径去思考问题。但由于国内市场发展的特殊性,所以企业家对市场直觉的判断有时也是很重要的。这也需要企业家拥有判断的胆识,所谓胆在识前。娃哈哈集团董事长宗庆后曾说过:"我从不相信市场调查公司,而是凭借自己的判断。"宗庆后做出的决策很专断,只相信自己对市场的直觉。宗庆后在做决策之前的一个绝招就是深入一线与经销商、消费者聊天,深入了解消费者内心真实的需求,这也是他为什么如此自信的底气!

现代西方经济学认为在生产的要素中,除劳动、资本、土地之外,最重要的是企业家的精神。在知识经济下最活跃的智力资本就是人本身。美国著名的经济学家舒尔茨在其关于人力资源的研究中指出:在美国1929—1957年的经济增长中,资金的投入以及土地、厂房、设备等的投入所得到的经济增长率是可以量化的,但另一部分的经济增长率——人力资源的成本是无法量化的。比如,同样的厂房、技术、设备、资金等有形资本,交给不同的人管理就会产生不同的结果。究其原因,企业领袖对企业在市场中的发展具有无可比拟的影响力。

4. 微弱信息搜集机制

微弱信息搜集机制有利于我们从不同途径更细致地了解消费者。大多数企业对微弱市场信号还没有建立起有效的收集机制。随着竞争的多元化、同质化的加剧,企业竞争的明显优势越来越小,各企业对目标消费者的聚焦呈现重叠化。而在信息流通日益透明化的今天,消费者心理构建的防范意识更强了,欲得到真实的信息也比以往更难了,所以众多企业决胜的终端就是在一些细微领域的竞争。

常见的信息搜集途径如下:

(1) 从公司内部人员进行搜集。有时,内部员工也是消费者,所得到的信息反馈同样能接近真实的状况。

(2) 从竞争对手的资料进行搜集。竞争对手也是在有针对性地了解目标消费者,这样能使我们更加全面地收获一些没有意识到的重要资讯。

(3) 从出版的资料与公共文献中搜集信息。以往的资料同样对现在、未来有一定的借鉴和参考价值,社会的发展同样能解释为什么人们当时会有那样的行为,继而解释人们内心的心理变化。

5. 调查问卷

在调研中,人为主观所设计的问卷选择项有时候并不能客观地代表消费者内心情感的真实想法,有时就连消费者自己都无法表述内心的真实需求是什么! 要有洞察力去分析、挖掘、找出并引导消费者隐藏在心中未被唤醒或连他本人都还未意识到的真实需求,这必然要求策划人员要比消费者自己还要了解消费者。

请看一个调查问卷:

(1) 请问您的月收入是多少?

A. 1 000 元以下;B. 2 000 元;C. 3 000 元;D. 4 000 元;E. 5 000 元以上

(2) 请问您会选择 1 000 元以上或更高档的内衣吗?(开放题)

(3) 如果商场出现同档次的服装,更便宜您会买吗?(开放题)

(4) 消费者的思考过程及其回答大概为:

① 不想让你认为我穷,偏选个高收入,5 000 元以上,实际为 2 000 元;

② 身材走样了,不多花钱买点优质剪裁、修身的好衣服遮挡身材的缺陷,免得我那个男朋友又说我水桶腰什么的! 这怎么能写上啊!"有品位"。

③ 哼! 还嫌我没钱,就算买也不买你的,"不买"。

调查最终答案:

(5) E 5 000 元。

(6) 有品位。

(7) 不买。

可能,你会觉得这都是消费者违心的假话和不真实的答案,最终费时费力得到的却是对企业一无是处的废纸一筐。但你不能完全责怪消费者不诚实的回答,调查公司在设计问卷中应先检视一下,是不是把自己主观的思想强加给了消费者,在有限的问卷选项中是否触及消费者的内心深处。自我设问式的问卷无形中隐蔽了消费者内心最真实的想法。如果调查人员能够站在消费者的角度考虑问题,也许所得到的答案会和消费者的真实意愿相契合,并且还会有意外的收获。

企业在做市场调查研究时,应避免调研员以自己主观的思想去强加给消费者,问卷的设计也应考虑被调查者在回答时可能会遇到的非理性(会揭开消费者不愿说的真实想法——产生尴尬、不好意思、隐私)回答的问题,问卷设计中应尽量做到换位思考,从消费者的角度去思考、设计问题,开放题也应灵活掌控。所以,企业不要和消费者内心对着干。在市场调查中不要低估消费者的智商,也应避免受到消费者表面所反馈信息的误导,对其判断需要营销人员具有洞察的先机。

4.2.4　引导消费者需求

引导消费者需求首先要创造消费需求。创造需求不是盲目的创造,而是以目标消费者的需求为基础,在充分调研的前提下创造,最后利用营销策略组合启动有较大利润空间的潜在细分市场。然而,单纯以消费者需求为导向不一定能获得消费者的满意与忠诚,因为他们的选择会根据自己的喜好,企业选择以消费者需求为导向的同时,也更容易迷失自我。例如,由于猎奇求新消费心理的影响,以消费者需求为导向的企业往往由于洞察力不够而无法抢占先机。

引导消费者需求是以创新的技术及知识等为核心,挖掘潜在的消费需求并据此创造新产品,通过营销活动引导、丰富、提高消费者的消费观。值得一提的是,引导消费者需求不是"引诱"消费者消费。

科特勒说:"营销是关于企业如何发展、创造并交付价值以满足一定目标市场的需求,同时获取利润的科学和艺术。"现代产品的创新周期及生命周期随着社会进步而变得越来越短,一款产品保证长期不被淘汰并在市场站稳脚跟的难度越来越大,由于成功的技术创新经常能带动需求的变革,这样的现象在高科技及信息产业尤为明显。企业是否能预见下一波技术变革的到来,并在技术、生产、营销上做好准备,直接决定了企业未来的获利能力。因此,时刻掌握最新技术,且能将其转化为未来消费者需要的产品,便成了企业能够长期生存发展的关键。为此,企业需要有预测并把握消费者需求趋势的能力,据此规划未来产品,这也是企业深入进行消费者调研、挖掘其潜在需求的目的。

引导消费者需求与企业的需求创新息息相关,企业管理者必须深挖创新的来源,才能精确地达到需求创新的目的。需求创新的信息来源主要有3个方面:销售人员、供应商和消费者。销售人员作为企业和市场的媒介,同时担负着向市场推广产品和为企业搜集市场信息的职责。销售人员与市场的紧密联系使他们能取得市场的第一手信息,洞察市场的需求变化。建立良好的激励制度或企业文化,能够促使销售人员产生将市场信息整理汇报的动力,企业便能借此更好地发现潜在的市场需求。供应商拥有材料、产品、供货方式等供应环节的最新信息,与供应商的密切联系也有助于发现新需求。用户作为企业产品最终的服务对象,自然也是企业创新的核心要素。通过专职人员回访等与消费者沟通的方式,能够获取消费者对产品的想法,诸如产品的使用场景是否恰当或是否能真正解决痛点问题等,直接询问是一个简便的方法。但是,由于消费者可能对自身的需求仅有模糊认知,无法精确描述,或是因为企业对消费者的不了解导致无法真正理解消费者需求,这时也可以选择企业内部员工与消费者沟通,参与日常的流程实践并进行调研,以更贴近需求核心的方式高效地重塑需求。

企业在获取最新的消费者需求信息之后,还必须能够通过创新来满足消费者需求。企业在实现需求创新产品化的过程中有3个关键因素:较高的领导素质、用户参与、较高的研发和技术水平。以消费者需求为导向的市场意识、精准的预测能力以及承担风险的能力都是一位领导者应该具备的素质,在这样的前提下才能正确规划战略、合理制定企业制度,并鼓励员工参与需求创新。用户是需求创新极为重要的一环,在开发潜在市场的产品设计开发阶段,运用产品研发座谈会、试用样品或提供产品评估意见等方式使用户参与进来,可以有效加速产品生产及后续的需求满足,提升占领市场的机会。企业若能感知到潜在的市场需求,却无力设计、生产出满足市场需求的产品,企业终究无法发展。因此,企业在强化市场意识的同时也必须强化自主创新的技术及研发能力,这不仅是市场竞争的必要条件,也是企业乃至国家生存的根本。

4.3 基于大数据的消费者洞察

4.3.1 消费者洞察的含义

消费者洞察是指正确描述、理解消费者内心的需求及态度,以引起消费者共鸣,是一个产品能否打动消费者的关键要素。

方太集团董事长兼总裁茅忠群认为:消费者洞察是洞察消费者痛点,而不是调查需求。一般情况下,做消费者需求调查时,给消费者发问卷,问需要什么样的产品,但往往这样的调查可能未必产生非常惊艳的产品,因为消费者毕竟不是专家。乔布斯也说过,苹果手机不是调研出来的。因而消费者洞察对创新性产品的开发意义重大。

消费者洞察的内涵包含以下 3 个层面的含义:

(1) 洞察消费者真正的痛点是什么。比如,年轻人大多不想洗碗,解决这个痛点的产品是不是就是西方开发的洗碗机? 后来方太公司通过进一步洞察消费者,发现当时即使使用洗碗机也存在安装、挤占厨房空间、费水费电等痛点。基于此,方太公司后来用 5 年时间研发出水槽洗碗机。

(2) 洞察消费者无法描述却真实存在的痛点,挖掘消费者的兴奋性需求。比如,苹果智能手机产品发布时,消费者不会告诉调查者他需要这样一款手机,因为他们自己还未真正发现自身有这样的需求,但是产品一上市,非常受消费者欢迎。

(3) 洞察产品是否能给消费者带来长久的幸福感。比如网游产品,它对未成年人的负面影响触目惊心,人民日报称"网游是精神鸦片",是新型毒品,且这一"精神鸦片"在中国竟长成数千亿产业。的确,任何产品、产业都不能以毁掉一代人的方式来发展。

今天,消费者洞察正被越来越多的企业所重视,它能够帮助营销者发现、理解和解读市场中的一切变化,并且创造机会在品牌和消费者之间建立理解的桥梁。同时,消费者洞察也成为企业竞争优势的主要来源,因为产品可以被复制,但对于消费者的理解难以被复制。然而,当下的企业要真正理解消费者变得越来越困难。过去了解一个人的消费模式只需要知道其性别、年龄、职业和收入,而今这种单纯依赖人口统计因素的区分消费者的传统方法已然失真失效,所以企业需要获得更为精准的消费者洞察,以便正确理解和打动消费者。

4.3.2　基于大数据消费者洞察的内容

大数据时代是研究消费者的最好时代。传统的线下消费者调研模式面临巨大冲击,因为传统问卷调研面临成本高、周期长、样本量小、难以迭代等问题,在大数据时代,这些问题自然化解了。大数据给消费者洞察带来了进一步发展的空间,数据收集、存储、跟踪变得十分快捷,同时爆炸式的数据量又要求进行数据挖掘,进行深度的消费者洞察。因此,利用在线数据进行消费者研究,将取代传统的问卷调研,并将成为主要趋势。

基于大数据的消费者洞察主要分为两个方面:行为洞察和情感洞察。

1. 消费者行为洞察

今天,消费者需求和购买行为"碎片化"现象日益凸显,企业需要利用大数据尽可能全面地搜集用户在网络上留下的痕迹。百度的搜索行为数据结合地图定位信息,以及腾讯完整的社会关系网数据,可以帮助企业从海量的繁杂无序的原始数据中进行数据挖掘,进行消费者行为洞察。

(1) 网购收货地址结合登录 IP 地址的场所识别(学校、医院、写字楼、小区、政府机构、工厂、商场等),再结合上网时间地点(白天/晚上、工作日/周末)利用算法模型可以判断出一个人的工作地点、住宅小区、身份职业等信息。

(2)结合消费特征、App偏好以及社交网站的言论、关注点和公开的身份信息,利用算法模型可以判断出消费者的性别、年龄、身高、体型、消费能力、学历学校、兴趣爱好(摄影、户外、园艺、钓鱼、棋牌、运动),甚至细化到旅游的地点和运动类型(跑步、足球、篮球、游泳、舞蹈、瑜伽、骑马等)、影视偏好(喜欢的电影、电视剧和音乐风格、追的明星和导演)、生活习惯和状态(单身、热恋还是已婚;是否有孩子、孩子的年龄段;是否有宠物、宠物的类型和品种;是否有房有车、小区档次和车的品牌型号;是否和父母同住、一家几口住在一起)。

2. 消费者情感洞察

只从消费者行为洞察是远远不够的。当下经济飞速发展,人们的生活方式和观念发生了很大的变化,快节奏、高强度的生活使得人们精神压力增大,情感需求也随之增加。在消费领域体现为感性需求增加,反映在消费品上就是渴望通过消费品来满足情感需求。因而,进行消费者洞察,消费者情感洞察不可或缺。

传统营销在进行消费者情感洞察时,一般采用定性调研方式,如深度访谈(depth interview,DI)或者焦点小组(focus group,FG),并辅助投射技术等心理分析法进行深入挖掘,后期再通过定量调研加以验证。此类小样本的调研方式对主持人的访谈技巧以及被访者的素养要求较高,好的主持人加上合适的被访者才能真正挖掘出消费者内心深度的情感需求,否则可能浮于表面。

基于大数据的消费者情感洞察可以采用社会营销工具进行,如美国知名在线客户关系管理(CRM)软件服务提供商Salesforce利用社交营销工具Radian6,经由主流社交网站如新浪微博和腾讯等聆听客户,企业由此可以参与整个社交网络的对话,根据自动生成的最受关注的互联网用户、地点和事物的列表,深入评估情绪值,同时依据正在共享新产品信息的关键影响者生成销售线索。国内领先的社会化媒体管理软件与解决方案提供商众趣(Social-Touch)开发的平台——“众趣社会化聆听中心”,能够自动化完成海量社会化数据的抓取、过滤、分析和处理,通过多个数据分析模块的支撑,为企业提供社会化媒体运营分析、用户洞察和潜客挖掘、品牌舆情监测等。

【案例4-2】

“三只松鼠”的消费者洞察

零食行业中,真正能够做到大品牌的机构并不是很多。一家成立不到10年的公司,现如今成为坚果行业的龙头老大,可谓是人人皆知,那就是“三只松鼠”。

2012年6月,“三只松鼠”正式上线。2013年11月11日,单日全网交易额达3562万,获食品电商行业冠军。2016年11月11日,28分钟即销售1亿元,单日全网交易额达到5.08亿元,位列全网第六。2019年11月11日,三只松鼠销售额为10.49亿元,同比增长超过 50%，全渠道销售居行业第一。

2012 年创立"三只松鼠"的时候，很多人认为坚果是一片红海，但是章燎原认为是一片蓝海。因此抓准了 2012 年整个中国电子商务进入第二个时期的崛起的机会，正是此次消费的升级和品位的升级，给"三只松鼠"带来了机会。坚果类市场，是个红海市场，但是碧根果(松鼠家的主打产品)是个蓝海市场。线上销售是"三只松鼠"的主战场，这几年的销售额基本来自线上，而天猫又占了其中重中之重。

在发展的初期，"三只松鼠"利用线上渠道获取主要顾客，因为"三只松鼠"的顾客多为 85 后、90 后年轻群体，而这类群体也是最离不开互联网的人。

"三只松鼠"最深入人心的莫过于其可爱的动画形象了，每只松鼠都形态各异，一会儿扮演歌星、一会儿则低头卖萌，生动的动画形象让人记忆深刻。当零食和动漫这两者跨界在一起的时候，是年轻人非常喜爱的。

顾客只要登入天猫旗舰店就可以看到，有上百名客服扮演着小松鼠的角色，快递箱也被称之为鼠小箱，并演变成一个鼠小箱和客户之间的故事，或者是鼠小箱的快递之旅。在包装上，小松鼠也非常细致认真，延续一贯的"卖萌"设计，不仅每款零食都设计出不同的包装，礼品袋、夹子、封条这类周边产品也应有尽有。

"三只松鼠"非常注重其坚果的新鲜和干净，坚果坚决采用"产品零货架""零度保鲜库存储""干净无污染"的方式进行保鲜和存储，不管口味是否真的与众不同，其"新鲜"和"干净"都已深深刻入人心，成为不折不扣的互联网品牌体验式营销的代表。

在客服方面，"三只松鼠"有很强大的客服队伍，会耐心解答顾客的每个问题以及用最快的速度反馈，注重品质和服务的每一个细节，每个环节都在仔细揣摩怎样更便利于消费者、保持更好的品质。

为了迎合年轻人的口味，客服的聊天方式也较为独特，比如会在聊天时让你感觉和朋友聊天一般，同时也会使用一些触点营销，在和顾客沟通时同时帮助品牌的宣传。

4.3.3　基于大数据消费者洞察的工具

1. 阿里巴巴的"全景洞察"

全景洞察是 2015 年阿里巴巴研发的一款专注消费者研究的大数据产品，旨在帮助企业还原用户画像，分析消费者消费偏好，帮助企业进行精准营销。它的优势在于：有丰富的数据源、有非常细的数据颗粒度满足交叉细分需求、有可视化的数据展现和科学的数据分析方法，可进行深度的分析和数据挖掘。数据分析的结论可落地到行动上，不仅仅是为了研究而研究。

用"全景洞察"建用户画像，如图 4-4 所示，具体步骤包括：

第一步：按人口统计特征绘制购买该品牌产品的初步消费者画像，确定目标人群。按人口统计特征维度进行交叉组合，看哪一类人群对该品牌产品有明显的倾向，一般情况下有 1~3 类。如果没有明显的目标人群倾向，说明该品牌定位不准，需要明确品牌定位。

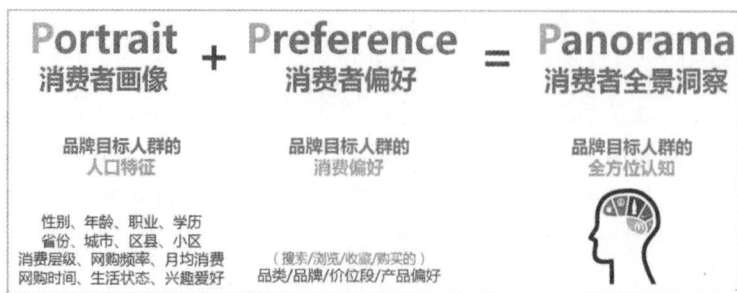

图 4-4　消费者全景洞察示意图

第二步:进一步细化目标人群,对目标人群进行深度分析,挖掘消费者需求,绘制完整的用户画像。可以通过该人群在各行业下偏好的品类、品牌、价位段、商品特征等来绘制完整的用户画像,从吃穿住行到社交娱乐,深度了解目标人群才能把握其核心需求。

第三步:如果该品牌有多个细分人群,针对每个人群设计定制化的营销方案。对最合适的人群推荐最合适的商品(服务),用最合适的营销方式打动他,在恰当的时间和地点满足其消费需求。

【案例 4-3】

某轻奢侈品女包品牌的消费者"全景洞察"

背景:某轻奢侈品女包品牌希望用互联网的数据做品牌定位,绘制用户画像,制定营销策略。

首先,挖掘该女包品牌消费者特征。将各种人口特征维度交叉组合反复尝试,找到特征最显著的组合维度,然后圈出偏好度最高的几类人群,如图 4-5 所示。

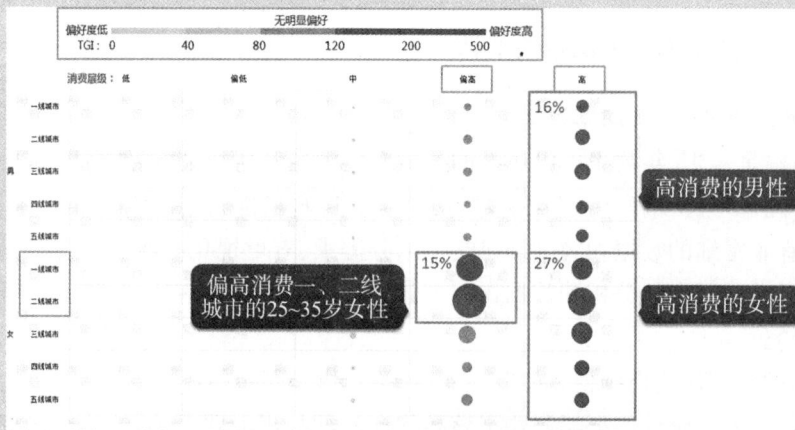

图 4-5　品牌女包初步的消费者画像

　　如图 4-6 所示,该女包品牌主要有三类目标人群:高消费的女性、高消费的男性和偏高消费的一、二线城市 25~35 岁女性。其中高消费的女性对该女包品牌的偏好度最高,是该品牌的核心目标人群。

图 4-6　品牌女包初步的目标消费者

　　进一步,通过"全景洞察"看这三类目标人群的消费偏好(品类、品牌、产品属性、价位段、搜索词等)和生活形态(上网时间、网站、关注点、视频等)。抽象人群特征建立这三类目标人群的角色模型(Persona),如图 4-7、图 4-8、图 4-9 所示。通过描述人物角色的行为模式、生活习惯和品味、所处状态和环境等信息,来还原鲜活真实的目标人群,让营销人员能直观地感受到他们,从而有针对性地设计最优营销策略。

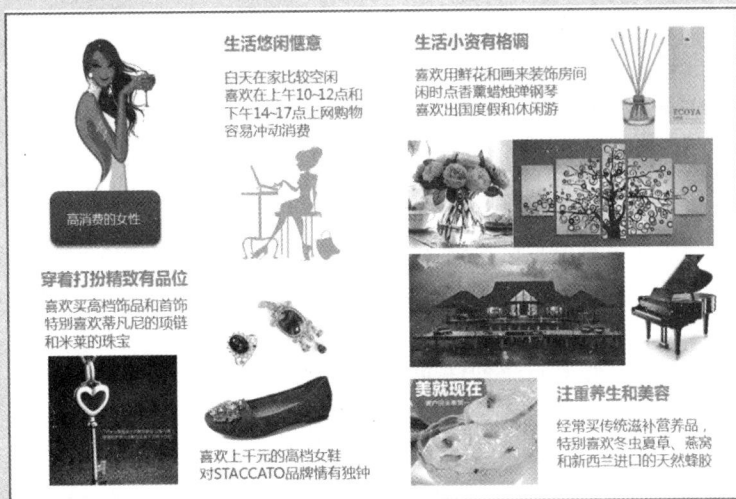

图 4-7　喜欢买该品牌女包的高消费女性的完整用户画像

图4-8　喜欢买该品牌女包的高消费男性的完整用户画像

图4-9　喜欢买该品牌女包的偏高消费女性的完整用户画像

　　三类目标人群的完整用户画像绘制完成后,针对目标人群进行品牌包装和设计一整套的市场营销策划。

　　此外,"全景洞察"可以帮助品牌商了解某品类在消费者心中的认知和需求,以及本品牌和竞争品牌在消费者心中的认知差异。"全景洞察"中的"竞争网络"可以帮助品牌商了解自己的直接竞争对手是哪些品牌,进行战略分析。"全景洞察"可以帮助品牌商了解本品牌的目标人群和竞争品牌的人群差异,用于品牌的市场定位。通过"交叉分析"来发现消费者特征和商品属性偏好之间的关联,还可以进行"多重对应分析""联合分析""决策树""聚类分析""因子分析""矩阵分析"等,并实现数据可视化。

2. 罗兰贝格的"数字罗盘 Digital Profiler"

罗兰贝格国际管理咨询公司（Roland Berger）联合网易举办的 2020 消费者洞察高峰论坛上发布了专门为企业打造的品牌定位与客户分群的大数据产品"数字罗盘 Digital Profiler"，它融合了罗兰贝格多年的品牌理论和工具以及网易亿级海量大数据。在消费者洞察、品牌定位和竞争、产品营销创新、用户经营及跟踪方面给品牌全方位的监测评估，为企业经营制定目标人群策略以及品牌定位战略，以支撑营销策略及其持续增长。

"数字罗盘 Digital Profiler"产品通过与网易数据资源的合作，Digital Profiler 的样本量将超过 2 000 万个。结合网易用户数据，Digital Profiler 可以获取超过 50 多个数据变量标签的用户信息，包括位置信息、爱好和其他人口统计资料等消费者的自然及社会属性。利用自然属性与情感分析相结合的专业系统化形式，对相关数据源进行自然属性识别及情感分析。由于底层用户数据是实时更新的，Digital Profiler 可以以低得多的成本持续监控用户价值和消费者行为的变化。

以汽车行业为例，Digital Profiler 包含通用人群、本品洞察、竞品洞察、换机洞察，行业人群细分洞察、增值服务六大板块。通用人群红蓝图和人群多维度大数据画像，并可以深度下钻；针对本品洞察，Digital Profiler 可以针对本品及下钻细分客群开展红蓝图与大数据画像分析，提供详实且深度的洞察输出；竞品洞察包含红蓝图与人群大数据均值，可与本品直观对比，且可对细分人群进行洞察输出，并与行业均值相较以彰显竞品特性；通过对某品牌和具体产品型号的流入流出用户的价值点画像和大数据画像分析，可深度理解用户行为变化，从而制定针对性策略；基于行业人群的聚类细分，可进一步开展品牌下人群分布、竞争态势、人群细分对比分析，从而强化对于不同人群的特征与行为理解；根据客户的定制化需求，可以为企业提供更多维度的定制化服务。此外，Digital Profiler 也可提供新品上市定制化服务，通过红蓝图与人群画像分析，辅之以用户反馈调研，可助力营销策略调整、潜在客户精准投放。

习 题

1. 什么是消费者需求？
2. 消费者洞察就是调查消费者需求吗？
3. 如何进行消费者需求管理？
4. 大数据时代消费者需求呈现出哪些特点？
5. 大数据时代消费者洞察的内容是什么？
6. 说一说你所了解的基于大数据的消费者洞察工具。

扫描二维码获取
本章思维导图

第 **5** 章

大数据驱动的营销组合创新

📝 **本章知识点**

（1）掌握数据赋能驱动产品创新的路径，了解用户参与设计是大数据时代产品创新的主流方式，熟悉大数据下的产品定制方法。

（2）了解传统定价的方法及其定价误区，理解大数据时代两种主要的定价策略，即个性化定价策略和动态定价策略。

（3）理解大数据对渠道创新的影响，了解营销渠道建设的大数据创新思维，掌握平台型渠道的主要类型。

（4）理解大数据时代的促销创新的主要形式，包括大数据广告、大数据营业推广、大数据公关，了解大数据广告的程序化购买与实时竞价购买模式。

利用大数据对消费者需求进行深刻洞察之后，企业根据消费者需求制定相应的营销策略。营销组合策略在大数据时代获得创新机遇，数据赋能驱动产品创新，用户参与产品设计成为可能，产品定制化让企业的个性化营销变成现实。定价方面，个性化定价策略和动态定价策略是大数据时代广泛应用的两种定价策略。营销渠道建设方面，大数据对渠道建设产生了深刻的影响，企业需运用大数据创新思维建设营销渠道，平台型渠道成为大数据营销渠道创新的主要方式。促销方面，大数据广告日益盛行，程序化购买成为广告购买的主流方式。营业推广和公共关系在大数据时代也焕发新的生机。

5.1 大数据驱动的产品创新

5.1.1 数据赋能驱动产品创新的路径

国际著名经济学专家库珀（Cooper）认为，产品创新，无论是开发新产品还是改进现有产品，对现代企业生存和发展均至关重要。数据赋能环境下，企业利用大数据技术快速进行产品迭代更新，是其竞争优势的来源。我国学者陈曦、郭星光认为，通过技术创新、企业开放式创新和企业敏捷三种路径，数据赋能驱动产品创新。

第一种路径:数据赋能—技术创新—产品创新。产品创新的定义是为满足用户或市场需求而在商业上引进的新技术或技术组合。可见,技术创新对产品创新是相当重要的。一方面,日益成熟的数据分析与数据挖掘技术从海量原始数据中识别出不易被发现的复杂关系,有助于企业重新组合生产要素,优化配置资源,进一步识别新的用户市场,有助于企业在技术上实现数据驱动的颠覆式创新。另一方面,数据赋能环境下,企业与消费者之间的距离被缩短,企业与用户互动变得更便捷,用户参与感更强。技术创新逐渐变成产品创新的基石。

第二种路径:数据赋能—企业开放式创新—产品创新。数据赋能时代,越来越多的企业主动拓展自身组织边界,加入开放式创新的网络中。所谓开放式创新,是指企业有目的地利用知识流入和流出加速内部创新,并扩大到外部创新市场。可见,知识是开发式创新的核心要素。大数据时代,数据呈指数级增长,企业通过数据挖掘和数据分析产生更多知识和洞见。新知识产生后,人工智能和机器学习技术迅速将其吸收并转化成生产力。数据赋能环境下,开放式创新变得越来越普遍,进一步提高了产品创新效率。

第三种路径:数据赋能—企业敏捷—产品创新。企业敏捷主要由运营敏捷、合作伙伴敏捷和客户敏捷构成。运营敏捷方面,企业通过智能终端上传数据,实时观测企业运营状况,根据智能辅助决策系统迅速进行管理决策,能够对企业运营数据进行挖掘,进一步优化流程。合作伙伴敏捷方面,企业通过动态评估和动态选择提升合作灵活性,降低合作风险。客户敏捷方面,企业通过分析客户需求感知敏捷性,同时与用户零距离交互,提升服务敏捷性。可见,数据赋能环境可以提升企业敏捷性,使制造企业在运营上更高效,与合作伙伴沟通更便捷,对客户需求把握更精准。较高的企业敏捷可以进一步降低产品创新成本,分散产品创新风险。

【案例 5 - 1】

大数据时代下的啤酒产品创新

进入 21 世纪后,以美国为代表的精酿啤酒(个性化啤酒)持续增长,并在全世界范围掀起了一股热潮。精酿啤酒的出现,为消费者提供了更好的服务体验、社交乐趣,并给予消费者在饮用主流的淡色拉格啤酒时无法体验到的身份认同感。精酿啤酒更具故事性、品类更丰富、具有复古情怀并善于运用跨界元素,这些特点正好满足中国新一代消费者视觉、口感、心理需求的变化。研究表明,那些喝精酿啤酒的消费者,认为自己更懂啤酒。

第一财经商业数据中心(CBN Data)最新报告显示,目前中国"80后"人群最爱喝啤酒,而中国啤酒偏好度地域分布特征比较分散,中国西部地区、南方沿海地区比中原地区、新疆地区的人们爱喝啤酒。而精酿啤酒的流行,极大丰富了啤酒品类,让消费者有了更多选择。精酿啤酒对于啤酒的创造和原始热爱以及丰富的啤酒风格为中国啤酒市场啤酒新品开发赋能。

大数据时代,扫描二维码成为消费者与啤酒之间连接的新方式,占有第一消费场景,可以获取场景流大数据。打通啤酒消费数据才能让啤酒消费生态化,让数据发挥出最大价值。运用大数据洞察中国消费者对啤酒的真正需求,从消费者啤酒饮用场合、场景、年龄、原材料品质,挖掘产品创意,精准定位消费人群,提升消费者购物体验。当前,啤酒生产商对啤酒产品需求感知能力加强,通过改造或新增柔性生产线实现不同类型啤酒较小规模生产线布局。此外,中国本土原料及文化植入开创独特啤酒种类。例如,利用已有啤酒配方,结合中国本土原料如中国桂花、四川花椒、茉莉花等被尝试用于酿造个性化啤酒。

5.1.2 用户参与设计

"参与式设计"概念源于20世纪60年代的北欧国家,它是指在产品开发的过程中,所有利益相关方都被邀请与设计师、开发师、研究者合作,一起定义问题、定位产品、提出解决方案,并对方案做出评估。

用户参与设计指的是产品的终端用户、潜在用户更深入地融入产品设计的过程。用户参与设计是高度考虑并尊重用户的一种体现,用户感受到自己是产品的创造者、设计者、改变者,研发人员则从更丰富的角度挖掘用户的意识和需求,扮演着协调者、配合者和观察者的角色,着力满足用户需求和期望。一般来说,用户参与设计的产品能更贴近消费者需求,满足消费者。

【案例5-2】

小米:有10万人在跟着我做研发

小米公司成立于2010年4月,是一家专注于智能产品自主研发的移动互联网公司。小米科技联合创始人黎万强曾说:"小米并不是卖产品,而是营造一种参与感。"

小米手机每周五会在论坛上由用户来投票决定研发升级的方向,并称这个投票是"橙色星期五"。该论坛每天有约100万的访问量,有接近30万个帖子产生,深度用户至少10万人。小米在当初启动项目时,黎万强曾设想,能不能建一支10万人的研发团队,大家都觉得"不可能"。后来,黎万强和员工们说,公司刚开始的研发人员最多100个人,但在外围,起码有2 000人可以当小米的"荣誉开发",进一步参与研发的,还有小米的深度用户,相信肯定有10万人。

小米每周五下午更新新版的MIUI操作系统,升级公告会给出视频教程,点击完视频后用户可以到论坛进行交流,下一个周二让用户提交使用后的四格体验报告,除工程代码编写外,其他的产品需求、测试和发布都开放给用户参与。小米利用论坛帖子的辅助功能引导用户格式化提交产品需求,在海量的产品需求中,通过"我也需要这个功能"按钮,将紧急的功能开发需求置顶,并在第一时间公示需求改进计划,对热点需求进行讨论并投票。同时,小米将与用户交流的团队结构"碎片化",让2~3人长期负责某个功能模块,在他们与用户交流的过程中,直接获取用户的需求,减少反应时间。

基于用户体验的小米产品设计着重强调三个要点:为谁设计、好看、好用。明确产品针对的目标人群,由此分析具体的产品功能需求,进而更好地定义产品。当系统必须在好用和好看之间进行权衡时,小米的原则是"保证好用,努力好看"。比如,小米下拉的通知栏,保留了九宫格形态,牺牲了部分视觉体验性,以方便用户更快找到所需的按钮。MIUI的"百变锁屏、千变主题",以"好看"为突破口,形成风格化,让产品设计变得系统、独特而优雅。

小米的初心是做一个能够让用户一起参与进来做产品的公司。小米将用户参与感视为小米最核心的理念,通过用户参与感完成小米的研发、产品营销和推广,完成用户服务。小米被打造成一个很酷的品牌,一个年轻人愿意聚在一起的品牌。

5.1.3 大数据下的产品定制

产品定制是用户需求驱动的产品生产模式。该模式下,消费者根据自身需求定制产品和价格,或主动参与产品设计、生产和定价,产品、价格等彰显消费者的个性化需求,生产企业进行定制化生产。本质上来说,产品定制是以满足用户的个性化需求为目标,而个性化与规模化之间往往是矛盾的。产品定制最为业界熟知的当属戴尔,通过直销网站实现用户定制方案,再组织生产。手机行业出现了青橙手机,用户可以选择手机配置、外壳颜色、预装应用等。

目前,产品定制的实现方式有三种:

第一种,通过成熟的模块组合快速形成个性化,即模块化定制。产品模块化可以满足一个群体的需求,基于此实现一定的规模化。戴尔,青橙手机属于此类。

第二种,让用户参与到产品设计中,即群体调研定制。产品经理会注重了解用户需求再进行设计。小米等互联网公司在用户参与设计中做成了"粉丝"经济,让"粉丝"通过互联网参与到产品功能的讨论、投票中,满足快速迭代需求。

第三种,先收集需求再生产的预售模式。预售模式可以提前获得部分或全部货款,可以最大化地降低库存,提高产销比。但实质上,预售模式收集的不是用户个性化需求,而是用户有没有这样的需求。

一般来说,实现大数据下的产品定制需要满足4个条件:

(1) 有海量的数据。

(2) 这些数据能挖掘出对厂商有指导价值的结果。

（3）具备挖掘数据的技术能力。

（4）有能力整合设计、生产、流通和销售等关键环节。

【案例 5 - 3】

天猫小家电产品定制

阿里通过所掌握的数据以及分析结果，去指导生产线的研发、设计、生产、定价。天猫记录、积累了大量的用户数据，包括用户的搜索浏览、驻留时间、商品对比、购物车、下单、评价数据以及用户的个人资料如性别、地域、年龄、职业、消费水平、偏好、星座等，利用大数据分析技术对用户数据进行画像，对用户进行交叉分析、抽样分析、群体分析，进行数据挖掘。比如，天猫数据分析的结果是用户不喜欢卧式吸尘器的垃圾倾倒设计，因为需要弯腰，分析结果可以帮助小家电进行功能改进。同时，通过地域和时间分析指导生产线在不同季节、不同地域的库存。

2013 年，天猫启动了数据共享计划，将其沉淀的行业数据共享给厂商，从价格分布、关键属性、流量、成交量、消费者评价等维度建模，挖掘功能卖点、主流价格段分布、消费者需求、增值卖点来指导厂家的研发、设计和生产，实现了大数据下的产品定制，在更好满足用户需求的同时，减少厂家库存、提升销量。

5.2 大数据时代的定价策略

5.2.1 传统的定价方法及其定价误区

许多企业家会抓生产，抓市场，但如何定价则感到力不从心，在谈到定价时他们常常说："我们不会主动设定价格，价格由市场来决定。"显然，他们将亚当·斯密提出的对宏观经济运行中"看不见的手"的论断，误用到微观经济环境里。他们对定价要么拍脑袋，要么采用一些简单的方法，如成本加成定价法、竞争导向定价法等。随着"中国智造"的稳步推进，制造业、消费品的产品升级，服务业的产品创新，科学地定价已经是摆在企业面前的重要课题。

科学地定价要从营销战略层面开始。日本战略研究专家大前研一（Kenichi Ohmae）提出了 3C 战略三角模型。该模型提出企业制定任何经营战略都必须考虑公司本身（Corporation）、公司顾客（Customer）、竞争对手（Competition）三个因素，公司可持续的竞争优势才有存在的可能。围绕 3C 战略三角模型，科学地定价从自身层面要考虑产品成本，从顾客层面要考虑顾客需求，从竞争者层面要考虑产品竞争力。在影响定价的众多因素中，产品成本、顾客需求、市场竞争力是决定价格高低的最主要因素。因而，在传统定价方法中，一般的定价方法包括成本导向定价法、需求导向定价法、竞争导向定价法。

在数字经济背景下,传统的定价方法都存在一定的定价误区。

1. 误区一:简单成本加成

成本加成定价法是大多数公司采用的方法。采用成本加成定价时,公司首先要确定销售目标,然后基于此算出平均成本,之后在这个平均成本基础上再加上一定的利润,形成最终售价。这种定价方式简单、公平,在财务上也是审慎的,其实大谬不然。同一个产品,不同消费者对其价值感知是不一样的,企业如果只在平均成本上加一个公平回报来定价,那它几乎没有动力把成本降到最低。如果企业成本因为规模扩大而降低了,是否一定将这部分利润让渡给消费者?同时,成本加成定价法按照销售目标来制定,但最终销售目标是主观的,也容易造成企业在价格上的摇摆。

2. 误区二:效仿竞争者

竞争导向定价法是另一种流行的定价方法。部分企业管理者在进行战略定价时,倾向于使用这种方法。采用竞争导向定价法往往先调查竞争者的价格,然后在一个基准水平上加一点或者减一点,从而来确定自身产品的价格。

竞争导向定价法会产生两个问题,每一个都可能会让企业付出惨重的代价。第一,"双镜效应"问题。竞争导向定价法会让价格决策者持续监控竞争者的价格并随之做出调整,实质上企业陷入了消极被动状态,如果竞争对手也采用竞争导向法定价,会形成"双镜效应"。此时,这个价格就不仅仅是公司的价格,而是整个产业的价格,价格会与市场需求失衡。第二,竞争导向定价还会导致"胆小鬼游戏"。众所周知,设置低价是获取市场份额最简单最快捷的方式。在一个既有的市场内,如果所有企业都想要更大的市场份额,那么所有企业的目标市场份额加总,总和肯定大于100%。如果产业内大部分企业都渴望实现目标市场份额而做出价格上的妥协,往往会导致价格进入下行通道,陷入价格战,最终伤害的不仅是公司本身,而且会波及整个行业。如20世纪90年代,长虹用价格战一战成名,打败了洋品牌,提升了国产彩电的市场份额,奠定了国产彩电霸主的领导地位,但也由于不恰当的价格战,让长虹陷入泥潭,出现了巨亏,市值缩水400亿,渐渐泯然众人矣!

3. 误区三:视消费者而定

同样的产品,采取"看人下菜"的定价方式理论上可以让企业在扩大销量的同时,获得最好的边际收益,但它最大的缺陷在于,没有哪个消费者愿意当冤大头,同时会让企业失去最好的顾客。因为价格信息的透明化会让那些收取高价的顾客逐渐疏远企业,进而会激发顾客采取"货比三家"的议价策略,甚至"好顾客"也会变成"坏顾客",影响企业口碑。本质上,这种定价方式将企业和顾客关系绑定在零和博弈的对立关系上,而非基于价值的合作关系上。

大数据时代,消费者获取产品信息的渠道广泛,不再满足于大规模生产所提供的产品与服务,转而追求个人定制化的产品和服务。从目前来看,对于满足个性化需求的产品定价主要采用个性化定价策略和动态定价策略。值得一提的是,大数据时代,不论采用何种定价策略,定价必须要遵循顾客导向。掌握定价的奥秘,最重要的是企业必须知道目标客户群是什么样的,了解顾客想从你的产品或服务中获得什么。企业知道顾客需要什么,为什么需要,就知道如何创造出更多的价值去满足顾客需求,如何向不同细分市场的目标顾客传递产品或服务的价值,如何定价以获取哪片细分市场。比如,Google 公司认识到顾客在意搜寻目标商品的时间而广告商看重点击率,于是向广告商收取基于点击率的广告费;大型制药公司认识到政府、保险公司和病人都非常关注药品的疗效,于是一些药品公司率先推出了基于疗效的收费方式。

5.2.2 个性化定价策略

1. 个性化定价的含义

数字经济时代,企业利用信息技术收集海量消费者数据并对数据加以分析和整理,形成消费者画像。消费者画像一方面可以帮助经营者以更快的速度识别消费者需求,以便提供满足消费者意愿的商品和服务,提高交易效率。另一方面,使企业可以依据消费者的购买历史、地域、网页浏览历史、手机操作系统、支付方式、身份、性别等信息对消费者进行更为迅速和细致的分类,从而对不同类别的消费者进行更有针对性的商品推介和差别定价,甚至根据对消费者的个人支付意愿的模拟和推断对消费者进行个性化定价。

根据 OECD 国际组织的定义,个性化定价是指根据消费者的特性、行为和消费者支付意愿,在价格上差别化对待终端消费者的行为。比如,消费者买电影票、订机票虽然购买的是同一场次或同一航班,消费者的票价却不一样。个性化定价起源于电子商务环境下的 C to B 模式,本质上是电子商务个性化营销的一种手段。

2. 个性化定价策略的主要特点

1) 个性化定价需要对消费者数据进行精确分析

个性化定价在精确分析的基础上,识别每位顾客的支付意愿,利用各种智能算法为消费者制定不同的价格。

2) 个性化定价能够为企业挖掘"隐藏利润"

个性化定价可以从愿意支付高价的消费者那里获得超额利润。

3) 个性化定价可以提高在线客户的忠诚度和满意度

个性化定价是以满足客户的个性化需求为前提,消费者会感受到企业对其个人的关注,并能够从中获得极大满足,使得消费者愿意和企业保持良好关系。

3. 实施个性化定价策略的条件

1) 了解消费者的支付意愿

在产品成本的基础上研究消费者的支付意愿,企业定价需要了解顾客愿意为此付出的最高价格。只有当企业的定价低于顾客愿意支付的最高价格,销售才可能发生。

2) 以大数据技术为前提,收集客户信息

互联网环境下客户浏览商品的次数、成交记录、评价数据等信息,企业可以利用 Cookies 从网站等渠道获取更多、更可靠的信息。企业可以根据消费者年龄、居住地、消费偏好、消费次数和力度分析消费者的消费能力,将客户分为不同类别,依据类别向消费者推送有针对性的促销模式以及产品服务,进行个性化定价。

3) 不能让顾客觉得不公平

弗雷斯特研究公司(Forrester Research)的分析师 Carrie Johnson 曾这样强调:"个性化价格不是扔给顾客不同的价格,而是应该把降价或者优惠券作为对不同顾客的奖励,并且为那些愿意多付钱的顾客提供更多的价值。"

在现实生活中,我们在飞机上知道邻座只为机票付了 40% 的钱,而我们买的是 9 折票时,我们也不会觉得难过,因为邻座可能需要提前一个月预订机票而且不能退票,而我们因为行程不确定需要随时改签机票。如果提供的折扣是对消费者的奖励,要求额外支出换来顾客需要的价值,大家就不会觉得不公平。

4) 对产品价值进行分割,并设置门槛

为了让消费者感到公平,实施个性化策略的企业需要设置一个或若干个"门槛",来分割产品不同部分的价值。愿意付出努力并跨越门槛的,说明消费者愿意付出一些努力或者放弃一部分产品价值来换取低价,而不愿意跨越门槛的,说明消费者在乎产品的某部分价值,愿意为这部分价值买单。这个"门槛"并不是用来识别消费者支付意愿的,只是用来分割产品价值,使得这部分价值只能被支付高价的消费者享有。

比如,在电影票销售平台,我们向王女士和张先生收取不同价格,却提供同样场次的电影票,王女士知道了估计会气得找平台理论,她付全价 60 元而张先生付 40 元竟然可以和她同时看影片。但是,如果我们设置一个门槛,张先生在第一时间购买电影票只需要支付 40 元,但在 2 周后才能取票观影,这个门槛将观看电影时间的价值和电影内容的价值分割开了,所以王女士就不会觉得不公平,因为张先生是需要付出推迟观看时间的成本。

5) 个性化定价策略更多适用于电商企业

相比于实体店,电商企业实施个性化定价策略具有天然优势:电商企业可以收集到大量丰富的消费者购买数据;有成熟个性化技术来识别消费者偏好和支付意愿;比较容易地为不同消费者呈现不同价格。而在实体店,产品标价是一样的,个性化定价策略主要通过发放优惠券或者会员折扣等来实现。

随着信息技术的进步,个性化定价策略可以与基于地理位置服务(LBS)的应用结合在一起运用。基于地理位置服务的应用允许用户使用智能手机"签到",签到不仅是一个客户忠诚计划,还可以搜集客户行为数据,商家可以了解谁在什么地方、什么时间花多少钱购买了什么商品,这有助于商家构建一个更加全面的消费者兴趣和行为图谱。在此基础上,对客户进行个性化定价与促销,在正确的时间、地点将正确的打折优惠信息发送给正确的消费者。

需要注意的是,消费者对个性化定价的接受程度取决于消费者对产品价值的认知和个性化产品效用的认知。在做出购买决策前,消费者先对产品的价值进行评估,然后对价格进行比较,当认知价值大于或等于产品价格时,消费者做出购买。同时,消费者会将个性化的产品和普通产品进行对比,只有在消费者认为个性化产品效用大于购买普通产品带来的效用时,消费者才会做出购买个性化产品的决策。

4. 个性化定价策略的实施方案

从目前的研究和实践来看,个性化定价策略有两种实施方案。

第一种方案:根据消费者的支付意愿以及其他客户属性,如性别、年龄、地理位置等确定产品的价值分割方案,为顾客提供适合其心理价位的产品与服务组合。例如,为价格敏感的消费者提供"慢递",需要 4~7 天才能到货,但价格较低;为价格不敏感的消费者推荐高价值的服务等。

第二种方案:根据消费者的支付意愿和具体场景、偏好,为其推荐相应的个性化电子优惠券。这种电子优惠券不能随意发放,需要客户满足一定的资格条件。比如,总消费额达到一定额度,或者消费者对商家发表评论等。

5.2.3 动态定价策略

生活中我们常会碰到这种尴尬情景:去喜欢的服装店逛逛,结果发现之前399元买的裙子在打折,现价仅为289元。而有的用户遭遇更惨,3周前买的最新配置智能手机,618节庆时,电商平台同款产品价格便宜了1000多元。这就是动态定价。

你知道亚马逊上的商品一天会调价多少次吗?

答案是:正常情况下,平均每10分钟,亚马逊上商品的价格就会刷新一次。一款畅销的智能手机在亚马逊上的定价比同行低了25%,而另一款相对不那么受欢迎的智能手机可能贵了10%。据《每日邮报》报道,在一年的时间内,亚马逊同一款产品的价格波动幅度达到260%。比如,在亚马逊英国,一款冲浪板的价格在235磅至699磅之间来回波动。

亚马逊之后,越来越多的电商平台选择动态定价策略。Uber和滴滴的打车价是实时调节的,美团外卖配送价格也会不断变动……中外电商平台,集体选择动态定价策略。

1. 何为动态定价策略

动态定价最早起源于20世纪80年代的美国航空运输业。美国政府自1978年对航空运输业放松管制,各航空公司对航空运输定价采取全面控制,在定价上除考虑运输成本外,更加注重需求因素。美洲航空公司带头启用了"最优动态定价法"进行定价,根据市场需求和供给情况,频繁变化机票价格,实现获取最大收入条件下卖出机票的目标。通过这种方法,美洲航空公司成功挤占市场,使得几家服务高级但空运率高的航空公司宣布破产。

动态定价,又称智能定价、实时定价、需求定价,源自经济学中的"价格歧视",狭义上是指同一件商品对不同的消费者采取不同的销售价格。广义上动态定价是指依赖于互联网技术和大数据技术的支持,分析消费者在不同时间的需求状况和支付意愿,根据需求变化和供给情况制定和调整商品的价格。本质上,动态定价是一个运筹优化问题。动态定价的背后逻辑,是为了追求"用户—数据—产品—价格"四位一体的平衡状态。

2. 动态定价策略的类型

1)基于时间的动态定价策略

基于时间的动态定价策略,通过把握消费者不同时间对价格承受的心理差异进行动态定价。例如,超前购买者对新款时装、创新智能产品等趋之若鹜,愿意支付高价,而滞后型购买者则表现出愿意为机票、酒店住宿支付更多价格。

基于时间的定价策略包括高峰负荷定价和清理定价两种常见策略。高峰负荷定价适合于缺乏弹性的商品,交通运输行业和公用事业单位常常采用。清理定价则适用于需求状况不确定的产品、季节性产品、产品过时等容易贬值的产品。

2)基于市场细分与限量配给的动态定价策略

市场细分与限量配给的动态定价策略的基本原理:不同时间、不同渠道、不同精力付出下,消费者表现出来的差异性价格承受心理。基于此,企业需要开发专门的产品服务组合,根据不同的产品配置、渠道、客户类型和时间,进行动态定价。

以航空业为例,同一个座位,航空公司票价最多达 15 种。不同票价的设置取决于订票时间、乘客接受的限制条件或其他因素。航空公司大多对不同价格、不同种类的机票实行限量配给,通过需求形态分析,不断修订价格,从而实现不同渠道收益的最大化。

3. 动态定价策略的优劣势

1) 动态定价策略的优势

动态定价策略的优势主要包括以下几点:

第一,管理库存,实现供给和需求的最优控制。动态定价有助于解决库存管理瓶颈,必要时调整价格可以销售多余的产品。利用大数据获得市场趋势数据使企业可以预见需求高峰,并提前做好所需的产品供给。

第二,精准洞察消费者行为。大数据帮助企业了解他们的目标消费者。例如,数据分析师可以提取竞争对手价格信息,计算出消费者将为产品支付的最低和最高价格,进而利用该信息调整自身产品价格。

第三,增加企业收入。与只有一个价格点相比,动态定价引入多个价格点会带来更多的企业收入。

2) 动态定价策略的劣势

动态定价策略的劣势包括以下几点:

第一,价格歧视影响品牌形象。有些企业采取的动态定价策略过于严格,甚至损坏了其品牌声誉。非正常情况下,高峰时段的价格上涨可能会适得其反。动态定价不应变成价格歧视,而应促进市场的良性竞争。同时,在不可抗力的情况下,通过动态定价尝试获利会对品牌声誉产生负面影响。比如,暴风雪期间,人们在最需要打车的时候,某打车公司利用动态定价系统进行涨价,于是,该企业被消费者指责为无良商家。

第二,消费者产生的不公平感知降低消费者满意度。采用动态定价策略,如果消费者之间比价发现同样的时间在同一电商平台购买同样的商品,而购买价格是不同的,消费者会产生不公平的感知,转而选择其他电商平台或其他商家。因而,保持动态定价透明是比较明智的办法。

第三,数据采集问题。为了实施动态定价,企业要实时跟踪竞争对手的价格,大规模的数据采集,是动态定价的挑战之一。为应对这一挑战,Real-time Crawler 可以解决大规模数据的采集问题。

4. 动态定价策略的法律边界

2005 年 6 月,宾夕法尼亚大学的安娜博格公共政策中心(Annenberg Public Policy Center)发表了一份题为"剥削对象:线上与线下的美国消费者"的研究报告。该报告对 1500 名成年人进行电话调查,其中一项内容是询问受访者对定价策略的了解,结果发现:64%的受访者不知道"在线商店在同一时刻向不同消费者收取不同的价格是合法行为",71%的受访者不知道法律也允许传统商店实行动态定价。

动态定价策略是合法的吗?

答案是肯定的。沃顿商学院营销学教授(Peter Fader)说:"动态定价其实一直存在。

中东集市上很早就有讨价还价的现象,同一匹布的卖价可能千差万别。动态定价的应用比固定价格更广泛。"网络电商的出现使企业有了多种定价和调价方式选择。彼得·法德尔(Peter Fader)认为:如果你是常客,商家的定价或许更高,因为你已经是固定的顾客,商家无须担心会失去你,同时为鼓励你继续消费,他们也可能给予你更低的优惠价格。在平衡好利润、消费者满意度和忠诚度的前提下,商家考虑的因素包括顾客的购物频率、购物时间、购买的商品种类以及交易利润是否丰厚。简单标准的定价规则并不存在,动态定价正是自由市场的魅力所在。

同时,国内部分地区对动态定价设立了法律边界,以防止大数据"杀熟",云计算变成"云算计"。2021年6月,《深圳经济特区数据条例(征求意见稿)》规定"市场主体不得通过数据分析,无正当理由对交易条件相同的交易相对人实施差别待遇,违反规定的给予重罚——违法所得不超过1万元的,5万元起罚;情节严重的,可处5000万元以下或者上一年度营业额5%以下罚款"。同时,基于性别、种族、宗教或国籍的价格歧视是非法的。为了不损害消费者权益,商家在降低消费者不公平感知的前提下,增加定价过程的透明度,公开动态定价策略,不论是传统企业还是网络公司,最终会成为动态定价的最大受益者,达到改善顾客体验和增加企业收入的目的。

结合个性化营销的动态定价是大势所趋。也许有一天,传统商店货架上的商品都会换成电子标签,商家在营业过程中就可以改变价格,甚至当顾客在货架中穿梭选购时,价格就已经发生变化。

【案例5-4】

亚马逊的"动态定价体系"

如果你一直跟踪关注某款产品在电商平台的价格,你会发现,它经常会发生变化,这就是"动态定价体系"。

在亚马逊电商平台,如果你对某款产品的价格不满意,那么不妨等10~30分钟,因为由于亚马逊电商平台卖家之间的激烈竞争以及买家需求和价格弹性的变化,价格每隔几分钟就会变化,而这款产品的价格也很可能发生变化。

2013年价格调研机构Profitero的数据显示,亚马逊每天会对产品价格调整250万次,与此形成鲜明对比的是沃尔玛和百思买(Best Buy),这两家机构在2013年11月份分别只调整了约50000次价格。

对于消费者而言,这种疯狂的价格调整机制是难以让人完全满意的,毕竟自己刚买完某个商品,然后商品就降价了,这种购物体验比较糟糕。同时,由于不知道商品的最低价格何时出现,消费者想要以较低价格购买,需要在线等待调价,增加了消费者的网购时长。不过对亚马逊来说,疯狂的动态定价方法可以提高25%的利润。而这一切,都是基于大数据的动态定价带来的利润。

15亿件商品,加上2亿用户,亚马逊电商平台拥有的数据量就已经达到10亿GB

了,如果你用容量 500 GB 的硬盘将这些数据存下来,再把这些硬盘叠成一摞,其高度大约是 8 个珠穆朗玛峰那么高。

在大数据的加持下,亚马逊可以分析用户的各种购买特征、竞争对手的价格、利润率、库存等,这样就可以做到每 10 分钟就对一些产品进行价格调整,在保证其价格具有竞争力的同时,获得更多利润。

通过大数据分析,亚马逊采用了需求定价策略:在需求量比较大的商品方面降价,做到更便宜,而在需求量较小的商品上提升价格。比如,在降低畅销小说价格的同时,提升那些晦涩难懂的书籍的价格。这样定价的逻辑非常简单,当消费者经常搜索那些比较畅销的商品时,慢慢会得出一个"亚马逊的价格很不错"的结论,而此时,当他们需要购买不常用的商品时,往往懒得比价,直接去亚马逊购买,于是亚马逊获得了不错的利润。

在数据驱动方面,亚马逊比较经典的案例还包括"基于你的搜索进行推荐"和"买了这个的消费者,还买了……"。这时候,亚马逊只要将海量消费者的数据整合到一起,就可以完成推荐了。

甚至,亚马逊还会根据你在 Kindle 电子书中画的重点进行推荐,所以你会发现对亚马逊来说,Kindle 赚的根本不是设备的钱,而是你消费的图书和未来可能给你的各种推荐,进而获利。

接下来,当亚马逊预测可能会购买某种商品后,他们就可能会把该商品配送到距离你最近的仓库,一旦你下单,亚马逊就可以以较低的配送成本给你带来更好的体验。而这一套逻辑已经有了一个专利,叫"预测配送模型(Anticipatory Shipping Model)",事实上也开始被更多零售商(沃尔玛的云仓等)使用。

5.3 大数据时代的渠道创新

美国市场营销学家菲利普·科特勒认为:"营销渠道是指某种货物或劳务从生产者向消费者移动时,取得这种货物或劳务所有权或帮助转移其所有权的所有企业或个人。简单说,营销渠道就是商品和服务从生产者向消费者转移过程的具体通道或路径。"

5.3.1 大数据对营销渠道的影响

大数据背景下,传统营销渠道发生巨大的变化。依托大数据、人工智能等先进技术手段,商品的生产、流通与销售过程升级,产生了线上云平台销售、线下销售门店展销相结合的新零售模式,而在此模式下,基于大数据的营销渠道呈现出虚拟化、网络化、平台化、数字化和流量性等主要特点。大数据对营销渠道的影响主要体现在对营销渠道结构和营销渠道控制两个方面。

1. 大数据对营销渠道结构的影响

大数据时代,企业的营销渠道结构更加扁平化,更多的平台型渠道纷纷涌现。一方面,企业通过用户数据收集,针对企业提供的商品服务的特性、定期销售数量、区域销售情况进行分析,对渠道结构进行优化,实现渠道结构扁平化。另一方面,从消费者角度出发进行渠道设计,扁平化的渠道结构能够让企业更迅速了解消费者以及用户体验情况。扁平化的渠道结构避免因中间商层级过多引发问题,尽量节省中间环节的运营成本。

2. 大数据对营销渠道控制的影响

大数据提升了渠道供应链条的整体控制水平,增强了渠道客户忠诚度的掌握能力。一方面,企业利用大数据分析和共享,渠道链中各个客户的利益期望清晰明了,有利于企业加强对渠道链条核心的整体控制。另一方面,大数据精准营销使得不同层次渠道的客户能够更好地获取产品和服务信息,提升渠道运营效率。渠道收益提升下渠道客户的忠诚度不断提高,渠道控制力也随之增强。

5.3.2 营销渠道建设的大数据创新思维

1. 商品即渠道

传统营销组合中,将产品和渠道作为 2 个重要的 P 策略(Product、Place)进行研究。大数据时代,随着物联网的进一步发展,产品数据的挖掘和产品的进一步利用,改变消费方式的同时也改变传统的营销组合,商品可以成为营销渠道的一部分。

2016 年贵阳中国大数据峰会上,京东 CEO 刘强东提出,京东即将发布新产品——智能冰箱,该冰箱会像机器人一样,对冰箱里的蔬菜、肉、蛋等食品信息进行智能发布。"比如缺牛奶的时候,在你还没有意识到缺少某种产品时,牛奶已经送到你家了"。销售渠道方向的改变是多方面的,顺应社会和科技发展,智能冰箱已然成为一种特殊的商品销售渠道。

2. 智慧物流

随着电商的进一步发展,物流作为渠道的成员,智慧物流作为营销渠道的一部分,重要性日益凸显。大数据背景下的智慧物流是一种立异性的营销渠道。营销渠道本身解决的是如何将产品或服务送达消费者手里的问题,智慧物流作为营销渠道中最快捷、最直接的方式,逐渐被接受并引起重视。

3. 供应链管理协同

大数据时代,单个企业开始思考:如何在激烈的竞争中生存下去。单打独斗的方式已处于劣势地位,随着企业供应链的不断发展、成熟及完善,企业对供应链的依赖越发明显。供应链管理实质上是一种集成化,协调企业内外资源来共同满足消费者需求,让企业以最少的成本,令供应链从采购开始,到满足最终客户的所有过程运作最优化。

【案例 5-5】

怡亚通的酒生意

一家供应链企业如何做起自有品牌的白酒生意?

怡亚通成立于 1997 年 11 月,是中国老牌的供应链公司之一,与这一身份相称的是年入 700 亿的营收规模。怡亚通起家于 IT 行业,经过多年发展,从广度供应链走向深度供应链,再发展出物流平台业务等。供应链管理,实质上就是为企业提供供应链上的采购、库存、生产、流通等服务,让企业得以专注于自己的产品与核心竞争力。

怡亚通 2018—2021 年的营收规模每年均在 680 亿元以上,尴尬的是,其 2018 年到 2020 年净利润之和仅 2.61 亿元。一方面这与其供应链业务盈利模式相关,需要买断货物导致营收成本较高,而盈利主要依靠服务费、利息、运费等,利润空间较窄;另一方面其 2018 年到 2020 年高企的财务费用拉低了利润。在激烈的市场竞争下,企业为了改变营收高利润少的局面,公司进行业务转型,以白酒为第一支撑的品牌运营业务成为怡亚通最新的增长动力和利润点。

在自有酒品牌运营的过程中,怡亚通主要负责的是除酒水生产之外的包装设计、口感调试、分销营销等内容,公司拥有自己的设计团队、营销团队以及外部顾问团队。

以口感调试为例,酒水本身是由酒厂的技术工人和酿酒师去负责开发,怡亚通的团队会在产品打造时不断给他们反馈意见,"专家喜欢喝的酒不代表消费者的口味,专家的评判标准在那里,最终我们会取一个折中的去满足消费者的喜好。最重要的是,我们要保证我们品牌的酒品质能够达到甚至超过行业标准。"怡亚通副总裁、运营总监王辉说。

怡亚通从 2012 年开始介入快消品领域的分销服务,2015 年通过"380 计划"收购形成了食品、母婴、日化、酒饮、家电几大行业。一开始怡亚通确实只做最基础的分销服务,类似于经销商的角色,把货从品牌商分销到各个零售终端,如夫妻店、连锁超市、线上商铺,是纯粹的分销。最初怡亚通的合作对象以名酒为主,包括茅台、五粮液、剑南春、泸州老窖等。2016—2017 年,才从单纯的分销往"分销+营销"走,在建立酒类渠道网络的过程中,和品牌建立关系之后开始去帮它们做一些营销活动。到 2018 年,怡亚通开始大规模去做品牌运营,之前的渠道建设则成为做品牌运营的基础。

此前,怡亚通深度分销的行业至少包括家电、医疗、酒饮、母婴、日化、食品等几大门类。2018 年年报显示,公司在家电行业当年的分销收入达 90.31 亿元,日化和食品行业也均超过 70 亿,在这些行业中为什么会优先选择进入酒行业?

"酱酒有一个特点,也是一个优势,就是不会过期。"王辉直言,尽管从横向来看,公司对多个民生消费行业的分销均有所了解,但直面消费者的品牌运营对怡亚通而言仍然颇具风险。"酒饮、母婴、日化都是利润率比较高的行业,其实都可以做。但如果做最坏的打算,尝试失败,卖得不好,大量的存货过期要怎么办?所以这是第一点。另一方面,怡亚通对市场行情的变化是敏感的。在 2018 年那会儿,茅台远没有现在火,但在做分销的过程中我们感知到酱酒市场往上走的趋势,相对于小家电、食品、日化,综合考虑就选择了这么一个风险比较低、上升趋势又比较好的方向。"

怡亚通公司热卖单品"钓鱼台"是从一个售价 600 元左右的中端白酒做到了 1400 元一瓶的高端白酒,这就是品牌效应。王辉表示,这是多种因素共同造就的,客观因素包括酱酒市场行情的上涨,主观上包括怡亚通为其做的产品定位、形象和营销工作。在营销方面,王辉认为效果最好的是品鉴环节,通过这种方式拉新往往能获得最多流量和客户,而这也基于酒本身的品质。他说:"因为只有你尝过了,才真正知道这个酒的口感和层次是怎么样的,适不适合自己。我们的品鉴会一般会邀请商务宴请比较多的人士,比如企事业单位人士、个体商务业主,包括糖烟酒店的老板、酒类行业协会的专家等,他们都是长期活跃在酒圈子里的人。为什么请他们呢? 因为我们中国酒产品主要还是依靠圈子之间、朋友之间的口口相传。比如去看一个酒水广告不一定会刺激你购买,但是朋友说好喝,或者自己尝过,很可能就会产生购买行为。"

(资料来源:根据"王昕.怡亚通的酒生意.经济观察报,2021-11-22"整理而得。)

5.3.3 平台型渠道建设

目前,平台型渠道是大数据营销渠道创新的主要方向。从类型上看,平台型渠道包括品牌独立开发 App 营销渠道、小程序营销渠道、依托社交媒体平台进行流量直播营销渠道。

1. 品牌独立开发 App 营销渠道

随着互联网渠道的冲击,线上购物已成为大部分消费者尤其是"Z 世代"的消费习惯,基于此,越来越多的品牌积极探索以用户为中心的区域性电商及网络化服务模式,独立开发品牌 App、自建渠道以响应消费者的消费习惯和消费方式。

【案例 5-6】

华住会 App:为华住集团贡献稳定客流

作为国内酒店行业的翘楚,华住集团拥有汉庭、全季、桔子、美居、花间堂等 25 个品牌 6 000 多家酒店,覆盖经济型到奢华型全线酒店,满足从高端到平价、商务、休闲、度假的多元需求。在品牌优势之外,华住旗下的会员 App——华住会,为华住集团贡献了稳定的客流。

消费的升级为酒店、旅游等行业的发展提供了机遇。华住会正是抓住这个消费结构调整时机,以"华住 App,订酒店官方价更低"的核心优势,有效触达酒店的目标用户群体,深化华住会"会员低价、选择多样、服务优质"的实惠形象,为消费群体提供更舒心的消费选择。

华住会 App 在探索住宿场景营销时,还在列车中预埋酒店品牌信息,抢占入住前场景。通过线上线下的双线联动,多角度、多渠道的营销渗透,让消费者从 App 预定、出行途中,到进入门店入住,都能看到听到"很会住的华住会"。华住会 App 让客户实现了"30 秒入住 0 秒退房"的住宿体验:通过个性化搜索、在线选房、自助入住、高速 Wifi、发票预约等全方位的住宿体验闭环,从客人预订开始,就提前给他安排好一切。

华住会目前已为全球超过 1.6 亿会员提供精选的、高品质的住宿服务,其中每 10 个国人中就有一个华住会员。华住会 App 客户端的内容也在逐渐丰富,由一开始的简单订房,到后来订购火车票、机票,再到现在的华住商城。

华住会 App 控制住了客户流量入口,建立了更强黏性的高价值客户流量入口,提升了旗下品牌连锁酒店的运营能力。根据财报显示,2021 年第 3 季度,华住集团酒店营业额同比增长 15.4%,达到 122 亿元。

2. 小程序营销渠道

2018 年微信小程序获选"世界互联网领先科技成果",同年小程序数量超过 100 万,覆盖 200 多个细分行业,日活用户达 2 亿。小程序融入场景五种技术力量——移动设备、社交媒体、大数据、传感器和定位系统等因素,构建基于场景链接的新营销渠道。

在诸多的场景链接中,人与物(服务)场景链接开拓出新的营销渠道,新媒体技术促使用户以电子媒介为信息接触口,阅读产品的电子广告信息。微信小程序使人们以扫一扫形式,接受社群转发的产品二维码,及时了解产品信息,在"社交场景与消费场景重叠与融合"中,实现人与产品(服务)的链接。例如,携程与同程艺龙小程序用户严重重合,二者之间竞争激烈,携程小程序以多个小程序矩阵组成,形成"主场景——特色场景——个性化"场景接触点,为用户提供简洁高效的服务,实现用户与多元服务场景链接的营销生态。小程序营销渠道以"虚实结合""人与万物互动"实现个人化、精准化、移动化的服务,满足大众和消费者个性化需求。

3. 直播营销渠道

国内的直播平台于 2015 年开始问世,在新冠疫情背景下,2020 年直播带货跃上发展新高峰。目前,有代表性的直播带货平台包括淘宝直播、抖音、快手、腾讯看点直播、有播等。直播作为一种新兴的营销渠道,对消费者来说,比其他渠道的即时互动性更强,能进一步提升用户体验;对于企业来说,可以短时间内带来用户流量以及可能的巨额订单,能降低营销成本,难点在于有的直播平台公域流量与私域流量难以打通,公域流量转化率低,留存难;同时直播主播选取不好,有可能成为"直播难民"。因而,直播往往和社群营销、新零售一起综合运用,通过直播引流,借助社群营销实现流量沉淀和裂变,利用新零售实现按需定制,促进成交。

5.4　大数据时代的促销创新

5.4.1　大数据广告

1. 大数据精准广告

大数据时代,信息技术逐渐成熟,大众媒体广告难以对消费者的真正需求"精确制导",很多时候广告变成了"骚扰"。在此背景下,大数据精准广告应运而生。

1）大数据精准广告的含义

依据学者鞠宏磊的界定，大数据精准广告是指依托互联网广告网络及广告交易平台，应用大数据信息检索、受众定向及数据挖掘等技术对目标消费者数据进行实时抓取与分析，针对消费者个性化特征和需求而推送具有高度相关性商业信息的传播与沟通方式。

大数据精准广告实现了媒体价值到消费者价值的彻底转变，其核心逻辑就是"以消费者为中心"。广告主或广告公司都可以直接围绕以数据追踪和标注的"个体消费者"本身展开。利用大数据技术，针对个体消费者进行动态追踪和精准定位，针对其消费情境和消费需求展开分析，进行最有针对性和匹配度的广告推送并精准分配和使用每一笔广告预算，提升广告效果，再根据广告效果的精准评估实时调整广告策略。大数据技术让广告传播形成一个精准、实时、可控、反馈的"闭环"模式。在这个模式中，用户是最重要的资源。

2）大数据精准广告的分类

与传统广告类型的相对固化不同，大数据精准广告的分类更加多样化。一般情况下，主要按照广告的展示方式、交易手段和广告定向设备进行分类。

（1）按照广告的展示方式分，大数据精准广告分为展示广告和搜索广告。

展示广告是一种广告主按每千次展示计费的广告形式，它被认为是一种互联网上的"传统广告"，其运行机理和运作机制与传统广告并无差别。但是，程序化购买（programmatic buying）的出现，将展示广告推进到大数据精准广告阶段。程序化购买广告在对数据进行分析的基础上，依靠机器算法自动进行广告购买并实时优化。

搜索广告是广告主根据自己的产品或服务的内容、特点等，确定相关的关键词，撰写广告内容并自主定价投放的广告形式。当用户搜索到广告主投放的关键词，相应的广告就会展示。当关键词有多个广告主购买时，则根据竞价排名原则展示。在用户点击后，按照广告主对该关键词的出价收费，无点击则不收费。最初的搜索广告并不能承载精准广告的功能，但当数据积累和数据处理能力足够大时，搜索用户在搜索引擎上留下大量关键词信息，而搜索引擎凭借关键词，捕捉并识别用户的商业需求，展示具有相关性和针对性的广告，进行消费引导，创造销售机会，从而实现商业价值。

（2）按照广告定向设备分，大数据精准广告分为PC端广告和手机端广告。

从定向维度来看，PC端广告的定向维度包括需求定向、行为定向、内容定向、关系定向等。其中，需求定向是依据消费者的即时数据发送定向广告；行为定向是依据消费者的行为数据发送定向广告；关系定向是依据消费者的社交数据进行定向。手机端广告的定向维度包括操作系统定向、运营商定向、网络定向、位置定向等。比如，你在机场候机，打开机场免费的WiFi，首页界面弹出一条广告，这就是网络定向广告。

（3）按照交易手段分，大数据精准广告分为实时竞价广告（real time bidding，RTB）和非实时竞价广告。

实时竞价广告是模拟股票交易市场，以巨大的消费者特征数据库为基础，通过"算法"在极短的时间内对目标受众进行竞价，获得该次广告的展示机会。

与实时竞价广告相对的是非实时竞价广告，"优先购买广告""邀请竞价广告"都属于非实时竞价广告。

【案例5-7】

<h2 style="text-align:center">看人下"广告"</h2>

2015年1月21日,微信朋友圈呈现了这样一条微信团队的"大制作":

它是什么?

它无孔不入,你无处可藏;

不是它可恶,

而是它不懂你;

我们试图,做些改变——

广告也可以是生活的一部分。

这份文案,为即将推出的朋友圈广告进行了预热。2015年1月25日,微信朋友圈推出了基于大数据分析精准投放的首款三支广告,包括宝马中国、Vivo智能手机和可口可乐。三支广告一出,朋友圈里有评论:"曾以为,最远的距离是你坐在宝马车里哭,我坐在自行车上笑,后来,我发现自己错了!世界上最遥远的距离是你看到宝马中国,我却只看到可口可乐。""我一直在一遍一遍地刷朋友圈,但一直没有宝马广告,我太郁闷了。"

谁会比大数据更了解你自己及你的朋友圈呢?三款不同定位产品广告的精确投放,无疑是对潜在消费者个人品牌、消费能力和消费品位的综合评价。大数据精准广告已经成为一种圈层划分或社会阶层划分的新工具。而用户从对广告的避之不及到趋之若鹜,正是大数据精准广告所爆发出来的巨大能量。

3)大数据精准广告的特征

(1)精准。精准主要指广告投放目标受众精准以及广告投放时刻精准。大数据时代,互联网信息技术能够利用用户的浏览记录、用户ID、社交网络数据进行用户识别,从而对用户行为习惯、购买与消费习惯进行分析和标签化,精准勾勒用户的性别、兴趣爱好、地理位置、偏好指数、生活习惯、消费行为、社会属性等主要信息数据,实现精准画像,从而能够做到将广告精准投放目标受众。利用大数据对目标受众精准定位、精准画像的同时,能发现消费者所处的消费情境,从而做到在恰当的时间点进行广告投放。

(2)可量化。可量化是指广告传播效果和销售效果可量化。当前,广告业界主要通过"点击率"(CPC)和"转化率"(CPA)两个基本指标来量化广告传播效果和销售效果。点击率聚焦于广告的传播效果,反映广告是否有吸引力和说服力,是广告传播对消费者认知和心理层面产生效果的直接体现;转化率聚焦于广告的销售效果,反映受广告影响而形成的用户购买或注册或信息需求(咨询或搜索)。大数据能够量化从广告展示到用户点击再到下单购买的数据转化,精准核算出广告投入总量的效果转化率,从而帮助广告主降低广告预算的无效损耗,优化广告促销效果。

(3) 效果导向。大数据精准广告通过大数据技术手段精准捕捉和定位个体用户,进行精准化、实时化、个性化的广告投放,向特定的个体用户传播极具针对性的广告,提升广告传播效果,推动了"品牌营销"到"效果营销"的转型。精准广告可以直接促成广告点击和消费购买,形成"广告—用户—销售"的营销闭环。

2. 程序化购买

大数据精准广告日益盛行背景下,广告的购买方式也发生变化。从过去的人力购买逐渐转变为程序化购买。根据艾瑞咨询机构《2017 年中国程序化购买市场趋势展望报告》,中国程序化从 2012 年进入实时竞价(RTB)爆发期,头部媒体广告交易平台 AD Exchange 上线,到 2014 年视频贴片广告日益成熟,品牌广告大面积入场程序化购买,到 2016 年以后,随着数据积累和应用更成熟,人工智能在程序化购买中崭露头角。2016 年国内程序化购买展示广告市场规模达 205.3 亿元,同比增长 78.5%。其中,国内移动程序化购买展示广告市场规模达 103.1 亿元,同比增长 206.2%。相比较于美国 2020 年 85% 的数字广告通过程序化购买的方式进行,我国的程序化购买广告尚处于发展期,未来具备较大的增长空间,预计未来程序化购买市场将保持中高速稳健式增长。

1) 程序化购买的含义

程序化购买是指依赖广告技术平台,自动执行广告资源购买的流程,即广告投放平台数字化、自动化地实现广告采买。

传统广告模式下,广告主需要与各个媒体逐个谈判或通过广告代理购买媒体资源,并以计次成本(CPT)或者千人成本(CPM)方式进行计费。广告主常常抱怨"知道广告费浪费了一半,只是不知道浪费在哪里了"。程序化购买的出现,实现了广告主从买媒介到买人群精准定向的跨越,使得广告主的每一分钱都精准投放到目标受众,提升了传统广告各个环节的效率,提升了广告主的投资回报率。

2) 程序化购买的特点

(1) 购买受众人群精准化。

程序化购买使得广告从购买媒体转向购买受众人群,尤其是程序化购买的实时竞价模式,使得广告精准触达目标受众。广告主依据历史投放效果数据的数据分析,筛选出本次购买广告的受众人群,比如性别、年龄、地域等要求,实现营销的精准触达和持续优化。

(2) 广告素材数据化。

程序化购买通过用户行为特征,为不同的用户或同一用户展示不同的广告内容,提升用户体验。

(3) 服务人性化。

程序化购买做到了广告主、媒体和受众三方互利共赢,服务更加人性化。对于广告主来说,程序化购买能够提供个性化的服务,广告主可以自由选择实时竞价广告和非实时竞价广告两种方式,可以自由选择何时何地对何人投放,得出广告技术平台分析媒体和品牌的契合度,从而对媒体进行筛选的个性化服务。对媒体来说,程序化购买有利于媒体进行同一广告位上的多个广告的管理,设置广告展示的优先级。对于受众来说,程序化购买优化了受众的广告体验,广告里的产品大概率是受众需要的产品,一定程度上减少了广告对受众的干扰,提升了受众的广告体验。

3) 程序化购买的主要模式

当前,程序化购买主要有实时竞价和非实时竞价 2 种模式,如图 5-1 所示。

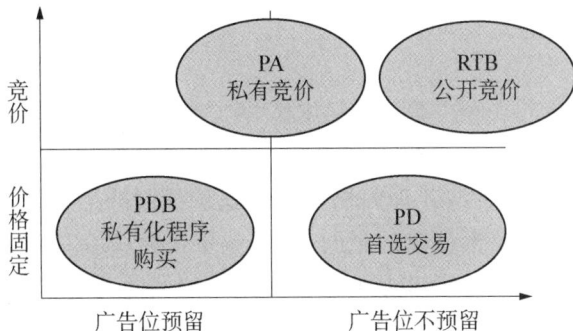

图 5-1　程序化购买交易模式图

(1) 实时竞价(RTB)模式。

实时竞价是程序化购买广告最早的交易模式,是一种结合人群定向算法和市场化竞争机制而产生的广告投放模式。它的竞价原则是"价高者得,次价高者结算",主要的特点是价格低廉,精准投放效果显著,通常受到广告主的青睐。实时竞价初期应用于公开市场,媒体一般是中小媒体,吸引的往往是中小型广告主。随着实时竞价的发展,部分大型媒体为了流量变现将长尾流量放入实时竞价模式中进行交易。

按照媒体是否进入公开交易市场,实时竞价分为公开实时竞价(Open RTB)和私有实时竞价(Private Auction)。

公开实时竞价,是指广告主在公开的剩余流量池中选择广告展示的媒体资源位。剩余流量池是指媒体通过传统售卖或其他非排期售卖、优先售卖后剩余的流量。

私有实时竞价,是指部分优质媒体为了自身媒体环境的安全性和美誉度,选择不进入公开交易市场,邀请部分广告主竞价购买。私有实时竞价往往是市场中头部媒体经常选用的竞价交易方式。私有实时竞价一种典型的模式是 PMP(Private Market Place),它将传统广告的私有交易方式和 RBT 程序化购买有机结合,品牌广告主更倾向于采用 PMP 模式。

(2) 非实时竞价模式。

非实时竞价模式表现为程序化直接交易(Programmatic Direct Buying),"优先购买广告""邀请竞价广告"都属于非实时竞价广告。买卖双方通过线下协商方式确定媒体资源位价格或流量,绕过 RTB 直接进行一对一交易。非实时竞价更受品牌广告主的青睐。

程序化直接交易分为首选交易和程序化保量。

首选交易(Preferred Deals),指买卖双方按线下协商好的固定价格进行交易,保价不保量,价格固定,一般价格高于市场价。流量会优选进入首选交易,其次进入 PMP,最后进入 Open RTB 公开竞价交易。

程序化保量,属于保价保量的交易模式,一般为品牌主的合约广告。

4）程序化购买产业链的主要参与者

自 2012 年起,程序化购买发展到今天,已形成较为完整的产业链。这条产业链上的主要参与者包括广告主、需求方平台(demand side platform,DSP)、数据管理平台(data management platform,DMP)、供应方平台(supply side platform,SSP)、广告交易平台(Ad Exchange)以及其他技术平台。

（1）广告主。

广告主是广告的发布者和广告需求的主体,在广告活动中处于上游位置。

（2）需求方平台。

需求方平台,是为广告主或代理商提供实时竞价投放的平台。广告主或代理商可以根据自己的营销策略设定目标受众的定向条件、竞价价格、动态创意等,DSP 通过技术手段自动完成广告的精准投放。需求方平台拥有强大的实时竞价的基础设施和能力,同时拥有用户定向技术,使程序化购买成为可能。

根据《2020 年度企业服务数字化影响力榜单》显示,腾讯社交广告、百度推广、360 点睛、今日头条、讯飞广告平台、品友互动、易博 DSP、易传媒成为年度较具实力的 DSP 服务商。DSP 服务最早的参与者是广告公司,比如品友互动,专门做 DSP 投放。后来,大型综合媒体在拥有大量流量资源的基础上,开始自建 DSP,比如今日头条等。最后,一些有大量预算的广告主希望通过自建 DSP,在保护数据隐私的基础上,高效利用自由人群数据,提升投放效果,比如百度推广、腾讯社交广告等。

（3）数据管理平台。

数据管理平台,是利用无缝整合跨不同接触点收集消费者数据的技术进行受众分析的平台,以帮助企业做出与用户互动的最佳决策,是实现大数据精准广告的必要条件。当前,DMP 主要通过挖掘用户在网站浏览时的 Cookie 或者 App 端的 IDE、IMEI 设备号来获取数据。

（4）供应方平台。

供应方平台,是服务于媒体端的广告平台,也称媒体资源管理平台,代表媒体进行流量托管及售卖,对接广告交易平台(Ad Exchange),从而与 DSP 相连。SSP 平台满足了媒体在广告定位、投放、分析、反馈等环节中的自动化与定制需求,使得大型媒体进行最优化售卖,中小媒体直接介入广告交易。SSP 平台可以让媒体有效地进行广告位的管理,比如设置类型、有效时间、是否独占等,同时还提供广告位的定价能力以及轮播位次(广告位的展示顺序)等功能。目前,国内主要的 SSP 平台有易传媒、品友互动,百度 SSP 等。

（5）广告交易平台。

广告交易平台是大数据精准广告交易平台,对接 DSP 和 SSP 进行广告交易。在 Ad Exchange 平台,实施 RTB 竞价能够在 100 毫秒内完成整个广告交易。按是否拥有媒体,Ad Exchange 平台分为公共 Ad Exchange 平台和私有 Ad Exchange 平台。公共 Ad Exchange 平台不拥有媒体,主要撮合 SSP 和 DSP 交易,私有 Ad Exchange 平台属于媒体方自建 Ad Exchange 平台,竞价过程中以自有资源优先竞价。

（6）其他技术平台。

此外,还有一些技术平台,协助以上平台更有效地实现程序化购买,包括广告网络平台（Advertising Network）、交易专柜（Trading Desk）、动态创意优化平台（Dynamic Creative Optimization Platform，DCOP）、广告认证平台（Ad Verification Platform）等。

广告网络平台（Advertising Network）是一种介于想出售广告资源的网站与想在网站上投放广告的广告主的中介平台。一般是由广告代理机构或搜索引擎通过广告系统集合网络媒体组成的媒体资源平台。

交易专柜（Trading Desk）是程序化购买的交易桌面，广告代理商通过它进行大数据广告的投放，它可以连接多个DSP优化投放的广告，类似于大数据广告VIP交易室。

动态创意优化平台（DCOP），将原本需要人工设计完成的创意通过计算机设计完成，动态生成展示广告。DCOP根据每条动态创意的点击率、转化率以及用户停留时间，找到最吸引用户的动态创意元素，并将这些元素与广告主的产品信息、推广活动相结合，设计出动态创意。DCOP可以利用算法技术根据用户浏览时间、地点、兴趣偏好的变化，实时改变动态创意。

广告认证平台（Ad Verification Platform），是一个为广告主监测广告投放环境的平台。通过这个平台，广告主可以更好地追踪到每则广告，确保广告安全投放。

【案例5-8】

高露洁广告基于"PDB＋RTB"模式的跨屏投放

高露洁牙膏通过品友DSP开展PDB（程序化直接交易）与RTB（实时竞价）相结合的跨屏视频广告投放，旨在让更多目标人群了解高露洁重点产品360°修护牙釉质牙膏，提高产品的曝光量和覆盖率，促使目标消费者将其作为牙膏产品的购买首选。

高露洁牙膏将目标人群设定为指定城市20～40岁的女性消费者，具体营销推广手段为：以15秒的贴片视频通过"PDB＋RTB"跨屏投放向目标人群进行推广。具体的营销策略为：

第一，通过人群定向技术瞄准目标消费者，确保目标人群高精准覆盖。

在互联网海洋中，想要加深目标城市指定人群对高露洁牙膏产品的认知度，高露洁依托品友互动自主研发的人群分析模型与广告优化算法，通过人群定向、地域定向及算法等技术手段，筛选并构建出符合潜在受众人群属性的人群标签组合，实现目标人群的精准覆盖。

第二，通过PC＋手机端跨屏投放，深度影响目标消费者。

在信息碎片化的今天，消费者每天面对众多屏幕，PC＋手机多屏间的革新帮助高露洁拓宽传播渠道，提供多样化的广告投放选择。高露洁广告采用PC＋Mobile跨屏投放方式，根据不同时段消费者使用设备的习惯，充分利用受众特点、收视重点，以及用户黏性等特征，实现时间、空间互补，提高不同屏幕下的总体消费者到达度，扩大产品人群覆盖量。

第三，加强独立用户的广告曝光频次控制，优化用户体验，节省广告成本。

为了更好地优化用户体验,保证消费者对广告的新鲜感和满意度,品友互动 DSP 对高露洁广告投放进行了严格的频次控制,对独立用户展现次数限定在 6 次以内,为用户提供了一个良好的品牌体验环境,提升其对产品的好感,并有效节省人群覆盖成本。例如,将人群定向标签设定为购买倾向/快消/美妆个护/口腔护理,投放频次设定为 6 次,那么这支广告分别在网站 A、网站 B……网站 F 曝光,6 次广告曝光后,则向媒体退回广告流量。

第四,通过 RTB 和 PDB 智能投放,保质又保量。RTB(实时竞价广告)在公开媒体交易市场里竞价购买流量的效率较高,可以实现覆盖广度,但不能保证品牌投放具有充足的量。PDB(程序化直接购买)则是广告主私有采购媒体后,通过品友 DSP 系统进行优化投放,确保广告位的预算覆盖更有效目标消费者,进而对广告投放加强实时掌控。此次高露洁产品的人群覆盖推广活动采用了 RTB+PDB 的智能投放组合形式,将广告费进行了科学的安排,使精准投放的效果更加均衡,保证了广告投放的质与量。

基于以上营销策略,此次广告投放超额完成客户设置的各项 KPI,相比于以往的投放,在相同预算下,帮助客户将目标人群的独立曝光量提升 23%,成功覆盖更多目标受众。品友采用的跨媒体联合频控技术,确保广告主媒体流量效益最大化。统计结果显示,各媒体曝光量中每位用户看到 1~6 次广告的 UV(独立访客)占比极高,实现了高露洁目标人群大规模、高质量覆盖,有效地促进了产品的推广和转化。

(资料来源:https://www.ipinyou.com.cn,北京品友互动信息技术有限公司)

5) 程序化购买产业链的交易流程

程序化购买产业链主要参与者的交易流程所图 5-2 所示。广告主基于数据管理平台 DMP 对用户数据的分析,确定目标用户,然后通过广告投放平台 DSP 预先设置好广告信息、目标受众、愿意为广告支付的价格等,再经由广告交易平台 AD Exchange 进行交易,通过实时竞价 RTB 或非实时竞价进行竞价。当媒体管理平台 SSP 有符合条件的媒体时,广告主的广告就自动出现在该媒体的某个广告位上。

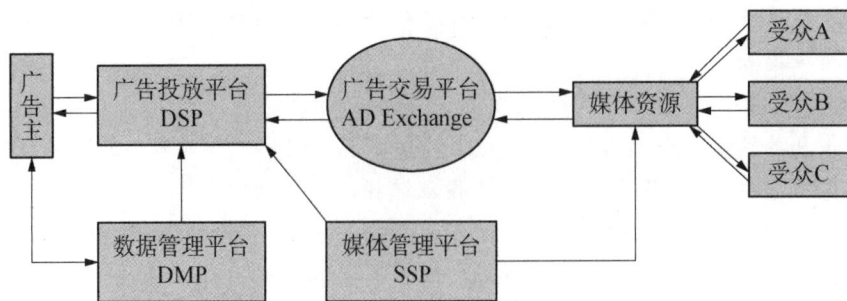

图 5-2 程序化购买产业链的交易流程图

同时,当某个用户在媒体资源上搜索某个关键词,比如"扫地机器人",一般情况下,媒体资源会向广告交易平台 AD Exchange 发起广告请求,广告交易平台 AD Exchange 第一时间向广告投放平台发起用户信息和资源数据,广告投放平台 DSP 根据 AD Exchange 平台传递信息和用户属性,对广告位进行竞价,DSP 将出价信息反馈给 AD Exchange 平台,AD Exchange 平台根据竞价结果决定向用户展示哪一个品牌广告。

5.4.2　大数据营业推广

2021 年,"双 11"购物节如期举办。以天猫"双 11"购物节为例,2011 年天猫"双 11"购物节总交易额达 5403 亿元,较 2020 年增加约 421 亿元。其间,共有 2600 余家品牌仅用 1小时实现超 2020 年全年的交易额,约 698 家品牌交易额由 2020 年的百万级增加至千万级,约 78 家品牌交易额由 2020 年的千万级增加至亿级,约 220 家传统老字号交易额较2020 年实现翻倍增长。根据大数据统计,"00 后"消费者参与人数较 2020 年同期增加约25%;每天约 110 万老年人参与活动;参与品牌多达 29 万家,较 2009 年首次"双 11"购物节(共有 27 家品牌参与)增加万余倍。

大数据背景下,营销推广的工具有很多,比如代金券、优惠券、现金退款、特价包装、奖金奖品、抽奖、优惠预售等。这里主要介绍三种大数据营业推广的工具:优惠券、优惠预售和"锦鲤"抽奖。

1. 优惠券

在电商平台,商家在大型购物节来临前,为了提前获得消费者的情景线索及购物行为意向,会发放一些满减优惠券或者折价券吸引消费者。比如,京东优惠券,在优惠券的发放规模和类别上,京东平台处于领先地位和示范效应,京东设有"领券中心"。手机淘宝的"我的淘宝"界面也设置了"领券中心"。

优惠券作为促销的主要手段之一,既对可使用优惠券的商家或者产品起到了广泛的宣传作用,又令获得优惠券的消费者感到受到专属优待,在刺激消费者购物的同时增强了用户黏性。优惠券的发放方式上包括直接发放和签到发放,促销系统发券包括单品赠券和满减券。

但是,商家对优惠券的使用采取多种复杂的限制性条件,比如,限定某些商品范围的商品才能使用、限定满足一定金额的商品才能使用或者限制使用时间等。例如,原价商品1299 元,预售价 1199 元,跨店优惠券每 300 元减 40 元,店铺优惠券满 200 元减 30 元,预付定金 50 元享两倍优惠,加购指定商品满 200 元减 20 元。

同时,电商优惠券在使用过程中发现一些问题:活动价格比平时贵、低价抢到商品后无法购买、先提价再降价、虚假宣传的限时特价实际无人能抢到等,一定程度影响了消费者购物体验。因而,优惠券是把双刃剑,使用不当反而会影响品牌形象。

2. 优惠预售

优惠预售是以折扣刺激消费者的购物需求,以缴纳定金来驱动商家生产商品。商品在正式销售产品的前一段时间发布商品信息,以优惠折扣刺激消费者需求,短时间内收集消费者的购物订单锁定消费者,然后再给厂商下订单。厂商从供应链的前端、后端进行优化,从而进行精准营销。

　　通过优惠预售,商家降低了需求的不确定性,消费者获得了折扣优惠。同时,优惠预售可以让消费者更多地参与到产品的设计改进中,帮助商家合理地规划资源。商家根据消费者订单数量,精准生产,有效降低生产成本,实现真正的零库存。按优惠方式分,优惠预售分为折价预售和定金膨胀预售。按物流配送方式分,优惠预售分为普通预售和下沉式预售。

　　目前,定金膨胀预售和下沉式预售是当前优惠预售的主要方式。其中,下沉式预售是2019年才出现的新型预售方式,通过配置前置仓很好地解决了普通预售中发货速度慢、商品送达时间长的问题。商家根据消费者订单信息提前将商品送至前置仓,保证以较快的速度让消费者收到所购买的商品。2020年"双11"期间,许多预售订购商品的消费者都惊讶于商品物流速度,甚至有消费者在支付尾款5分钟后就收到了商品快递。

　　3. "锦鲤"抽奖

　　流量时代,能带动流量就意味着站在营销的制高点。2018年,由支付宝推出的"锦鲤"抽奖活动以极高的关注度风靡世界,并且被很多商家效仿,由此带来一波流量经济热。"锦鲤"抽奖以抽奖的方式吸引消费者,利用人们想中奖的心理迅速积累大量用户,搭建与消费者之间的数字通道,达到营销方的预想效果。

【案例5-9】

"中国锦鲤"

　　2018年9月29日,支付宝官方微博平台发布一条"祝你成为中国锦鲤"的消息:"十一出境游的朋友,请留意支付宝付款页面,可能一不小心就会被免单。这是我们感谢大家把支付宝带向全球的一点小心意。没出去浪的朋友更要注意了!转发本条微博,我会在10月7日抽出1位集全球独宠于一身的中国锦鲤。"

　　不到6小时,该微博转发突破100万,周累计转发破300万,支付宝官方微博2018年国庆期间粉丝增长数超过1000万。与此同时,更多的企业如三星、华为在转发支付宝微博时也借势宣传。

　　10月7日,支付宝官方微博转发原微博并公布"中国锦鲤"为微博ID"信小呆"的网友。"信小呆"被誉为"最幸运的人",从三百万人中脱颖而出成为"中国锦鲤",获得"一亿奖金大礼包"。热度一直延续到10月8日,人们关注的热点从原先的转发支付宝微博转到本次抽中的"锦鲤"——"信小呆"身上来,"锦鲤"再一次被顶上高潮。10月9日,"信小呆"号主本人接受了《华尔街见闻》的采访。

　　"锦鲤"抽奖作为支付宝带动的一种全新的营业推广手段,运用自身的大流量和IP地位,让多个商家与自己合作进行联合促销,在出国旅游消费者和海外用户中进行了有效推广。

5.4.3 大数据公关

传统的企业公关正面临数据转型的契机,大数据公关借助大数据工具和应用场景,使得企业制定的公关传播策略更加精准、高效,并能够对公关效果进行科学量化。学者们通过国内外大数据公关事件的分析研究发现,大数据公关有以下4个功能:

1. 精准预测目标公众需求

品牌形象的传播要从用户角度出发,企业需要研究了解目标公众的所思所想,从而在目标公众心目中占据一个有利位置。精准把握目标公众中每一个用户对自身个性与需求的感知,会增加其对品牌个性的认同度,使品牌形象快速到达。

如何了解目标公众的所思所想?互联网和社交媒体开启了一个极度透明的时代,基于交互性的传播平台和智能数据库管理,人们的网络行为都会生成浏览数据。基于对目标公众一段时期的浏览数据分析,可以获取其兴趣、喜好等。根据这些受众偏好数据和舆情监测数据,目标公众需求被标签化,公关团队在恰当的时间,以目标公众习惯的方式向其推送公关传播内容,可以提升品牌形象推广的精准度。

2. 精准定制公关传播策略

公关传播需要媒介,不同媒介组成的传播矩阵决定了信息最终抵达受众的效果。传统的公关活动选择媒体投放时更多依据个人或团队经验,可能花费大量公关预算但成效甚微。通过大数据分析,可以知道哪类媒体适合,何种投放会取得更好的效果,从而制定更精准的公关传播策略。

3. 精准量化公关效果

根据公共关系的四步工作法,分别是公关调研、公关策划、公关传播和公关效果评价。传统的小数据调研在追踪公关效果时有一定的局限性,由于样本量不够大、不够全,导致调研结果非常片面,不能很好地描述公关效果。而大数据是全样本和动态的,可以精准量化企业公关的效果:写了多少篇文章、有什么媒体参与、举行了多少次活动、现场来了多少人、事后有哪些反馈、有多少个网站的首页或头版头条、社交媒体讨论的热度等。一个公关行为中的信息可以从点击数、阅读量、传播量、传播的精准度、购买量和美誉度、媒体及内容的优化等方面被精准量化评估。

4. 大数据有助于企业危机管理

大数据有助于企业的危机管理。在危机出现之前,通过舆情管理,做好危机防范。很多企业都不愿意出现,甚至排斥危机的相关消息,只有具备了危机管理意识,才可以更好地用好大数据这个"哨兵"。在危机发生初期时,公众意见的呈现往往是多元的、弱小的,大数据可以提供大量的客观事实和信息,危机公关要在第一时间迅捷反应,以改变其发酵为主流的舆论风向。在危机进一步发展时,通过大数据有效牵引舆情关注焦点和方向,找到符合公众利益和企业利益最大化、同时能为社会所接受的解释逻辑。

大数据浪潮激发了企业公关的新变革。所有的企业公关活动都应该用到大数据,同时大数据应用贯穿企业公关的全过程。企业公关要想有一个科学的决策,必须有数据支撑,并需要大数据不断反馈公关活动的执行情况,以此修正公关活动;公关后期,更需要大数据做精准的效果评估。

习 题

扫描二维码获取
本章思维导图

1. 大数据如何驱动产品创新?
2. 大数据时代主要的定价策略是什么?
3. 简述营销驱动的大数据创新思维。
4. 平台型渠道有哪些类型?
5. 什么是大数据精准广告?
6. 程序化购买的模式有几种?
7. 简述程序化购买产业链的交易流程。
8. 简述大数据营业推广的主要工具。
9. 简述大数据公关的主要功能。

第6章

大数据营销策略——个性化营销

个性化营销是指企业在营销活动中，针对每个消费者的个性化需求，从产品概念的形成到产品使用终结的期限内，最大程度地满足消费者需要的一种营销模式。通俗地讲，个性化营销就是采取不同的方式对待不同的顾客。在个性化营销模式下，企业的营销手段更加体现了现代市场营销观念"顾客至上""爱护顾客而非爱护产品"的思想。个性化营销强调顾客导向，营销由追求市场占有率变为追求顾客占有率；营销管理由注重满足不同消费者群体的不同需求转变为注重满足单个消费者的需求；个性化营销能够掌握顾客资料，洞察顾客心理需求，因而能尽早获取市场反馈和市场信息，发现市场机会。

6.1 个性化营销概述

6.1.1 个性化营销的概念

个性化营销即企业把对人的关注、人的个性释放及人的个性需求的满足推到空前中心的地位，营销学家说企业与市场逐步建立一种新型互动关系，建立消费者个人数据库和信息档案，与消费者建立更为个人化的联系，及时地了解市场动向和顾客真正需求，向顾客提供一种个人化的销售和服务。顾客根据自己需求提出商品性能要求，企业尽可能按顾客要求进行生产，迎合消费者个别需求和品位，并应用信息，采用灵活战略适时地加以调整，以生产者与消费者之间的协调合作来提高竞争力，以多品种、中小批量混合生产取代过去的大批量生产。这有利于节省中间环节，降低销售成本。不仅如此，由于社会生产计划性增强，资源配置接近最优，商业出现"零库存"管理，企业也可以节约库存成本。

1. 消费者个性化需求的影响因素

1）心理需要层次提高

生活水平的提高，人们心理需要层次也在不断提高，生活越来越复杂化。"从更一般的意义上说，在高级需要层次上，生活变得越来越复杂了。寻求尊重、地位比寻求友爱涉及更多的人，需要有更大的舞台，更长的过程，更多的手段以及更多的从属步骤和预备步骤。在友爱的需要与安全需要相比较时，也同样存在上述差异"。显然，与满足生理、安全等较低层次需要相比，满足尊重或自我实现需要，人们追求的角度、领域会有较大的差别。而对于同一个人，则可能需要在其生活的若干领域，通过更多的手段去满足这些需要。同时，随着需要层次的提高，精神、情感需求的比重也在增加。

2）自我观念与社会意识的变化

自我意识影响行为动机和生活态度与方式。一般生活条件得到满足之后，人们开始更加关注自我存在的价值和意义，关注在社会关系作用下的自我。对于多数的、政治的，甚至是科学的权威不再像以前那样被信奉，倾听内心需求的自我概念的重新定位改变了单一的生活需求模式。人们对生存、安全的追求，更多地转移为对人生意义的追求。自我观念逐步得到强化，其包括：实际的自我（我现在是什么样）、理想的自我（我想成为什么样）、私人的自我（我对自己怎样或我想对自己怎样）和社会的自我（别人怎样看我或我希望别人怎样看）。这种自我观念，特别是"社会的自我"观念的强化，对自我存在的社会价值和意义的追求，人们生活行为中的社会观念和意识也在增强。

3）消费动机的多样化

随着生活需要满足水平的逐步提高和生活态度及方式的改变，直接或间接的生活、消费经验的丰富，消费心理的不断成熟，其生活追求形成了"基本追求"→"求同"→"求异"→"优越性追求"→"自我满足追求"的基本变化过程。在基本生活需要得到满足之后，从追逐潮流、显示个性，到体现品位、追求自我满足。心理追求逐步向高层次发展，生活及消费动机也在不断多样化。

2. 个性化营销的发展历程

长期以来，杰罗姆·麦卡锡(Jerome McCarthy)4Ps营销组合理论主导了营销管理人员的主要决策依据，并用来表述营销管理的主要任务。当营销经理确定了一个目标市场以后，会根据这一理论制定一系列针对目标客户进行销售和建立长期关系的计划。许多营销教科书仍把4Ps作为核心概念沿用至今，以此来组织各个方面的营销实践。

当服务营销作为一个独特的管理理念出现时，给传统的4Ps理论带来了变化。研究服务营销的专家们付出极大的努力才把服务营销从产品营销中分离出来，其工作主要是对营销组合的反思，并指出服务与产品的巨大不同。通过证明服务营销需要与商品营销完全不同的策略，研究者把服务营销看作一种独特的营销。服务营销组合与4Ps的主要不同之处在于它增添了3项新的决策因素，与以前的4Ps相结合，形成紧密结合的有效的营销组合。新的3Ps为人员(Personnel)、物质财富(Physical assets)、计划(Procedures)，与传统的营销组合结合形成7Ps，从而服务营销理论的研究者开辟出了与有形商品营销不同的新的管理理论和实践。这一观念上的更新导致我们对传统营销思想的重新审视，我们必须正视许多产品是同时包括有形商品和无形服务的，因而不应把商品与服务截然分开。

市场细分的概念是美国市场学家温德尔·史密斯(Wendell R. Smith)于 20 世纪 50 年代中期提出来的。所谓市场细分就是指按照消费者欲望与需求把一个总体市场(总体市场通常太大以致企业很难为之服务)划分成若干个具有共同特征的子市场的过程。因此,分属于同一细分市场的消费者,他们的需要和欲望极为相似;分属于不同细分市场的消费者对同一产品的需要和欲望存在着明显的差别。例如,有的消费者喜欢计时基本准确、价格比较便宜的手表,有的消费者需要计时准确、耐用且价格适中的手表,有的消费者要求计时准确、具有象征意义的名贵手表。手表市场据此可细分为三个子市场。细分市场不是根据产品品种、产品系列来进行的,而是从消费者的角度,根据市场细分的理论基础即消费者的需求、动机、购买行为的多元性和差异性来划分的。通过市场细分对企业的生产、营销起着极其重要的作用。

传统的市场营销的前提是人以群分,人们划分为思想不相同、需要不相同的各个群体。要想使这种方法有效,群体必须足够大,才能赢利。然而,注定了不断增强的多样性将使为每一群体提供特制品或特制服务的难度增大。各群体需要的范围将会更广泛,社会的分解将使每一人群中有代表性的人更难找到,差异不断显现,那么确认每一人群的需要的难度将越来越大。这样就使得传统的市场细分难以为继。成功的企业将了解这种新的多样化,并通过更多的相互交流去发现、了解个体的特定需求,而这种特定的需求无疑带有强烈的个人色彩。厂家也许会感觉到这种需求不可理解,但对于某个消费者而言却非常迫切并且也正是这千万种"不可理喻"的不相同的需求才是我们生活的真实世界,也是我们众多厂家在网络时代将直接面对的。在这种情况下,公司与单个消费者的关系显得非常重要,标准化的产品无法满足个性的需求,但个性化的商品除了满足个性化的需求之外,还应与客户建立良好的关系。公司必须从做成每笔交易的指导思想转变为具有树立忠实于客户思想的远见。必须着眼于为客户终身服务。每个客户都关系到你公司的成败,都是你未来赢利的保证。随着公司越来越能满足每个客户的要求,它们就有可能比较长期地留住这些客户。这样,企业的细分市场将越来越小,或者说每个客户都将成为你的细分市场,个性化营销应运而生。个性化营销发展以来,经历了不同时期和不同阶段,代表性企业和内容如表 6-1 所示。

表 6-1 个性化营销的发展历程

时期	代表	内容
1999 年	德国 Dresden 技术大学	Tanja Joerding 实现了个性化电子商务原型系统 TELLIM
2000 年	NEC 研究院	Kurt 等人为搜索引擎 CiteSeer 增加了个性化推荐功能
2001 年	纽约大学	Gediminas Adoavicius 和 Alexander Tuzhilin 实现了个性化电子商务网站的用户建模系统 1:1Pro
2001 年	IBM	在其电子商务平台 Websphere 中增加了个性化功能,以便商家开发个性化电子商务网站
2003 年	Google	开创了 AdWards 盈利模式,通过用户搜索的关键词来提供相关的广告

（续表）

时期	代表	内容
2007 年	雅虎	推出了 SmartAds 广告方案,雅虎掌握了海量的用户信息,如用户的性别、年龄、收入水平、地理位置以及生活方式等,再加上对用户搜索、浏览行为的记录,使得雅虎可以为用户呈现个性化的横幅广告
2009 年	Overstock	开始运用 ChoiceStream 公司制作的个性化横幅广告方案,在一些高流量的网站上投放产品广告。广告的点击率增加了两倍,伴随而来的销售增长也高达 20% 至 30%
2011 年	百度	百度推荐引擎与云计算、搜索引擎并列为未来互联网重要战略规划以及发展方向。百度新首页将逐步实现个性化,智能地推荐出用户喜欢的网站和经常使用的 App,达到精准营销服务
2012 年	凡客诚品、一号店、库巴网、麦包包等	购物网站开始引进百分点个性化推荐系统,每天为数以千万计的消费者提供实时智能的个性化营销推荐服务

（资料来源:网络资料再整理）

6.1.2　个性化营销的内容与条件

1. 个性化营销的运作内容

个性化营销的执行和控制是一个相当复杂的机制,它不仅意味着每个面对顾客的营销人员要时刻保持态度热情、反应灵敏,更主要也是最根本的是,它要求能识别、追踪、记录个体消费者的个性化需求并与其保持长期的互动关系,最终能提供个性化的产品或服务,并运用针对性的营销策略组合去满足其需求。所以,个性化营销的基础和核心是企业与顾客建立起一种新型的学习关系,即通过与顾客的一次次接触而不断增加对顾客的了解。利用学习关系,企业可以根据顾客提出的要求以及对顾客的了解,生产和提供完全符合单个顾客特定需要的顾客化产品或服务。最后,即使竞争者也进行"一对一"的关系营销,你的顾客也不会轻易抛弃你,因为他还要再花很多的时间和精力才能使竞争者对他有同样程度的了解。那么,应该通过哪些步骤来实现个性化营销呢?

1) 企业顾客差别化

"个性化营销"较之传统目标市场营销而言,已由注重产品差别化转向注重顾客差别化。从广义上理解顾客差别化,主要体现在两个方面:一是不同的顾客代表不同的价值水平;二是不同的顾客有不同的需求。因此,"个性化营销"认为,在充分掌握了企业顾客的信息资料并考虑了顾客价值的前提下,合理区分企业顾客之间的差别是重要的工作内容。顾客差别化对开展"个性化营销"的企业来说,一者可以使企业的"个性化"工作能有的放矢,集中有限的企业资源从最有价值的顾客那里获得最大的收益,毕竟企业不可能有同样的能力与不同的顾客建立学习关系,从不同的顾客那里获取相同的利润;二者企业也可以根据现有的顾客信息,重新设计生产行为,从而对顾客的价值需求做出及时的反应;三者企业对现有"顾客数据库"进行一定程度和一定类型的差别化,将有助于企业在特定的经营环境下制定合适的经营战略。

2) 目标顾客沟通

面对"个性化营销",我们熟悉的一些大众媒介已经不再能满足需要,这就要求企业寻找、开发、利用新的沟通手段。计算机产业以及信息技术的高速发展,为企业与顾客提供了越来越多的"一对一"沟通选择。例如现在有些企业通过网络站点向他们的目标客户传输及获取最新最有用的信息,较之利用客户拜访中心大大节约了成本。当然,传统的沟通途径如人员沟通、顾客俱乐部等的沟通功效仍不能忽视。

3)企业行为定制

"个性化营销"建议的最后一步是定制企业行为。分析以后再重构。将生产过程重新解剖,划分出相对独立的子过程,再进行重新组合,设计各种微型组件或微型程序,以较低的成本组装各种各样的产品以满足顾客的需求;采用各种设计工具,根据顾客的具体要求,确定如何利用自己的生产能力,满足顾客的需要,即"个性化营销"最终实现的目标是为单个顾客定制一件实体产品或提供定制服务。

2. 个性化营销的资产前提

1)建立客户数据库

客户动态数据记录客户行为,一般包括客户购买服务或产品的记录、客户的服务或产品的消费记录、客户与企业的联络记录,以及客户的消费行为、客户偏好等相关的信息。客户动态数据主要是帮助企业掌握和理解客户的行为。客户的行为信息反映了客户的消费选择或是决策过程,客户数据的分类与内容如表 6-2 所示。

表 6-2　客户数据分类与内容

分类	内容
客户基础数据	性别、年龄、联系方式、联系地址等
客户行为数据	消费行为、偏好行为、兴趣爱好等
客户交易数据	商品系列、购买频次、交易时间、售后信息等

行为数据一般都来源于企业内部交易系统的交易记录、企业呼叫中心的客户服务和客户接触记录,营销活动中采集到的客户数据,以及与客户接触的其他销售人员与服务人员收集到的数据。有时企业从外部采集或购买的客户数据,也会包括大量的客户行为类数据。客户偏好数据主要是描述客户的兴趣和爱好的信息。比如有些客户喜欢户外运动,有些客户喜欢旅游,有些客户喜欢打网球,有些客户喜欢读书。这些数据有助于帮助企业了解客户的潜在消费需求。

企业往往记录了大量的客户交易数据,如零售企业就记录了客户的购物时间、购物商品类型、购物数量、购物价格等信息。电子商务网站也记录了网上客户购物的交易数据,如客户购买的商品、交易的时间、购物的频率等。对于电子商务网站来说,点击数据流记录了客户在不同页面之间的浏览和点击数据,这些数据能够很好地反映客户的浏览行为。

客户的行为类信息主要是客户在消费和服务过程中的动态交易数据和交易过程中的辅助信息,需要实时地记录和采集。在拥有完备客户信息采集与管理系统的企业里,客户的交易记录和服务记录是非常容易获得的,而且从交易记录的角度来观察往往是比较完备的。

2）建立营销内容库

内容营销是一个总称,包括所有的营销方式,涉及建立或共享的内容,目的是接触影响现有的和潜在的消费者。内容营销是指以改变顾客的购买行为和销售培养为目的,由企业向目标顾客传递相关有价值的信息的营销活动。做好内容营销的关键是做好有价值的信息工作。通过这些信息传达您理解他们的需要并愿意与他们建立某种联系。

基于企业产品各类卖点的营销内容"集市",企业将没有时效性的营销内容标准化,每个内容都标以兴趣图谱代码对接不同客户画像的标签,做到针对不同的客户画像推送不同的兴趣图谱内容。兴趣图谱的建立是根据营销结果,逐步新增、细分的漫长过程。营销内容所依附的载体,可以是企业的 LOGO(VI)、画册、网站、广告,甚至是 T 恤、纸杯、手提袋……根据不同的载体,传递的介质各有不同,但是内容的核心必须是一致的。

例如:近些年来,我们可能会经常看到在电影、电视剧中,那些曾经刻意抹去品牌标识的道具开始披上各种品牌的外衣,从中央电视台春节晚会小品中的一整箱蒙牛牛奶,到《天下无贼》中的诺基亚手机。将品牌以产品实物的形式直接植入到内容载体中是品牌内容营销最常见的方式。

植入产品,第一可以避免消费者对于品牌的排斥,通过内容载体自身的故事情节和情境设置,不经意间将品牌信息传达给受众;第二是可以将电视或者电影故事塑造的人物形象与品牌结合起来,带来一种明星效应。在影片《电子情书》中,女主角每天清晨都会去星巴克,晚上则会打开苹果电脑,进入 AOL. com 收发 E-mail。星巴克、苹果电脑、AOL. com 等品牌都被纳入女主角的生活空间,共同搭建着女主角的生活方式,表达了这些品牌与单身白领的情感依存关系,可以引起渴望拥有与女主角一样的小资生活情趣的受众模仿。

这些品牌植入电视剧、电影内容中,以道具的方式出现在受众眼前。在电视剧或者电影的播出过程中,受众无法逃避品牌的出现。品牌在这里的植入已经更深一步。品牌游离于内容载体之外,内容载体必须出现某些道具,但是这些道具却可以不限定某一个品牌。虽然道具必不可少,但是品牌却可以更换甚至舍去,如果没品牌照样不影响内容的传达,因此这种状态仍然是游离的,效果也是有限的。

在内容植入的考虑时,品牌首先必须植入得自然,不要露出太多的商业痕迹以影响内容的娱乐性,才不会适得其反。另外,植入内容需要充分考虑剧情,《天下无贼》中的宝马汽车,厂家也是付出了广告费的,但是却因为影片中一句台词"开好车的不一定是好人",而对宝马汽车产生了负面作用。

3）建立促销内容库

促销是一种促进商品销售的谋略和方法,促销内容有各种不同形式,如按照顾客在购买活动中心理状态的变化,适时展示商品以刺激顾客的购买欲望,或启迪诱导以激发顾客的购买兴趣,或强化商品的综合印象以促进顾客的购买行为。例如:"满 100 减 25"和"第二件半价"哪种促销方式更优惠、更容易吸引消费者呢? 对企业来说,是要大折扣多销量,还是低折扣维持基本利润率呢? 而促销内容库中就储存了企业当前可用的促销策略和政策,这种促销策略多以代码的形式存在,目的就是为了不同客户间的信息传递,维持不对称的利润率。多种多样的促销内容还有以下几种:

(1) 供其所需,即千方百计地满足消费者的需要,做到"雪中送炭""雨中送伞"。

（2）激其所欲，即激发消费者的潜在需要，以打开商品的销路。

（3）投其所好，即了解并针对消费者的兴趣和爱好组织生产与销售活动。

（4）适其所向，即努力适应消费市场的消费动向。

（5）补其所缺，即瞄准市场商品脱销的"空档"，积极组织销售活动。

（6）解其所难，即大商场采取导购措施以方便顾客。

（7）出其不意，即以出其不意的宣传策略推销商品，以收到惊人的效果。

（8）振其所欲，即利用消费者在生活中不断产生的消费欲望来促进销售。

4）建立营销渠道库

菲利普·科特勒指出，营销渠道是指某种货物或劳务从生产者向消费者移动时，取得这种货物或劳务所有权或帮助转移其所有权的所有企业或个人。简单地说，营销渠道就是商品和服务从生产者向消费者转移过程的具体通道或路径。营销渠道可以分为长度结构，即层级结构，宽度结构以及广度结构三种类型。三种渠道结构构成了渠道设计的三大要素或称为渠道变量。进一步说，渠道结构中的长度变量、宽度变量及广度变量完整地描述了一个三维立体的渠道系统。

长度结构，又称为层级结构，是指按照其包含的渠道中间商（购销环节），即渠道层级数量的多少来定义的一种渠道结构。通常情况下，根据包含渠道层级的多少，可以将一条营销渠道分为零级、一级、二级和三级渠道等。

宽度结构是根据每一层级渠道中间商的数量的多少来定义的一种渠道结构。渠道的宽度结构受产品的性质、市场特征、用户分布以及企业分销战略等因素的影响，又分为：密集型分销渠道（intensive distribution channel）、选择性分销渠道（selective distribution channel）、独家分销渠道（exclusive distribution channel）。

广度结构实际上是渠道的一种多元化选择。即，许多公司实际上使用了多种渠道的组合，即采用了混合渠道模式来进行销售。比如，有的公司针对大的行业客户，公司内部成立大客户部直接销售；针对数量众多的中小企业用户，采用广泛的分销渠道；针对一些偏远地区的消费者，则可能采用邮购等方式来覆盖。

2. 个性化营销的必备技能

1）客户数据管理能力

经验证明，高质量的客户数据管理能力是企业采取差异化营销以区别对待不同客户的基础。著名的研究机构 Gartner Group 也将客户数据管理能力列为影响企业进行个性化营销的最重要的能力之一。很多运营多年的企业往往有着比较完备的销售数据和交易数据，这些企业往往认为对这些数据进行有效的采集和集成即可以有效地帮助企业进行一对一的个性化营销，而实际营销的效果经常不能尽如人意。造成这种现象的原因何在？这些企业虽然有了完整的交易数据，如交易时间、交易次数、交易金额等，但是这些数据全部是基于事务处理过程中产生的交易数据，而从客户知识的角度来看所需的客户信息并不仅仅是交易数据。客户数据是根据客户的需求来设计和采集的，而实际上大多数企业非常缺乏能够洞察客户行为和价值的客户信息，如人口统计数据、行为心理数据等。这些数据并不影响企业与客户的交易行为，但对于分析和识别客户的行为和价值却至关重要。

2）客户多元分析能力

简单来讲,客户分析能力就是将客户信息转化为客户知识,并在企业内部进行知识共享的过程能力。在有些企业中,技术经理谈到客户分析时都认为,客户分析就是数据挖掘和客户细分。这些企业非常热衷于在客户分析方面投资于昂贵的统计分析软件,有些企业甚至在一开始就不惜重金采购 SAS、SPSS 等高级统计分析工具,但在每年支付着高昂的分析软件服务费用的同时,这些分析工具却并没有给企业带来预期的收益和效果。

客户分析首先要基于企业的业务目标,主导客户分析的是企业的业务和客户营销策略,分析软件仅仅是这一过程的支撑工具而不是主导。企业在没有清晰的客户营销策略下,往往听信软件厂商宣称的统计分析工具的强大功能,在没有清晰的客户营销分析策略时,就将大量资金投在了分析软件工具的采购上。这就好比带着高级计算器去参加高考的数学考试一样,计算器也好,统计分析软件也好,仅仅是技术工具,只能帮助你提高计算的效率,而不能告诉你解决问题的思路。

应当由营销部门和服务部门来主导客户分析能力的建设过程,营销和服务部门需要客户分析的结论来支撑营销和服务策略的执行。而在国内企业的现状是,业务部门往往缺乏对分析技术了解的业务人员,而信息技术部门的工程师虽然有着很强的数据库技能,但是往往由于对于业务和客户的理解差异,面对着海量的数据,不知如何为业务部门提供分析。分析客户数据的能力并不仅仅是掌握数据库技术和统计技术就可以,关键的不完全是统计技术,而是客户策略主导的业务应用。客户分析是通过对客户信息的理解,应用适应性建模技术,通过动态的行为和价值分析,识别客户的行为、价值和需求,从而为采取差异化的营销与服务策略,区别对待不同的客户群提供支撑,并帮助企业建立起实时的业务和客户洞察力。

3）营销策略管理能力

基于高质量的客户数据和高水平的客户分析能力,能够有助于企业针对不同的客户群设计营销策略,具体营销活动的管理能力也是个性化营销中重要的环节,企业的营销执行能力和活动管理水平才是确保营销投资回报率能够实现的真正保障。一些客户密集型企业往往一年要进行数十次,甚至数百次的营销活动,面对如此频繁的营销活动,企业进行营销战役管理的能力就显得尤为重要。

营销战役管理是一个在营销实践中动态学习的过程,不仅需要应用行业的最佳营销实践,通过客户分析能力的驱动,设计出客户针对性强、市场竞争力强的营销方案,而且还需要实时收集营销执行的效果,应用实时的营销分析和客户洞察,匹配目标客户以最适合的产品和服务,并且通过完善的营销绩效分析,努力提高营销投资回报率。从这个意义上来讲,营销战役管理是以客户为核心进行完整的营销策划、战役实施、营销绩效分析的全过程。而国内企业经常进行的营销活动管理虽看似也有着策划、实施和总结评估的阶段,但往往缺乏以客户为中心的营销分析驱动,对于营销活动的过程分析也极为匮乏,往往活动从策划到实施的阶段都是分离的,鲜有动态的调整和优化,而基本信息的营销分析能力则更是国内企业的营销软肋。

4）洞察驱动的客户互动能力

客户互动能力即是选择一个对企业和客户都有利的互动方式的能力。高质量的客户互动离不开企业对客户的理解,即客户知识对客户互动能力的驱动能力。客户互动能力往往涉及以下几个关键的核心的营销管理问题:渠道组合管理、客户接触点管理、客户沟通和客户体验管理。传统营销思想影响下,很多国内服务企业在IT技术进步带来的营销通路变革和客户消费偏向与方式变化情况下,并没有在客户渠道偏好上进行相应的分析,在利用多通路进行营销渠道组合的设计和实践中,往往是沿着企业有哪些可利用的渠道来接触客户进行营销通路设计,而没有从客户偏好与通过什么渠道与企业联系来进行考虑。虽然不少企业都寻求在客户接触点上为客户提供最好的服务,在所有客户接触点上建立和执行高效的、高个性化的客户沟通能力,但这对于很多国内服务企业来说仍是个挑战。国内一些航空服务企业早就在提客户接触点管理和服务体验优化,但直至今日,国内航空服务管理水平与国际航空服务相比,仍有着巨大差距!我们的航空企业有着国际最先进的飞机机型,十几年来,国家对机场的巨大投资也使得国内的航空地面设施有着与国际同步甚至领先的硬件水平。相对飞速改进的硬件环境和设施来说,国内航空服务在客户服务体验方面的改进却落后甚多,很多地方机场在这方面甚至十几年如一日,至今仍停留在客户至上的口号上。

6.1.3 个性化营销的发展趋势

随着我国经济逐步进入高质量发展阶段,消费也进入了需求多元发展、规模持续扩大、结构优化升级的发展新阶段。同时,基于互联网的发展,大众营销将被高效率的精准营销所取代,大数据将通过消费者的关注、搜索、购买、反馈等信息搭建顾客行为模型,为顾客进行精准化和个性化服务。

另一方面,市场需求日益多变,产品寿命周期的缩短,技术进步使企业的生产、服务系统经常变化,这种变化已经成为持续不断的事情。因此在大量生产、大量消费的环境下发展起来的企业经营管理模式已无法适应快速变化的市场,用户的消费习惯已经发生变化,个性化需求潜移默化地成为服务业新的服务和表现方式,而需要与动机是影响消费者个性化需求的重要因素。

1. 个性化营销的目标

1) 高效发展新用户

有统计显示,获取一名新用户的成本是保留一名现有客户的七倍。这就需要企业能够精确进行目标客户定位,理解客户的需要和需求,策划和执行高效的营销活动,通过最恰当的营销渠道和沟通策略向客户传递正确的营销意图。

2) 提高客户忠诚

客户服务营销的一个最重要的目的就是要提高客户的满意度,通过营销与服务流程的优化,改善客户体验,从而提高客户满意度,降低客户流失率,这就需要企业能够真正理解客户的需要和需求,对产品和服务的设计和提供过程进行有效的分析,不仅能够识别客户的忠诚度和生命周期价值,还能通过整合的营销沟通策略来优化与客户的关系。

3) 提升客户占有率

在激烈的客户竞争中,仅仅简单将营销目标定位于保留客户是远远不够的,而应当让客户将更多的消费集中于该企业的产品和服务上,让客户享用企业更多的产品与服务组合,或是提高客户在某一产品或服务上的消费水平,即提高忠诚客户的占有率变得越来越重要。通过交叉销售、向上销售来提高客户的购买水平是最直接采用的营销方式。但企业的营销经理仍然面临着几大难题:如何保证销售活动的效果? 向哪些客户进行营销? 向他们推荐什么产品和服务? 什么时间以什么方式进行?

4) 增加投资回报率

很多企业已经认识到,当定位于不同的客户、不同的营销渠道、不同的产品和服务时,营销投资回报率经常会有较大的差异。要保证营销投资回报率,就需要理解客户的生命周期价值,根据不同的客户价值来优化并控制产品与服务的提供成本,加强营销风险管理能力等。企业的营销经理都已经认识到,并非所有的客户都应等同对待。企业应当为那些为企业带来高额利润的客户提供更好的服务,而对于那些带来较低收益的客户提供与其所带来收益相对等的服务,并通过服务营销来提升客户的收益贡献水平和利润贡献率。

2. 个性化营销的局限性

1) 营销资源的缺乏

营销资源是作为组织或个人在市场营销中形成的核心技术、经验积累、产品及个人声誉、客户关系、市场网络等资源。经济学中将营销资源定义为在一定的市场环境中,为发掘和说服消费者,并充分满足其需要,引导物品及劳务从生产者流通至消费者或使用者,并最终实现企业目标的企业活动而投入的资财消耗。

对不同的客户讲述不同的内容需要大量的营销内容,如果客户需求有 1 000 种可能性,就意味着需要 1 000 套推广设计,制作这些内容需要的资源对任何一个企业来说都是不可能承担的。

2) 客户行为的实时性

通过分析客户行为数据可以让企业更加详细、清楚地了解客户的行为习惯,从而找出网站、推广渠道等企业营销环境存在的问题,有助于企业发掘高转化率页面,让企业的营销更加精准、有效,提高业务转化率,从而提升企业的广告收益。

虽然有很多方法和渠道能收集客户的行为数据,但这些数据掌握在不同企业手里,无法实时连通,而且客户的行为往往过于个性化,要实时地对客户需求有精确的判断,在当前的技术条件下是不可能实现的。例如:消费者的很多行为表现出购买汽车的行为倾向,但是当消费者购买完汽车走出 4S 店之后,由于 4S 店不会共享消费者的购车信息,所以消费者在购车后的一段时间里,仍然会收到汽车推广信息。

3) 客户行为的差异化

消费者行为与产品和服务的交换是密切联系在一起的。在现代市场经济条件下,企业研究消费者行为是着眼于与消费者建立和发展长期的交换关系。为此,不仅需要了解消费者是如何获取产品与服务的,而且也需要了解消费者是如何消费产品,以及产品在用完之后是如何被处置的。因为消费者的消费体验,消费者处置旧产品的方式和感受均会影响到消费者的下一轮购买,也就是说,会对企业和消费者之间的长期交换关系产生直接的作用。传统上,对消费者行为的研究,重点一直放在产品、服务的获取上,关于产品的消费与处置方面的研究则相对容易被忽视。随着对消费者行为研究的深化,人们越来越深刻地意识到,消费者行为是一个整体,是一个过程,获取或者购买只是这一过程的一个阶段。因此,研究消费者行为,既应调查、了解消费者在获取产品、服务之前的评价与选择活动,也应重视在产品获取后对产品的使用、处置等活动。只有这样,对消费者行为的理解才会趋于完整。

【案例6-1】

戴尔的个性化服务成长之路

戴尔是全世界个性化营销的一个标签。自1990年以来,戴尔股票增长了870倍!其实,把该公司引向巅峰的理念就是个性化营销。戴尔将个性化营销运用到计算机的生产,按照客户需求多样化生产,并向客户直接发货。如,戴尔公司为福特公司不同部门的员工设计了各种不同需求的配置,当通过福特公司内联网接到订货时,戴尔公司马上就知道订货的是哪个工种的员工,他需要哪种计算机,戴尔公司便组装合适的硬件和软件,很快送到客户手中。

剖析戴尔的个性化营销模式,我们可以简洁地得出这样两个结论:一是直销,为用户提供最廉价的电脑;二是为客户提供"量体裁衣"的服务。表面上看,这种直销方式是传统营销方式的轮回,但深入分析后就会发现,戴尔公司的长处在于面向用户提供优质专业服务的优势,同时它的产品又具有极好的开放性,从根本上避免了原来那些大供应商们的垄断倾向和高额利润。能够得到优质服务又不为供应商左右,这正是现代社会对于供应商的共同诉求。

其次再看"量体裁衣"的服务。在戴尔公司看来,这是一种不需太费思量的服务方式。销售人员持续通过免费电话与顾客交谈,解答顾客的疑问,而后接受订单,这个过程也就发现了顾客的好恶。这些信息将全部纳入公司的顾客资料库。在戴尔公司,这样的资料,总数已超过1000万份。公司凭借这些信息,持续改进产品形态和服务。因此,戴尔公司所提供的个人电脑系统都是迎合顾客需求的。比如,顾客可以选择不同尺寸的显示器、不同品牌的微处理器或者其他的配件设备。顾客所收到的笔记本或台式电脑,都已经装上DOS、视窗等操作系统,以及文字处理、报表处理等套装软件。"量体裁衣"的服务还不仅仅如此,戴尔公司还承诺:保证48小时内到达服务现场;保证48小时内送到并更换机器;保证两个营业日内交出订单等。

戴尔公司允许客户自定义、设计其喜欢的产品。客户可以自由选择和配置计算机的各种功能、需求,公司进行生产,以满足客户的个性化需求。戴尔公司能够根据客户特定的需求为他们量身定制,真正做到了"以客户为中心"。在这个"客户经济"时代,以一种创新的方式接近顾客,然后竭尽全力取悦顾客,这个理念可以成就一个戴尔,当然也可以成就一个又一个其他领域的"戴尔",这也该是戴尔模式给予我们的启迪。

【思考】

（1）戴尔公司的个性化营销为企业带来了什么价值？

（2）个性化营销的优势是什么？

（3）个性化营销的方式有哪些？

（4）个性化营销在其他行业还有什么不同的应用？

6.2　个性化营销策略

6.2.1　千人千面

大数据精准营销可以通过线上线下数据多元融合，建立数据联盟和场景联盟，解决的是何时、何人、何地、买什么、为什么买的问题，从而帮助企业实现客户价值最大化。移动互联网时代，用户从去消费变为在消费，手机端不是新的营销渠道，而是随时做好准备，利用新技术与客户保持链接并随时获得联系。新时代要求营销配合客户，通过客户喜好的渠道提供相应的沟通内容，即"千人千面"的大数据营销时代。

1. 大数据背景下的消费者群体

从企业的角度理解，营销的目的是让产品形成自我销售，从顾客角度来看就是消费。都是围绕着"人、场、钱"这个要素展开的，消费也由"由人到货"的模式，转化为"由货找人"的模式。消费者居于"上帝"的位置，货物服务于人的需要。

从企业的角度分析，首先，"人"被定义为"细分市场的用户"，通过定义细分市场的人群属性，来确定产品和服务；其次，寻找营销的"目标用户"，即圈子，通过大数据的分析来洞察用户，根据商业标签标注圈子，可以很好地帮助企业寻找到他们；最后，把这些"人"转化为付费客户，企业通过客户关系管理（customer relationship management，CRM）系统管理和维护这些用户。

从个人角度分析，作为一名消费者，我们掌握了更多的市场话语权，已经从被动消费变为市场的主导者，甚至参与到企业的生产制作，柔性生产，个性定制已经成为现实。我们主动地关注兴趣与个性，更关注体验。体验，是用户跟企业接触过程中的所有感知，是消费者的观点。

我们只关注信息，不看广告。信息过剩的时代，注意力成为稀缺品，我们不看广告，只关注与我"相关"的信息。通过数据分析，分析目标用户何时在线，在哪里，喜欢哪类信息，准确掌握目标用户的媒体触点，通过信息流无感知的嵌入，做到"润物细无声"，才会更容易被客户所接受。不同的群体，需要不同的信息。如何做好"千人千面"的营销，可以从以下4个方面入手：

（1）用户：从自然属性、消费、社交等角度分析和挖掘各类用户的典型特征，通过深入的机器学习和模型计算进行数据化运营，形成精准的客户画像（男女比例、年龄、爱好、媒体接触点等）。

（2）时间：从行为动作的开始、结束等时间结合其他信息还原上网场景。

（3）位置：从用户上网的位置信息入手，对流量所包含的内容信息可识别出用户关注的内容,寻找用户的浏览热点与适用应用。

(4) 需求:基于用户内容访问、应用使用的行为,深入洞察客户个性化需求。

客户在其决策全程中要经过不同的阶段,在大多数情况下,决策过程大多是需求、认知、研究、比较、决定、购买。大多数客户在研究阶段的后期或决定阶段的早期才会与销售人员接触。在不同的交互点上,客户所交换的信息数量和层次不同,客户需要的信息越具体,则客户愿意交换的信息也越具个性化。作为首次访问的用户,客户更多的浏览信息以对品牌进行研究和比较,看哪个更匹配自己的价值和需求,客户没有产生足够的信任,所有愿意交换的信息也越少。这个阶段企业更适合的是通过饱和度的攻击将差异性打入消费者的心智。无暗示第一提及率,是检验效果的重要指标。当营销信息更具有关联性时,就需要更高的可信度和对企业的信任,要达成信息交换需要沟通、信任、承诺不同的步骤。这也是大数据精准营销"千人千面"的魅力所在。

2. 提升"千人千面"广告效果的转化率

行百里者,半于九十。广告落地页面的优化是最后的一环。以手机媒体为例,手机阅读为浅阅读,3 秒内无法打动用户,就白白损失了一次机会。

一个广告页面,无非由标题、图片、引导页、购买页组成。千人千面,针对特定人群的广告语是标配。静态的智能手机拍的产品图片给人一种亲近感,消费者往往会以为这些图片是一条信息,而不是一则广告。引导页中的"广告语、图片、购买按钮"一个都不能少,少用文字,尽量用图片表达。购买页,要便于购买,完成购买后一定要有"转发"按钮并进行相应的刺激。

3. 阿里妈妈"千人千面"的个性化营销

阿里妈妈(Alimama)隶属于阿里巴巴集团,是国内领先的大数据营销平台,拥有阿里巴巴集团的核心商业数据。阿里妈妈每天有超过 50 亿推广流量完成超过 3 亿件商品推广展现,合作媒体超 4 000 家,与 10 万家 App 达成合作,媒体矩阵日均 PV200 亿,覆盖中国 98% 人群;帮助品牌客户斩获国内外各大营销大奖 70 多个,客户满意度连续 3 年超过 92%。它已经从单一的淘宝内部的电商营销平台全面升级成以阿里大数据为核心,覆盖未来营销核心媒体矩阵,实现"品—传—销"全链路营销诉求的 DT 时代的营销平台。

1) 个性化时代的营销创意

个性化时代,消费者需求千变万化,尤其以 90 后为主的年轻一代,有着更我和挑剔的喜好偏爱。因此,品牌也越来越倾向于通过数据技术创新营销创意。在阿里妈妈盘点的十大案例中,百事可乐便在其中。该品牌一年一度的"把乐带回家"是我们最为熟悉不过的品牌 IP。举例如下:

(1) 在 2019 年初的猪年 CNY,阿里妈妈以数据技术为依托,用黑科技的自定义手法在《摘星者》短片播出刷屏后,为每一个消费者都量身打造了属于自己的独家印记 H5。此外,百事还推出黑科技礼盒,将产品进行了一次精准营销。而该案例也获得了当年的 TopDigital 金奖。

(2) 在兰蔻于 2019 年淘宝造物节的案例中,阿里妈妈联合达摩院打造阿里语音 AI,为兰蔻创造出了周冬雨的神秘电话亭,实时"召唤"周冬雨。线上线下的 AI 助力与互动互相推波助澜,令兰蔻的定制礼盒收获了 200% 的曝光率,新客占比 98%,高效的消费者资产累积,为双十一提前蓄水。

2) 基于洞察的高效拉新

如何精准洞悉消费者,从产品销售转变为消费者运营导向促进长效增长?这是具有百年历史的中国名酒泸州老窖需要面对的首要课题。

- 泸州老窖深入合作阿里妈妈,继续挖掘年轻人用酒的全新消费场景:围绕婚庆筹备到购酒消费全周期,贴合消费者从认知到转化的购买全链路、契合个性化的需求场景,为婚庆用酒消费刷新体验。

对于很多有明星代言人的品牌来说,真正将明星粉丝的商业价值最大化,转化为品牌和店铺的粉丝,是摆在品牌面前的最大难题。例如,淘宝 TOP 主播,其强大的粉丝影响力毋庸置疑,带货能力更是首屈一指,但对于品牌来说,仍然会在意 TOP 主播在直播间私域流量外的新客群如何打通,如何转化。

而在购买频次低、客单价高的家电行业,阿里妈妈携手美的品牌,以算法支撑构筑双11 节点人群矩阵,并带动线下、社交媒体、线上淘外、淘内及互动页面联动,人群从泛众触达到兴趣人群孵化再到转化,沉淀为品牌的消费者资产。明星入淘的全域营销同样能够帮助该行业品牌实现新人群的增长。

此外,联合利华则在 2019 年"双 11"期间,联合阿里妈妈淘宝联盟,通过内容营销和消费者运营,探索了下沉市场的新机会人群。在辛巴的直播间里面,通过"1、2、3 上架",瞬间力士、清扬几款投放的 5 万套商品迅速卖空、下架,将粉丝效应在"双 11"期间时间节点成功引爆。

3) 新品爆发促增长

运动鞋市场"尖货"云集,面对国际及本土潮流市场的夹击,本土品牌匹克需扭转低价认知,重塑品牌。在匹克运动鞋的新品"态极"1.0 Plus 上新时,阿里妈妈依托数据技术找到全网所有对运动鞋有较强功能性需求的人群,包含对热门网红鞋款的关注人群、行业人群、泛运动鞋受众等,并从多个维度对人群进行沟通,针对不同人群的需求点为匹克提供了全域营销产品矩阵的资源优化配比,最后配合小黑盒孵化的态极新品将受众的关注度拉至高潮,最终触达 1000 万+品牌新客,实现旺季前的高效拉新。

在华为手机荣耀 20 上新期间,阿里妈妈不仅洞察到更多品牌实现新机会的新场景、新人群,还帮助荣耀品牌定制了超能旗舰荣耀 20 与超能 IP《X 战警》相结合的互动 H5,以 IP 促进品牌粉丝互动,创造粉丝专属身份感,提高对品牌的好感度,达到 IP 资源共享和整合的目的,从而实现品牌营销效益的最大化。

6.2.2 私人定制

1. 私人定制下的市场需求

1) 市场细分:如何在市场中寻找机会

在大众的理解中,定制往往是高级工匠进行一对一的手工服务和制造,定制的产品一定是高端、昂贵的。实则不然,定制目前已经越来越多地进入寻常百姓家,这是一种市场不断被细分、个人体验得到高度重视的必然发展结果。当某一个领域或行业再也没有盈利点时,我们需要做的不是放弃,另寻其他,而是深入其中,擦亮眼睛,寻找里面暗含的细分市场。目前,几乎每一个行业都处于饱和状态,大大小小的品牌有很多,有的甚至被几个大名牌垄断,小品牌和新生品牌根本无插足的机会。要解决这一问题,关键是要做细分市场,当你把细分市场做好了,一是能最大程度体现自己的特色,二是可以满足少数客户的独特需求,市场细分的步骤如图 6-1 所示。

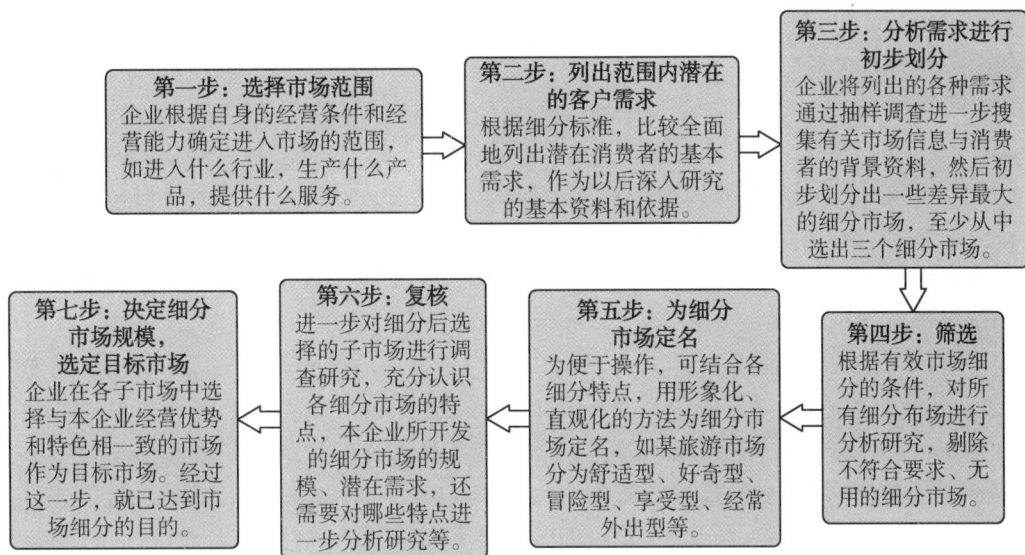

第一步:选择市场范围
企业根据自身的经营条件和经营能力确定进入市场的范围,如进入什么行业,生产什么产品,提供什么服务。

第二步:列出范围内潜在的客户需求
根据细分标准,比较全面地列出潜在消费者的基本需求,作为以后深入研究的基本资料和依据。

第三步:分析需求进行初步划分
企业将列出的各种需求通过抽样调查进一步搜集有关市场信息与消费者的背景资料,然后初步划分出一些差异最大的细分市场,至少从中选出三个细分市场。

第四步:筛选
根据有效市场细分的条件,对所有细分布场进行分析研究,剔除不符合要求、无用的细分市场。

第五步:为细分市场定名
为便于操作,可结合各细分特点,用形象化、直观化的方法为细分市场定名,如某旅游市场分为舒适型、好奇型、冒险型、享受型、经常外出型等。

第六步:复核
进一步对细分后选择的子市场进行调查研究,充分认识各细分市场的特点,本企业所开发的细分市场的规模、潜在需求,还需要对哪些特点进一步分析研究等。

第七步:决定细分市场规模,选定目标市场
企业在各子市场中选择与本企业经营优势和特色相一致的市场作为目标市场。经过这一步,就已达到市场细分的目的。

图 6-1　市场细分的步骤

以互联网、移动互联网催生的新型行业网络教育为例,互联网＋教育目前在国内已经有非常成熟的市场,但总体格局是分化非常严重,整个市场基本上被几大品牌垄断,如腾讯课堂。网络通信的细分市场主要是根据用户需求进行划分的,消费者的不同需求形成了一些集群,有的偏重于沟通需求,有的偏重于获客需求,有的偏重于社交需求等,不同需求各自形成了几个据点,这样就自然而然地形成了若干细分市场。

如果有的消费者对更新自己的知识有强烈的需求,他们的偏好相近属于同质型需求,不存在明显的差异,可以用网络互动教学的方式来满足其需求。而有的消费者的偏好很不集中,呈分散型,也叫分散型需求。此时,有两种方法可供选择:一是向市场提供一种网络教育服务,使市场需求向同质偏好转移;二是向此市场提供网络教育平台,这种教育产品在知识和偏好上的组合各有侧重,使市场需求向群体型偏好过渡。做市场细分是私人定制化市场的发展需求,那么,什么是市场细分?

市场细分是企业根据消费者需求的不同,把整个市场划分成不同的消费者群的过程。其客观基础是消费者需求的异质性。进行市场细分的主要依据是异质市场中需求一致的消费者群,实质就是在异质市场中求同质。市场细分的目标是为了聚合,即在需求不同的市场中把需求相同的消费者聚合到一起。这一概念的提出,对于企业的发展具有重要的促进作用。

市场细分对企业有什么好处呢?

(1)有利于分析、发掘新的市场机会,制定最佳销售战略。

（2）有利于小企业开发市场；有利于企业调整销售策略。

（3）有利于企业根据细分市场的特点，集中使用企业资源，避免分散力量，发挥自己的优势，取得最佳经济效益。

【案例6-3】

钉钉的个性化营销

钉钉（Ding Talk）是阿里巴巴集团专为中国企业打造的免费沟通和协同的多端平台。提供 PC 版，Web 版，Mac 版和手机版，支持手机和电脑间文件互传。钉钉因中国企业而生，帮助中国企业通过系统化的解决方案（微应用），全方位提升中国企业沟通和协同效率，钉钉应用界面如图6-2所示。

钉钉3.0版本新特性具备四大更新点：第一，企业组织专属电话，公务私事分开打，外部来电不漏接，随身携带的办公电话，员工免费拨打，新增拨号盘功能；第二，钉钉将企业通讯录升级为统一通讯录，除了同事，还涵盖企业外部的联系人，如客户，上下游，合作伙伴等，随时随地进行业务往来；第三，企业间的业务往来、同事间的工作往来，现已无缝整合到聊天场景中，开启新一代的高效沟通协同体验；第四，快速的连接与客户之间的业务往来，企业通过服务窗向自己的客户提供业务服务，客户通过服务窗快速建立与企业间的联系，下单、订货更简单。

在功能方面钉钉做了全面优化：第一，发送的 DING 可再次添加接收者，悄悄话回复仅发送者可见，重要的消息钉住置顶，实现任务管理；第二，管理日历升级为智能报表，可查看日志，审批中的各项数字统计，随时随地掌握团队状态；第三，在客户拜访中，日志和签到已经支持拜访客户的添加；第四，考勤班次升级，新员工自动加入考勤组，更多弹性时间设置，每日考勤报表统计更清晰，软硬件结合实现智能云考勤；第五，支持163、QQ 等个人及企业常用邮箱登录。

钉钉所承载的服务本身就是数字化新基建的重要部分。专属钉钉的推出标志着钉钉把数字新基建赋予个性化和定制化，让数字化新基建更加适配企业的需求，更加节省时间和成本，更高效地提升企业组织的效率。数字化让生活越来越走向定制化和个性化，但在工作方式上，人们所面对的系统、软件、工具长得都是一个模样。专属钉钉致力于为企业提供个性化服务，"钉钉作为数字新基建的特质，个性化势不可挡"。

（资料来源：专属钉钉：钉钉的"海量个性化"裂变（baidu.com)）

2）小众需求：高端未必奢侈，需求才是王道

小众需求要求产品、服务走高端化路线，并不意味着就是奢侈。如顶级奢侈品、艺术品，马术俱乐部、高尔夫俱乐部等都是一种小众需求，但同时也对所有人开放。一位月收入5000元的男子，为了表达对妻子的爱，宁愿拿出两个月的薪水买一款钻戒，尽管这已经

超出自己的消费能力;一位普通的家庭,为了让孩子体验生活,也会偶尔带孩子参加昂贵的马术比赛,尽管他们从来没想过夺得好的名次,也不为得什么奖。很多事情说明,小众需求正是需求多样化、个性化的表现。

图 6-2 钉钉应用界面

我们不能把高端产品理解为奢侈品,最多它具有类奢侈品的属性,那就是较高的价格。而这种价格是建立在基本价值基础上的,其价值和价格皆高于一般同类产品。这种价值在某种程度上就是针对个性化或者小众的需求在产品设计上的体现,这种价格也是在该类产品的价值范畴之内的。例如,在过去,家庭必备品酱油的价格在全国相差并不大,目前该产品线已经不止一条,从制作工艺上有细分,从酿造原料上有细分,从添加辅料上有细分,从用途上有细分,从适用人群上有细分,其价格也从几元到几十元不等,各种需求者都能得到满足。而且,酱油的价格区间符合人们对于酱油这一品类的基本价格认定。再如,某榨菜厂商曾经推出一款两千余元的榨菜,已经远远超出了人们对于榨菜这一商品品类的价格认定,人们也不认为几毛钱的榨菜和两千多元的榨菜会有多大的品质差别。所以,该产品一出,既不叫好,也不叫座,而两千多元的价格更多靠的是其中附带的贵金属餐具的拉高。这种不从产品品类的基本出发,不从消费者的正常需求出发,而去迎合某些不正常、不健康甚至不合法的消费去做的产品设计,可能会见一时的浮华,但一定不会长久。

人们对于高端产品的需求,即高端产品市场的出现,基本可以归结为以下几个原因:一是社会经济发展达到一定程度。具体到我国来说,就是形成了巨大的中产阶级,消费者具备一定的对高端产品的购买能力。二是物质的极大丰富。对于生产企业而言,单独依靠压缩成本、降低价格的竞争空间越来越小,压力越来越大,所以,势必在同质化的竞争之外寻求新的发展出口。

经过上述一番论述,我们不难给私人定制营销下定义:即在营销过程中,把目标客户当作一个圈层,并针对该圈层实施的一系列信息传递、体验互动活动。当然,这种传递和体验与传统营销是存在很大区别的。圈层,既可以指具有相同社会属性的某个阶层,也可以指某区域内本身具备很强的社会联系、社会属性相近的群体。我们所说的圈层,大体有三个显著特征:高端化、小众化和私密性。

(1)高端化:圈层营销推销的是顶级产品,如艺术品、豪宅、贵族服务等。这类产品的推广从一开始就会走高端路线,比如,推介会一般会先通过知名度高的大众媒体造势。其次,在渠道上也很高端,如通过邀请目标客户参加车友会、品质鉴赏酒会、高尔夫球比赛、网球比赛等活动。同时,高端性还体现在服务上,要满足客户的多种需求。

在现代社会,行业市场化程度高,竞争激烈,而行业利润趋向微利化。我们可以发现很多日常消费品都在向高端产品升级转化,低价值产品的消费也在升级,需求催生出新市场,比如服饰、鞋包、精细化工、钟表等。其实,这是消费者给自己下的消费定义,更加注重价格和价值的双重性。从这个角度看,小众需求将成为未来的主流,一个产品、一类产品只要做好自己的细分市场即可。例如,消费者为了食品的安全,愿意多支付价格的行为催生了绿色食品、有机农业的欣欣向荣;消费者考虑到出行的便利性和舒适性,在公共交通和出租车、自驾方面多支付的成本也在数倍甚至数十倍地增长。而衣食住行领域的高端需求和高端产品日益增多,将产生巨大的推动力,支持整个市场向高端化发展,向精细分类化发展,向满足更多的个性化需求上发展。

(2)小众化:圈层营销的第二个特征就是小众化,为保证客户群的完美体验,一般会对参加人数做严格限制,人数限制一般在 10～20 人,经费则高达几十万元。高端客户群是小众,一般销售服务都是一对一的。在与客户的交流中要逐渐摸透其诉求,积极帮助其解决一些困难。

(3)私密性:无论是企业还是销售商、零售商,为客户保密是基本要求。正如一位顶级豪宅销售负责人介绍:从开发商这边是不能查到客户的任何资料的,销售方也会尽最大努力做到对客户资料的保密,但有些数据公司会通过其他渠道购买资料。

3)圈层营销:定制式的产品就要卖给少数人

在房地产行业,曾兴起了一个词——圈层营销。这是高端产品的主要营销手段,主要是通过点对点的营销方式,以较为私密、有效的方式将信息传达给目标客户。对于圈层营销的概念,熟悉的人并不多,作为一个营销方式,其在营销界的运用也非常有限。这一模式最先在地产行业被运用,是一个专门针对高端人群消费的模式,仅适合于有购买高端地产能力的人群。在房地产业内有这样一句话:圈层对了,房子就卖了。换句话说,就是利用人际关系,去寻找精准客户,实现高转化率。圈层营销做得最具代表性的仍是碧桂园。之前,我们提到碧桂园的全民营销,其实,它的圈层营销做得也非常不错。碧桂园实行的是两条腿走路:一方面走大众路线,全民参与;一方面走高端、小众路线,集中在高端人群中。

圈层营销模式的兴起与当前客户需求两极化、个性化紧密相连。我们常说,"物以类聚,人以群分",人在社会中因志向、兴趣、地位、收入等会分为很多不同的层次,每个层次的人都有自己的社交圈。而那些收入高、社会地位高的人,其社交范围也必定很广,社交需求也必定很高。传统产品已经无法满足他们更高层次的消费需求,更无法满足这一人群个性化的社交需求。在地产项目上,他们往往需要一些更高端、更私密的场所,来开公司会议、朋友聚会,或进行其他社交活动等,而风景优美、安静的郊区别墅、豪宅自然成为首选。很多地产企业就是抓住了这一人群的需求,开始开发起高档项目。顶级豪宅是根据消费层次来确定目标客户群的,通过满足这一人群的多样化、个性化需求来达到推销的目的。可见,圈层营销的核心在于"圈层"二字,目的就是让不同层次的消费者通过购买不同层次的商品,来获取满足自身的物质和精神需求。圈层可分为内在圈层和外在圈层,处于不同圈层的消费者需求也不同,如图6-3所示。

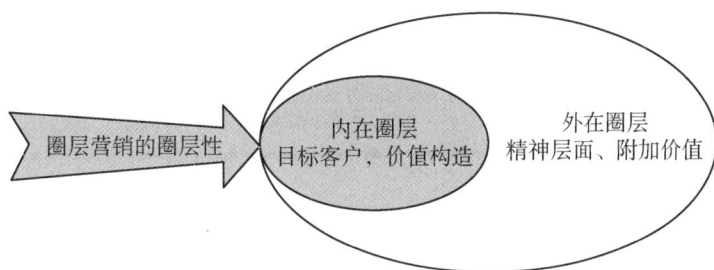

图6-3 不同圈层消费者需求划分

2. 私人定制下的营销模式

1) 定制模式:先有需求再生产

私人定制下的市场最突出的一个特点是定制,这也是企业拓展私人定制市场、销售私人定制商品必须坚持做到的。所谓的定制模式,就是先有需求,再按照需求去生产,以做到供需的高度一致。

在市场经济大潮下,裁缝店一度变得难以生存,但也有一些店利用"互联网+"开始寻求转型,玩起了私人定制,走上了高端消费路线。

【案例6-4】

服装中的私人定制

五十多岁的杨俊经营着一家裁缝店,由于其精湛的手艺深受消费者欢迎,三十多年来,小店的生意一直十分红火。近几年,随着消费市场的变化,裁缝店这个靠手艺吃饭的老行业逐渐衰落,以前是量尺寸、裁布料,搞好往后面一甩,就开始踩缝纫机缝制。现在不同了,由于人们再也不想穿千篇一律的服饰,来做衣服的人越来越少,很多同行或关门,或转行。

杨俊则开始思考如何转型,他将目光锁定在了专门定制礼服上。除了定做新郎、新娘的结婚礼服外,还有爸爸装、妈妈装。毕竟现在生活水平提高了,儿女结婚,做父母的也要穿得体面。女性礼服以旗袍为主,男性礼服以西装为主,爸爸装和妈妈装则根据个人喜好定制,一人一版、一衣一款。

除了定做礼服外,杨俊还瞄准了一部分特定消费人群,比如高端商务人士,他们对衣服的要求很高;又如一些特殊人群,如过高、过胖的人等,他们很难买到合体的衣服,针对这类人群只有定制才能满足其要求。

杨俊在制作衣服时,面料、做工都是完全按照客户要求来的,如需要进口的面料,杨俊也会不惜代价去购买。同时,在做工上他力求精细,服饰上的图案、装饰都是纯手工打造,如果是有手工钉珠的丝绒旗袍,上面的珠子全是手工做的,一个人要花几天的时间才能钉好。

杨俊的这一转型为他的店铺带来了转机,例如,一款普通绸缎的旗袍价格约千元,最贵的男士西装,一套要几千元,甚至几万元。

由上面的案例可见,私人定制式可以最大限度地汇集大量的人力、财力、实物和知识资产,满足特定的需求。但是,作为特殊需求的提供者、生产者,所能应用的资源往往也是非常有限的。比如,一款高档衣服所需的面料在国内是没有的,需要到意大利进口。假如没有这种面料,或者无法及时地获得这种面料,产品就很难生产出来,更别说更好地去满足客户的需求了。所以,进行私人定制生产、制作、营销必须满足几个条件才有可能实施,具体有以下三点。

(1) 拥有核心资源:核心资源是进行私人定制商业模式的一个主要条件,包括两方面:一是"我是谁",二是"我拥有什么"。具体来说,包括生产者、经营者的兴趣、技能和个性、知识、经验、人际关系,以及其他有形和无形的资源或资产。

① 兴趣是指那些能让你感到兴奋的事物,这一点或许是你最宝贵的资源。你可以列出自己最感兴趣的方面。

② 技能是第二大资源,它也包括两方面:能力与技术。能力是指你与生俱来的天赋,即做起来比别人感到轻松的事情,如空间感知能力、人际沟通能力和机械应用能力;与此相反,技术是指后天习得的能力,通过大量实践和学习熟能生巧的方面,如护理、财务分析、建筑施工、计算机编程等方面的能力。

③ 个性是体现你内在个人特征的因素,也是属于你的一项资源。你可以试着描述一下自己是什么样的人,例如情商高、勤奋刻苦、性格开朗、遇事冷静、镇定自若、深思熟虑、精力充沛、关注细节等。

(2) 定位关键业务:关键业务,即我要做什么,取决于你的核心资源。也就是说,"我是谁"必然影响着"我要做什么"。在描述关键业务这个模块时,你可以想想自己在日常工作中经常做的事情。需要注意的是,关键业务是指为客户实施的基本的体力或脑力活动,不是实施这些活动所创造的更重要的价值服务。

(3) 明确客户群体:做好了上述两个步骤之后,接下来,要定位客户群体,即要明白"我能帮助谁"这个问题。私人定制领域内的客户群体比较特殊,一般指的是那些付费享受某种利益的群体(也包括那些免费享受利益但必须通过其他人付费补贴的群体)。尚没有购买意向,或者有购买意向但迟迟不采取购买行动的客户,不能称之为客户。只特指有特定意向的人,包括你的老板、上司以及其他向你支付报酬的人都在此列。

尽管如此,在描绘个人商业模式时列举特定的工作任务仍然是一种非常直接的方式,它能帮助你更深刻地思考价值服务这一重要概念。列出你待完成的工作任务,它可能只包括两三项关键业务,也可能涉及更多的内容。记住,在你的计划上要列出真正重要的活动,即足以说明你的工作特点的活动,而不是罗列冗长的细节。

如果你是某计算机技术支持团队的一员,那肯定非常清楚内部客户是什么概念。同样,在你所在的企业或组织机构内,有没有个人或群体是你的客户?有没有重要的项目领导或团队成员?如果有,把他们的名字写下来。接下来,要考虑的是和你的企业打交道的人。例如,购买或使用你们的产品或服务的顾客或公司,你是否需要直接和他们打交道?即使没有直接联系,他们也是你的客户。你是否要和公司的重要合作伙伴打交道?他们也是你的客户。最后,想想你的工作会给哪些更大的群体带来好处。这些群体可能是几个社区或几座城市,也可能是通过共同的商业、职业或社会纽带联系在一起的人群。

2)预售模式:供需信息更加对称

预售模式就是以消费者的需求来驱动商家生产,即利用网络平台,提前一段时间发布产品信息,并在短时间内快速聚集单个分散的消费者需求订单,然后再给厂商下一个集采大订单。厂商可从供应链的前段、后端进行优化,从而更加精确地锁定消费者,进行提前备货,消除库存,进而大大降低产品成本。简单来说,预售模式就是先收集消费者需求订单,然后再进行生产、流通和销售。预售与传统销售的差别如图6-4所示。

【案例6-5】

双十一购物狂欢节,是指每年11月11日的网络促销日,源于淘宝商城(天猫)2009年11月11日举办的网络促销活动,当时参与的商家数量和促销力度有限,但营业额远超预想的效果,于是11月11日成为天猫举办大规模促销活动的固定日期。2020年天猫双11开启预售模式,预售商品在定金支付完成后,可加入购物车。对已支付定金的预售商品,加入购物车后,即视为普通商品,尾款支持与其他活动商品(含预售)一起合并支付结算。且支持使用店铺满减满折、优惠券、跨店满减、品类购物券等优惠工具;优惠工具计算时,预售商品的销售价格为"预售商品总价-立减金额"(优惠工具使用优先级:店铺满减满折、优惠券、跨店满减、品类购物券)等。除此之外,消费者拍下2020年天猫双十一预售商品后,必须在30分钟内完成预售定金支付,否则系统将自动关闭该订单,交易取消。消费者支付定金后应自觉遵守担保法的相关规定;支付定金后,因消费者自身原因导致未如期支付尾款,或消费者申请退款且根据《天猫规则》《淘宝平台争议处理规则》等相关规则判定为非卖家责任的,定金均不退还;如双方协商一致退还定金,消费者可联系商家操作定金退还,详见《天猫预售业务管理规范》《天猫国际预售业务管理规范》等官方文件。

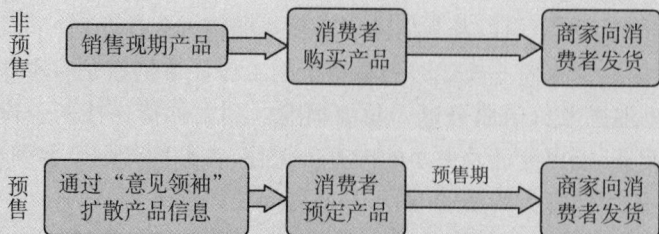

图 6-4 预售与传统销售的差别

任何一种商业模式的成功,最根本的原因是能够给企业、消费者带来感知价值。预售模式自然也是这样,它的存在给企业、消费者带来了实际好处,但很多企业做预售并不成功,因为他们只看到了表面,而没有学到其精髓。

预售为企业带来的好处:

第一,可以提前获得资金,提升流动资金效率,资金的周转天数也将大大缩短。资金是有时间价值的,可以将这笔资金用于短期投资。

第二,根据预售数量则可让需求信息实时更新,从而获得精确的市场需求,降低市场风险。尤其对于生产周期较长且时效性相对较短的产品而言,这种风险限制作用更明显。

第三,先有订单,再有生产,最后才是销售,这使得供应链得到优化,使生产成本和流通成本大大降低。一方面提供优质低价的产品,另一方面也能最大限度地保障自身的利润,这就有助于传统产业将原有的优势在电子商务大潮中再次释放出来。

第四,预售是根据订单组织生产,还可获得消费者的反馈。通过预售事先掌握消费者的喜好,加入个性化元素,增加用户黏性,提高用户满意度。

预售给消费者带来的好处:

第一,可以使大量消费者深度地参与到产品的设计过程中,而不是企业仅仅提供几个样品让消费者去选择。从体验经济的角度来说,消费者更愿意参与这样的体验,同时,也能指导实体企业生产适销对路的产品。

第二,可以购买到高配低价的产品。预售一般会伴随一定的促销活动,如价格折扣、运费减免、提供赠品等,消费者可以通过预订获得较高的优惠。

那么,如何来进行有效预售呢?我们可从小米的成果中略知一二。接下来,我们就对小米的预售进行简要分析。

先支付,后购买:小米的预售要求用户先支付货款,产品将在支付成功后一定期限内发放。这一切都是通过在线平台完成,不允许用户自提。同时,为打击黄牛,还规定了订单地址不可更改,确保每个人只能购买一台产品。其具体预售的产品是依据产品的热销程度和产量来决定的。小米产品的预定和支付都是基于在线平台的,而且预售产品在收货方面并不能自提。显然,这已经不是普通的预售,而是加入了小米特色。这套被称之为"小米模式"的方案刚开始十分具有争议性,很多人担心它无法成功。但最后小米就是用这样的方式实现了营业收入的惊人纪录。

调动用户积极参与,让信息主动扩散:预售模式与传统营销模式的不同之处在于扩散方式。预售要求在预售之前、之中、之后的各个环节,进行全方位传播,与消费者充分互动,调动消费者参与的积极性。

小米有用户参与度很高的论坛,论坛上的发烧友不断对小米的产品提出各种意见甚至批评。这些发烧友就是小米的义务检测员、义务建议员、义务宣传员。此外,小米还发起了一些参与度高的活动,例如开展"10 万元悬赏小米手机默认壁纸"的活动,用户上传的图片有可能成为小米手机的默认壁纸,此类活动有效提升了用户的参与度和品牌认知度。

充分利用社交平台。从传播的角度来看,预售最主要的途径是对网络平台的充分运用。在互联网、移动互联网时代,网络社交平台成了品牌、产品扩散的重要途径。这就使得预售对网络平台的依赖性越来越大。例如,微博是小米产品营销的重要渠道,新浪微博上雷军与小米手机的粉丝数分别达到了 843 万和 867 万。小米的几大创始人也都很注重和用户之间的互动。小米的高层直接面对用户,了解用户需求,会增加用户对小米的亲近感。

3) 免费模式:先体验,后购买

如何做才能避免"免费模式"沦为赔钱赚吆喝呢?这就需要企业的相关人员懂得免费的本质。免费,从根本上看并不要求完全倒贴,而是交叉补贴,即 A 实行免费,失去的可由 B 补过来。这种交叉补贴听起来简单,但真正实施起来却没那么容易。在企业不同的发展阶段,针对不同的产品,或者说市场需求不同,具体的表现也有差异性。看看谷歌、百度,它们对大众免费,却依靠广告联盟收取广告费;吉列为用户提供各种免费试用、赠送,却通过价格不菲的刀片弥补;淘宝对买家免费提供服务,却向高级客户收取企业费用。为此,我们总结出了 4 种免费模式,如图 6-5 所示。

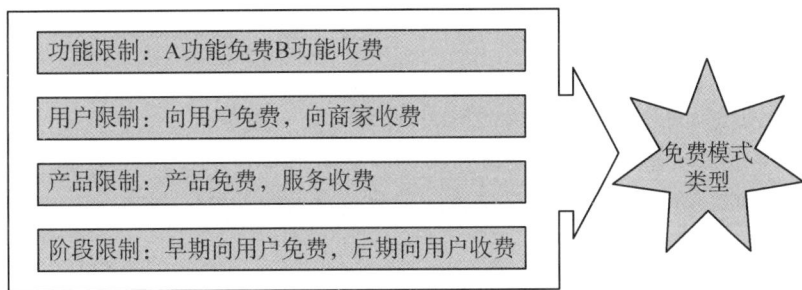

图 6-5 免费模式类型

功能限制:功能限制,顾名思义,就是限制某种功能。指的是在同一产品或者同一体系的产品中,免费开放某一个或几个功能,以此来带动所有功能或整个产品的收费使用。这一模式在网游、手游、软件等方面使用居多。

由免费带动收费,完全符合大众的消费心理和认知,以及了解一个新事物的逻辑。根据调查数据显示,游戏产业中会有 0.5%～6% 的用户会在免费的带动下进行增值消费。因此,对于游戏应用开发商而言,他们更愿意采用免费增值模式。

用户限制:用户限制即对一部分用户或者特定的用户收费,而对另一部分或大众用户免费,即用付费用户的收入弥补免费用户的试用成本。这类模式常用于门户网站、视频网站、App,免费的对象一般为普通用户,收费的对象一般为入驻网站、平台的企业、商家。

产品限制:产品限制这种模式常见于手机、电视网络、游戏平台等。

阶段限制:阶段限制这种模式常见于新产品进入市场。如淘宝试用平台中的产品。为了保持客户黏性,很多企业推出产品前期实行免费,后期收费,甚至逐步提高费用。在这种模式中,企业希望通过阶段性收费来实现盈利,先通过短期、少量的免费,吸引用户,先把量做起来。然后,依靠优质的产品或服务,实现由"量"向"质"的突破。

4) 高价模式:价格再高也有人买

私人定制的产品价格往往很高,对此,很多人质疑这种策略的可行性,价格如此之高,能吸引消费者吗? 更有人甚至怀疑价格、价值严重不符,虚高的价格为什么会有市场? 在常规营销中,当客户认为价格较高并提出时,唯一的做法就是降价,但在私人定制领域往往是不能这么做的。否则,不但削弱了利润,更重要的是降低了产品在客户心目中的价值。

私人定制产品的价格不是问题,关键就在于"价值定位"。定位清楚,销路自然会打开。就像人们选购香水、名表、名车、名牌服装时,他们首先想到的不是价格,而是价值,包括内容价值、品牌价值、个人魅力。因此,这种高价的模式核心是价值营销。在少数人需求的推波助澜下,更多的人跃跃欲试,从而会产生第二消费群体、第三消费群体。

很多产品,甚至是价值、名气都很小的产品,其价格明显处于一个比较高的水平,为什么还有很多人购买? 这充分说明,人为地提高价格是一种营销策略,尤其是在陷入没有销路的窘境中,不如抬高价格,反而会有大市场。与价格营销相对应的是价值营销,这是两种截然不同的销售理念,前者是将价格特意放大;后者是忽略价格,突出价值。

习 题

扫描二维码获取
本章思维导图

1. 阐述个性化营销的概念、起源与发展趋势。
2. 大数据预测消费者需求的方法有哪些?
3. 举例说明个性化营销的具体应用有哪些?

第7章

大数据营销策略——精准营销

📖 **本章知识点**

(1) 了解精准营销的概念与过程。

(2) 掌握大数据精准定位的方法与手段。

(3) 掌握精准营销的数据获取与数据分析。

(4) 了解个性化营销的具体应用。

随着网络技术的发展,人们的生活逐渐全面向互联网和移动互联网转移,然而我们在享受网络带来的便利的同时,极速发展的互联网也给我们带来了信息爆炸的问题。在互联网里,我们面对的、可获取的信息(如商品、资讯等)成指数式增长,如何在这些巨大的信息数据中快速挖掘出对我们有用的信息,已成为当前急需解决的问题,所以网络精准营销的概念应运而生。精准营销(precision marketing)就是在精准定位的基础上,依托现代信息技术手段建立个性化的顾客沟通服务体系,实现企业可度量的低成本扩张之路,是有态度的网络营销理念中的核心观点之一。

7.1 精准营销概述

7.1.1 什么是精准营销

精准营销是指企业通过定量和定性相结合的方法,对目标市场的不同消费者进行细致分析,并根据他们不同的消费心理和行为特征,采用有针对性的现代技术、方法和指向明确的策略,从而实现对目标市场不同消费者群体强有效性、高投资回报的营销沟通。精准营销最大的优点在于精准,即在市场细分的基础上,对不同消费者进行细致分析,确定目标对象。

1. 精准营销的特点与核心思想

精准营销就是在精准定位的基础上,依托现代信息技术手段建立个性化的顾客沟通服务体系,实现企业可度量的低成本扩张之路,是有态度的网络营销理念中的核心观点之一. 精准营销有以下特点：

（1）精准的客户定位是营销策略的基础。

（2）精准营销能提供高效、投资高回报的个性化沟通。过去营销活动面对的是大众，目标不够明确，沟通效果不明显。精准营销是在确定目标对象后，划分客户生命周期的各个阶段，抓住消费者的心理，进行细致、有效的沟通。

（3）精准营销为客户提供增值服务，为客户细致分析，量身定做，避免了用户对商品的挑选，节约了客户的时间成本和精力，同时满足客户的个性化需求，增加了顾客让渡价值。

（4）发达的信息技术有益于企业实现精准化营销，"大数据"和"互联网＋"时代的到来，意味着人们可以利用数字中的镜像世界映射出现实世界的个性特征。

精准营销需要用到数据分析和传播途径的有效性评估、营销策划、CRM 管理、项目管理等相关的知识和技能，是综合性的营销手段。精准营销体现了营销的深层次含义，其核心思想有以下几点：

（1）精准营销通过可量化的精确的市场定位技术，突破传统的营销定位只能定性的局限。

（2）精准营销借助先进的数据库技术、网络通信技术及现代高度分散物流等手段，保障与顾客的长期个性化沟通，达到可度量、可调控等精准营销效果，使企业低成本快速增长成为可能。

（3）精准营销保持了企业和客户的密切互动沟通，不断满足客户个性需求，建立稳定的企业忠实顾客群，实现客户链式反应增值，从而达到企业长期稳定、高速发展的需求。

（4）精准营销借助现代高度分散物流，使企业摆脱繁杂的中间渠道环节及对传统营销模块式营销组织机构的依赖，实现了个性关怀，极大降低了营销成本。

（5）结合大数据技术，与现今大数据营销思路相辅相成。

2. 精准营销的前提

精准营销的关键在于如何精准地找到产品的目标人群，再让产品深入到消费者心中，使消费者认识产品、了解产品、信任产品，最后依赖产品。随着大数据技术的发展，基于大数据的精准营销改变了传统的营销方式成本高、见效慢的缺点，以高性价比的优势，逐渐受到企业的青睐。那么如何利用大数据技术进行产品信息的精准营销呢？关键还是要做好以下几点。

1）做好产品生产

产品代表企业的形象，企业生产出好的产品，并且得到了广大消费者的肯定，就会在消费者中形成自动宣传。这是企业不需要花费太多精力特意做企业品牌宣传的最好方法，更是一种最有效的隐性宣传方式，只有形成消费者对企业品牌的认同，企业才能长期发展下去。

2）在媒体上宣传

如今媒体宣传的影响力很大，尤其是移动互联网技术普及以后，用户可以随时接收到媒体传播的信息，如果企业品牌宣传能够充斥各个信息角落，会有很多消费者认识和讨论该产品，进而使用这家企业的产品。

3）进行流动性传播

企业品牌宣传都要求深入到消费群体中去，只有企业做出亲民和利民的举动，消费者才会真正了解企业产品的优点，才会使用。

7.1.2 精准营销的方法

品牌宣传对于企业来说是非常重要的，企业品牌传达给消费者的是企业的经营理念、企业文化、企业价值观念及对消费者的态度，这是企业自我宣传的一个最佳的手段。而正确合理的精准营销方式不仅能够为企业做好品牌宣传，更能在最短时间内使企业实现盈利。

利用数据分析，针对目标客户实现产品信息的精准营销方法主要有 4 种，如图 7-1 所示。

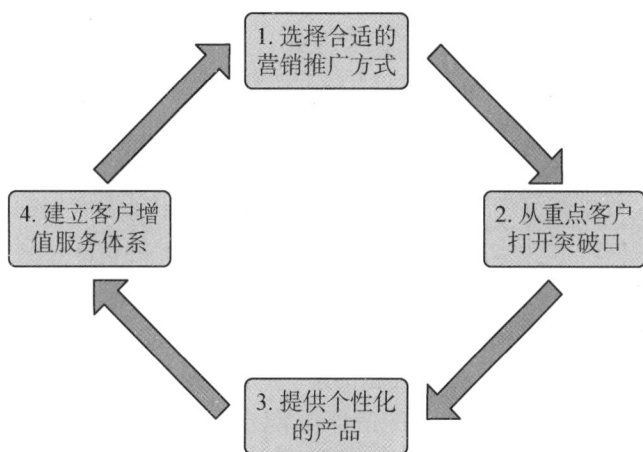

图 7-1 精准营销的方法

1）选择合适的营销推广方式

营销推广方式的选择最主要的目的就是吸引目标客户，所以推广方式一定要精选一两种，集中精力、人力和财力重点突击。只有等到现有的方式达到预期效果并能保持后，才考虑适当加入新的其他方式。

2）从重点客户打开突破口

企业的形象建立好了，并不代表客户会对企业的产品或服务进行消费。消费者都会有这样一种心理：企业说的十句好不如客户说的一句好，所以，这时企业要在所有的客户中找到突破口，分析出几个重要客户。

重要客户在这些客户群中就起到了领头羊的作用，让这些重要客户告诉其他客户，这里的产品或服务最好、价格最实惠、售后服务最好、公司信誉良好，甚至可以告诉客户，从哪里可以得到证明。在开始阶段，企业要把握每一个重要客户，这就需要企业在客户数据分析上多下功夫，只有达到对每一位能够成为重要客户的客户进行精准营销，才能逐步壮大企业的重要客户群。

3）提供个性化的产品

与精准的定位和沟通相适应,只有针对不同的消费者、不同的消费需求设计、制造、提供个性化的产品和服务,才能精准地满足市场需求。个性化的产品和服务在某种程度上就是定制,对于标准化程度不同、客户需求复杂,既要实现大规模生产,实现成本最优,又要适应日益差异化的客户需求,就必须有选择地满足能够实现规模和差异化均衡的客户需求。

通过大数据技术实行精准定位、精准沟通,找到并"唤醒"大量的、差异化的需求,通过个性化设计、制造或提供产品、服务,才能最大限度满足有效需求,获得理想的经济效益。

4）建立客户增值服务体系

精准营销的最后一环就是售后客户保留和增值服务。对于任何一个企业来说,良好的质量和服务只有在售后阶段才能实现。忠诚客户带来的利润远远高于新客户,这是不变的真理。只有通过精准的客户服务体系,才能留住老客户,吸引新客户,达到客户的链式反应。

7.1.3　大数据精准营销的过程

传统的营销理念是根据顾客的基本属性,如顾客的性别、年龄、职业和收入等来判断顾客的购买力和产品需求,从而进行市场细分,以及制定相应的产品营销策略,这是一种静态的营销方式。大数据不仅记录了人们的行为轨迹,还记录了人们的情感与生活习惯,能够精准预测顾客的需求,从而实现以客户生命周期为基准的精准化营销,这是一个动态的营销过程。大数据精准营销的过程分为以下六个过程:

1）助力客户信息收集与处理

客户数据收集与处理是一个数据准备的过程,是数据分析和挖掘的基础,是搞好精准营销的关键和基础。精准营销所需要的信息内容主要包括描述信息、行为信息和关联信息等3大类:

（1）描述信息是顾客的基本属性信息,如年龄、性别、职业、收入和联系方式等基本信息。

（2）行为信息是顾客的购买行为的特征,通常包括顾客购买产品或服务的类型、消费记录、购买数量、购买频次、退货行为、付款方式、顾客与企业的联络记录,以及顾客的消费偏好等。

（3）关联信息是顾客行为的内在心理因素,常用的关联信息包括满意度和忠诚度、对产品与服务的偏好或态度、流失倾向及与企业之间的联络倾向等。

2）客户细分与市场定位

企业要对不同客户群展开有效的管理并采取差异化的营销手段,就需要区分出不同的客户群。在实际操作中,传统的市场细分变量,如人口因素、地理因素、心理因素等由于只能提供较为模糊的客户轮廓,已经难以为精准营销的决策提供可靠的依据。大数据时代,利用大数据技术能在收集的海量非结构化信息中快速筛选出对公司有价值的信息,对客户行为模式与客户价值进行准确判断与分析,使我们甚至有可能深入了解"每一个人",而不止是通过"目标人群"来进行客户洞察和提供营销策略。

大数据可以帮助企业在众多用户群中筛选出重点客户,它利用某种规则关联,确定企业的目标客户,从而帮助企业将其有限的资源投入这少部分的忠诚客户中,即把营销开展的重点放在这最重要的 20% 的客户上,更加关注这部分优质客户,以最小的投入获取最大的收益。

3) 辅助营销决策与营销战略设计

在得到基于现有数据的不同客户群特征后,市场人员需要结合企业战略、企业能力、市场环境等因素,在不同的客户群体中寻找可能的商业机会,最终为每个客户群制定个性化的营销战略,每个营销战略都有特定的目标。例如,获取相似的客户、交叉销售或提升销售,以及采取措施防止客户流失等。

4) 精准的营销服务

动态的数据追踪可以改善用户体验。企业可以追踪了解用户使用产品的状况,做出适时的提醒。例如,食品是否快到保质期;汽车使用磨损情况,是否需要保养维护等。

流式数据使产品"活"起来,企业可以随时根据反馈的数据做出方案,精准预测顾客的需求,提高顾客生活质量。针对潜在的客户或消费者,企业可以通过各种现代化信息传播工具直接与消费者进行一对一的沟通,也可以通过电子邮件将分析得到的相关信息发送给消费者,并追踪消费者的反应。

5) 营销方案设计

在大数据时代,一个好的营销方案可以聚焦到某个目标客户群,甚至精准地根据每一位消费者不同的兴趣与偏好为他们提供专属性的市场营销组合方案,包括针对性的产品组合方案、产品价格方案、渠道设计方案、一对一的沟通促销方案,如 O2O 渠道设计,网络广告的受众购买的方式和实时竞价技术,基于位置的促销方式等。

6) 营销结果反馈

在大数据时代,营销活动结束后,可以对营销活动执行过程中收集到的各种数据进行综合分析,从海量数据中挖掘出最有效的企业市场绩效度量,并与企业传统的市场绩效度量方法展开比较,以确立基于新型数据的度量的优越性和价值,从而对营销活动的执行、渠道、产品和广告的有效性进行评估,为下一阶段的营销活动打下良好的基础。

【案例 7-1】

京东京准通营销推广平台精准营销案例

京准通是京东旗下的数字营销推广平台,拥有多样化的广告营销产品、智能化的投放系统和完善的服务体系,可以为品牌及供应商客户提供精准、高效的一体化电商营销解决方案,帮助客户实现营销效果的最大化。那么,如何实现精准营销呢? 京东精准营销的构建如图 7-2 所示。

首选是确定营销目标,京准通可以通过大数据分析,给客户提一些建议。例如:系统会收集消费者的浏览记录来确定营销目标。假如你想买一款智能手机,经过无数浏览比较过后还在犹豫不决,此时系统会根据你所浏览的产品信息,从价格、性能、人气

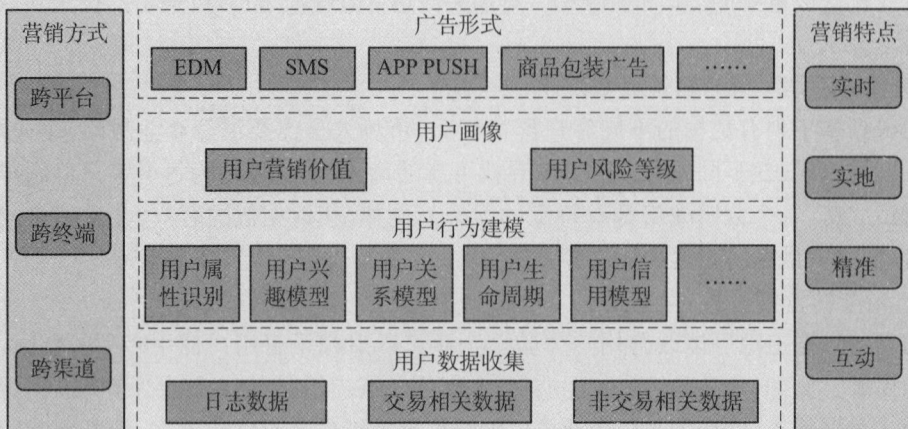

图 7-2 京东精准营销构建

等不同的维度进行排序,来帮你进行购买决策。京东的邮件系统还没有引入大数据之前,会定期向全站用户发送邮件或信息,但由于用户划分不够精准,信息传播烦琐复杂不够精准。有了大数据的参与,大数据建模出的用户画像抽象成筛选条件放到邮件系统,任何邮件运营人员都可以很方便地筛选出精准的目标用户,在邮件内容的设置上也更多样化。更重要的是,用户体验得到了极大提升。这就是利用大数据分析优势,实现各类人群的数据洞察与分析,深入了解海量用户的消费需求,来精准锁定目标受众。

其次是确定营销人群。京东大数据分析可以将客户群体区分为核心人群、意向人群、竞品人群、流失人群等不同的消费群体。例如:京东商城的"到货提醒"服务。如果你要选择的商品暂时无货,且又非常喜欢,就会点击"到货提醒"的功能。在你等待"到货提醒"的过程中,为了避免客户流失,京东后台便会根据你的喜好、所选产品的价格范围、款式等,通过短信、邮箱、App、站内信等精准手段向你推荐相关的产品。

京东精准营销架构的底层是用户数据,包括用户产生的各种日志数据、用户交易数据和其他相关数据;在用户数据的基础上,京东进行了用户行为的建模,包括用户属性的识别、用户兴趣模型、用户关系模型、用户生命周期、用户信用模型等;在用户建模之上,会形成用户画像,作为底层数据供应给各营销系统,以便它们投放各类广告。

(资料来源:孙伊静.中国电商购物平台的营销策略研究[D].北京邮电大学,2019.)

【思考】

(1)京东如何利用大数据勾勒用户画像?

(2)用户数据的类型有哪些?分别举例说明。

(3)京东用户行为建模的内容有哪些?具体模型的相关作用是什么?

7.2　客户精准定位

经济社会高速发展的今天,客户是企业最重要的资源,各行各业依然围绕着"顾客至上"的法则进行发展,因为没有客户企业便失去了发展的动力。市场竞争愈演愈烈的背景下,客户资源作为对企业价值评估的重要指标,是锁定和开拓目标客户,建立专业、细分、通畅的交易渠道,更好地获得客户需求,把握市场变化的重要资源。本节从如何实现客户精准定位、客户精准定位的方法、客户精准定位的技巧三个部分展开分析。

7.2.1　如何实现客户精准定位

想要实现客户精准定位,首先要对客户行为进行分析。用户行为分析,是指在获得用户基本数据的情况下,对有关数据进行统计、分析,从中发现用户规律、偏好、行为习惯等信息,并将这些信息结合营销策略进行分析,从而发现营销活动中可能存在的问题,并为进一步修正或重新制定营销策略提供依据。

1. 客户类别分析

想要通过客户的行为对客户定位,就要对现有的客户群体进行类别分析。例如,从营销的角度可以将潜在客户分为 4 类,如图 7-3 所示。

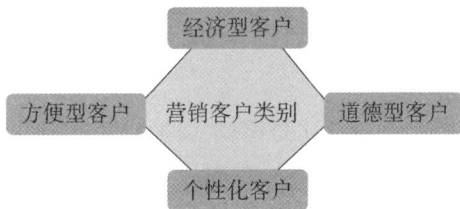

图 7-3　客户类别分类

1)经济型客户

经济型客户消费能力不是最强的,因为他们不会花费更多的金钱和时间用在消费上,即使消费,他们的关注点也在商品的价格和性价比上面,所以此类客户的消费水平相对较低。

2)道德型客户

道德型客户会更加关注品牌的知名度,以及知名企业的产品。因为他们比较信任知名品牌的企业价值及良好的正面口碑,此类客户有较强的消费能力。

3)个性化客户

个性化客户的消费倾向没有固定的模式,他们善于凭借自己的感觉,满足自己的心理需求、适合自己的品位就会影响他们的购物决策,在价格及品牌选择上没有太多的要求。

4)方便型客户

方便型客户追求购物过程的方便性,例如,支付的便捷、选择的便捷、物流的便捷;他们不会花费过多的时间在购物上,但他们的消费能力不容小觑。因此,应该通过他们便捷性的需求上,挖掘他们的消费倾向。

2. 客户属性分析

客户属性分析是有效识别客户或者潜在客户的一种途径,也是针对客户管理进行战略性资源配置与战术性服务营销的对策应用,支撑企业以客户为中心的个性化服务与专业化营销。例如,从客户的角度可以分为如下四类,如图 7-4 所示。

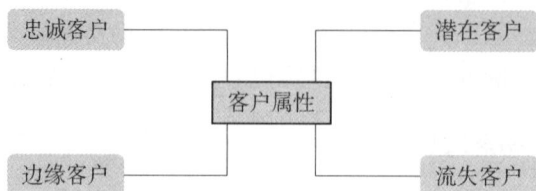

图 7-4 客户属性分类

1) 忠诚客户

这类客户是最重要的客户资源,对他们进行长期维持是客户关系管理工作中的重中之重。这类客户对企业的信任度是非常关键的,他们会因为长期的信任而建立与价格因素无关的心理特征,也就是价格敏感度低。他们的特性是:消费金额、频率高,信用度以及忠诚度高,对质量问题承受力强。同时他们本身的素质是普遍偏高的,具有非常重要的宣传价值。针对这类客户,我们需要为其提供个性化服务,比如绿色通道,优先知悉权,高度重视客户抱怨等。总之要充分重视。

2) 潜在客户

这类客户在客户资源中的整体占比是比较大的,这类客户可能是因为接触时间更短,所以我们需要在服务中促使他们转向第一类客户类型。这类客户的特性是:潜力挖掘不够,服务品牌忠诚度尚未形成,对服务没有完全认可,处于观望的态度。针对这类客户,我们需要保证专业性、时效性以及多样性等。

3) 边缘客户

这类客户对于店铺的贡献值以及购买力是比较低的,但是同样需要占用人力、物力、精力。所以能够精确地把这类客户区分出来,有利于我们更好地调配资源。这类客户的特性是:接受服务以获取自己单方面利益为驱动,消费周期比较长。针对这类客户,我们需要在沟通中,宣传专业优势,严控服务质量,加强关怀等。

4) 流失客户

这类客户也是挖潜的重要群体。由于客户流失的原因不能一概而论,我们需要专门收集信息,分析原因,针对流失原因进行改善,做好挽留计划。这类客户的特性是:价格敏感度较高,忍耐力低,看待问题不够全面。针对这类客户,我们需要定向进行优惠活动,长期关怀,增强自身品牌对其的影响力。

3. 影响客户行为的因素分析

消费者作为营销活动的核心,其行为也受到各种各样因素的影响,所以分析影响客户行为的因素是客户定位的关键步骤,分析影响客户行为的因素也是对客户进行长期定位的必要手段。

影响消费者行为的因素主要有以下四种,如图 7-5 所示。

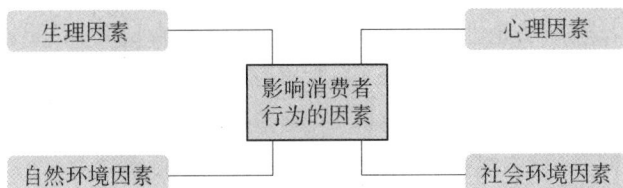

图 7-5　影响消费者行为的因素

1) 生理因素

消费者可能因为生理需要、生理特征、身体状况以及心理机能的健全程度而改变消费行为。例如,喜欢吃甜食的消费者,因糖尿病的发生无缘含糖面包及含糖产品,因此可以开发无糖食品;针对婴幼儿身体机能开发特殊产品等。

2) 心理因素

心理因素主要来源于消费者对某类产品的感知风险。例如,在购买洗衣液的时候,消费者十分关注所选择的产品是否含有荧光剂等有害物质,因此广告营销中会强调不含荧光剂、增白剂等有害物质,来消除消费者的感知风险。

3) 自然环境因素

自然环境也是影响客户行为的因素之一。例如,梅雨季节的南方,对家用烘干机的市场需求量比北方大;冬季寒冷的北方对羽绒服的市场需求比南方大等。

4) 社会环境因素

社会环境因素又分为经济环境因素、科技环境因素、文化环境因素等。

7.2.2　客户精准定位的方法

不同的客户群,显然有着差异化的需求,如何提供满足他们需要的产品和服务,这是企业必须要考虑的。因为很多时候,客户不会主动提供自身的需求,而是需要企业去发掘,对客户的细分能够让企业对客户更加了解。所谓"知己知彼,百战不殆",只有挖掘客户的需求与痛点,有效地把产品的卖点与客户的痛点结合起来,明确产品的亮点与卖点,才能说服客户成功购买。

1. 目标客户细分

客户细分是 20 世纪 50 年代中期由美国学者温德尔史密斯提出的,其理论依据在于顾客需求的异质性和企业需要在有限资源的基础上进行有效的市场竞争。具体是指企业在明确的战略业务模式和特定的市场中,根据客户的属性、行为、需求、偏好、价值等因素对客户进行分类,并提供有针对性的产品服务和销售模式。

1) 客户细分的目的

客户细分的角度不同,目的也不相同。首先,从客户需求的角度来看,不同类型的客户需求是不同的,想让不同的客户对同一企业都感到满意,就要求企业提供有针对性的、符合客户需求的产品和服务,而为了满足这种多样化的异质性的需求,就需要对客户群体按照不同的标准进行客户细分;其次,从客户价值的方面来看,不同的客户能够为企业提供的价值是不同的,企业要想知道哪些是企业最有价值的客户,哪些是企业的忠诚客户,哪些是企业的潜在客户,哪些客户的成长性最好,哪些客户最容易流失,企业就必须对自己的客户进行细分;最后,从企业的资源和能力的角度来看,如何对不同的客户进行有限资源的优化应用是每个企业都必须考虑的,所以在对客户管理时非常有必要对客户进行统计、分析和细分。只有这样,企业才能根据客户的不同特点进行有针对性的营销,赢得、扩大和保持高价值的客户群,吸引和培养潜力较大的客户群体。

2) 客户细分的方式

一般来说,客户细分会按照客户的外在属性、内在属性、消费行为三个方面来分层,通常这种分层最简单直观,数据也最容易得到。细分的目的、方式和内容如表 7-1 所示。

(1) 外在属性:外在属性是指客户的地域分布、产品拥有、组织归属等,这种分层最简单、直观,数据也很容易得到。但这种分类比较粗放,依然难以判断客户的忠诚与否,能够判断的只是潜在消费能力。例如,企业用户、个人用户、政府用户等。

(2) 内在属性:内在属性是客户的内在因素所决定的属性,比如性别、年龄、信仰、爱好、收入、家庭成员数、信用度、性格、价值取向等。

(3) 消费行为:消费行为分类可以按照客户的最近消费、消费频率与消费额等内容进行分类,这些指标在账务系统中很容易获得。例如,电信用户的话费量、数据量、付款记录、信用记录、维护行为、注册行为等。但是这种分类只适用于现有客户,对于潜在客户,由于消费行为还没有开始,当然分层无从谈起。即使对于现有客户,消费行为分类也只能满足企业客户分层的特定目的。

表 7-1 客户细分

细分目的	细分方式	细分内容
客户需求角度	外在属性	客户的地域分布、组织归属等
客户价值角度	内在属性	性别、年龄、信仰、爱好、收入、家庭成员数、信用度、性格、价值取向
企业资源和能力角度	消费行为	消费记录、消费频率、消费额等

3) 客户细分的步骤

企业在逐渐接受分级服务分类营销理念的同时,也面临越来越多的客户细分挑战。从企业的资源和能力的角度来看,如何对不同的客户进行有限资源的优化应用是每个企业必须考虑的,那么,如何进行有效的客户细分呢? 一般分为以下 5 个阶段:

第一步:做好客户细分的前期准备。

在做客户细分之前,一定要多问为什么,从而发现更多的问题和掌握更多的信息。细分的目标是什么,关注的是长期目标还是短期目标,利用何种客户细分的方法。典型的客户细分目标包括设计针对性的产品与服务、促进产品销售、提升运营效率优化成本结构、改进服务体验、提高营销效果与营销投入效用等。

第二步:确立客户细分的数据指标。

为做好客户细分制定全面的数据指标,应充分考虑各个指标之间的相关及因果关系,为指标设计合理的潜变量。例如,行为指标包括购买频率、购买金额、使用次数、使用频率、购买动机类、品牌忠诚度、对产品态度等；属性指标包括用户年龄、性别、职业、教育程度、宗教信仰、家庭成员数量等；地理指标包括居住地、行政区、区域规模等；渠道指标包括线上、线下、第三方等。

第三步：客户细分的数据获取。

企业现有的数据不一定完备，也不见得有效，数据本身可能也需要更为深入的处理以适应细分的方法。要意识到数据分析不一定是有效的，错误的数据或不完备的数据会导致错误的结果。因此，只有保证数据质量才能得到理想的效果，才能形成适合建模的有效数据。

第四步：客户细分的数据建模。

根据建模的方法，也可以分为事前细分和事后细分，目前多采用聚类技术来进行客户细分。常用的聚类方法有 K-means、神经网络等，企业可以根据不同的数据情况和需要，选择不同聚类算法来进行客户细分。同时将收集到的原始数据，转换成相应的数据模型所支持的格式，这个过程称为数据初始化和预处理。事前细分常用在客户流失模型、营销响应模型、计划行为模型中，就是使用历史数据对尚未发生的事件进行预测；事后细分则是找出差异，确定新的目标客户等。

第五步：客户细分的结果评估。

在对客户群进行细分之后，会得到多个细分的客户群体。但是，并不是每个细分都是有效的，因此，要针对详实的市场和用户进行实地调研。细分的结果可以通过与业务目标相关的程度、可理解性和是否容易特征化、基数是否足够大、是否容易开发独特的宣传活动等相关内容进行后期测试。

2. 目标客户筛选

大数据即使可以有效分析出商品所对应的目标客户群，但这个客户群体是非常庞大的。客户群体间的消费能力、购买能力、产品偏好等因素决定了需要对客户群体进行再次筛选，目的是找到精准营销的对象。那么目标客户筛选的具体原因、目标客户筛选的筛选原则、目标客户筛选的方法是什么呢？客户筛选的方法与价值分析如图 7-6 所示。

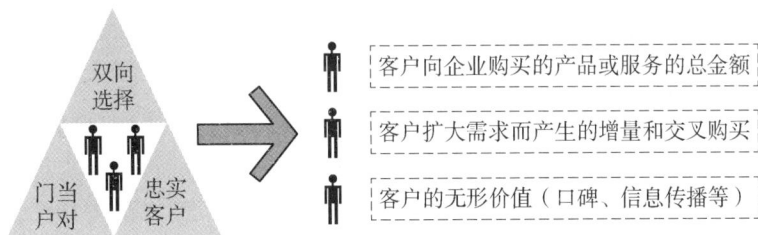

图 7-6　客户筛选与价值分析

1) 目标客户筛选的原因

(1) 不同的客户有不同的需求。

在多元化的市场背景下，顾客的需求理论对精准营销的指导和作用是多方面的，它决定了企业市场营销活动、促销活动与推销活动的整体化。目标客户筛选是为了了解用户的需求层次及其具体特点，把握精准营销的目的建立在满足顾客需求的基础上。例如，海尔对客户需求的满足就体现在客户关系的长期维护上。"用户的难题就是我们的课题",海尔从用户需求着手,进行产品开发与改进,注重"设计人性化,使用简单化",开发出小小神童洗衣机、画王子冰箱、大地瓜洗衣机、健康拉幕式彩电、V-CHIP防暴力彩电等一系列满足顾客需求的产品。并顺应科技新时代的要求,与微软携手,推出海尔电脑e家庭,将智能、个性、人性融为一体,更好地满足以家庭消费为中心的顾客需求。

（2）不同客户的消费能力不同。

在需求相同的情况下,消费能力通常决定客户的购买能力,所以不同客户的消费能力的高低,决定了企业要能从中筛选出获利最多的大客户,这是每个企业都很重视并努力维护的一类客户。另外,还可以通过客户不同的消费水平推出不同价格区间的产品。例如:电子产品的不同系列,同款汽车的不同配置等。

2）目标客户的筛选原则

目标客户对企业或商家的产品或服务具备高购买能力,是企业或商家提供产品、服务的对象。只有确立了消费群体中的目标客户,才能展开有效且具有针对性的精准营销事务,选择与确定目标客户是一项重要的内容。那么,如何选择与确定目标客户呢？主要有以下几种方法:

（1）客户对产品是否有使用能力。

客户对产品是否有使用能力,就是客户是否懂得正确使用产品。有的产品在使用上需要特殊技术,必须考虑目标客户是否具有使用这种产品的能力,可否以援助服务加以解决等。如果说客户实在没有使用能力,援助服务也不能解决,销售就难以达到。纵使你勉强推销给他,将来也不免发生种种麻烦,甚至会因此导致货款的问题。

（2）客户是否真正需要产品。

客户对产品的购买取决于客户的需求,客户对产品是否真正有需求及需求的强烈程度在很大程度上决定着微商销售的难易程度甚至成功与否。因此,在选择与确定目标客户时,微商应该学会探测客户的需求,搞清楚自己的产品是否真正适合客户的需求。因此,微商必须站在客户的立场,设身处地考虑其需要,如不是他需要的产品,就不要勉强。

（3）客户是否有接近的可能性。

如果你选择的目标客户根本就无法接近,那你的选择就是失败的。只有客户有接近的可能性,你才能有成功销售的机会。也就是说,销售人员能否接近自己所设定的目标客户是一个值得考虑的问题。比如年轻的销售人员,以社会地位而言,确实很难接近一些大人物。遇到这种情形,销售人员就不宜亲自求见那些大人物,最好是请自己公司里地位相当的人物先去推销。总之,不能接近的对象就不能当作目标客户来看待。

（4）客户是否具有支付能力。

可能人人都对私人飞机和豪华轿车、别墅有需求,但并不是每个人都能买得起飞机、豪华轿车和别墅。因此,微商准备向客户销售产品前,需要考虑一下客户是否具有支付能力。一方面,客户的支付能力影响着产品销售的难易程度,决定着销售成果——销售额实现的可能性,甚至还可以使你避免陷入可能的经济欺诈;另一方面,客户只有具备了付款能力,微商才能够让生意顺利成交。

　　3）目标客户的筛选方法

　　（1）门当户对。

　　所谓的门当户对就是要求企业所筛选的客户与自己的产品要高度契合。如何做好产品与目标客户的契合，看似深远、琢磨不透，但如果把各个环节拆分出来却是明了而简单。我们从大的方面分析，产品的作用是满足用户的需求，解决用户的问题。目标客户代表着用户的数量，产品满足越多的筛选用户，产品的价值也就越高，单从这一个角度理解，产品变现的概率也就越高。

　　（2）双向选择。

　　企业在筛选客户的时候，客户也在筛选企业，两者之间是双向选择的关系。基于双向选择的关系，企业就需要从客户的综合价值和企业的服务能力两个方面来进行分析。

　　任何客户的筛选都是建立在价值的基础之上的，客户的综合价值包括：客户向企业购买的产品或服务的总金额；客户扩大需求而产生的增量和交叉购买；客户的无形价值（口碑、信息传播等）。

　　而企业的综合服务能力是指有没有能力去满足目标客户的需求，企业的综合服务能力包括技术、人力、财力、管理能力等，只有客户的综合价值和企业的综合服务能力相契才能成为企业的目标客户。

　　（3）从忠实客户中选择。

　　企业可以从现有的客户中进行目标用户筛选，因为现有的客户在一定程度上具备忠诚的条件，更具备成为目标客户的基础，使筛选的范围大幅度缩小，可以称得上筛选的一条捷径。

7.2.3　客户行为分析工具与数据源

　　在传统营销中，客户行为分析主要是通过业务人员的主观判断和经验积累进行，而在大数据时代，客户行为分析主要是通过分析各种客户行为数据，量化客户偏好进行。因此，客户行为数据是企业营销策略制定过程中的重要参考。接下来将介绍客户行为数据的采集工具及其来源。

　　1. 客户行为分析工具

　　大数据时代，网上销售时想要知道用户最关注什么，不像现实中那样可以通过察言观色的方式来获得，那就必须要用特殊的方法，收集到用户上网时的数据，找到用户最关心、最愿意接受的信息类型，分析用户的上网行为，从而对用户进行精准定位。在这种需求下，各种互联网用户行为分析工具起到了关键的作用，使用户的行为最大限度地被网络管理者发现。

　　1）Userfly

　　Userfly 是网页访客动作记录器，可以提供免费的网页访客动作记录服务，例如，跟踪访客的浏览习惯和鼠标操作行为。只需在网页中添加一段简单的直译式脚本语言（Java Script）代码，即可记录访客从打开该网页开始一直到关闭整个网页过程中的动作。

　　Userfly 几乎可以监控用户在网站上的所有操作，通过视频的方式录制并提供回放和下载，可以记录的用户行为包括鼠标的移动、点击和选取；监控文本框的输入、选择框的选取;记录页面的缩放、上下滚动和页面浏览的跳转;监控链接、按钮的有效点击;排除对用户输入密码的记录,保护隐私。

免费用户每个小时可记录 10 位访客(10 个 IP)的动作。Userfly 也提供收费服务,除了可以记录更多的用户外,还支持身份验证和网页加密。对于网站拥有者来说,Userfly 可以很方便地对用户行为进行检测和分析。但是对于很多网页访问者来说,如果知道他们所浏览的网页有这样的功能,他们可能会敬而远之。所以现在的网站拥有者通过 Userfly 仅仅记录登录其网站的用户所浏览的信息,其他信息则不会被记录。

2) ClickTale

如果拥有一个网站,了解访客则是首要任务。网站拥有者需要精确追踪网站访客的操作,研究他们在网站上的体验,ClickTale 就可以做到这一点。ClickTale 是一项免费的网站统计服务,可对网站访客浏览行为进行分析,以类似视频的方式将访问者在网站上进行的操作全部记录下来,用户可以在线观看也可以下载到计算机上。利用 ClickTale 对访客行为进行记录,可以帮网站管理者更好地布局自己的网页,给访问者带来更好的用户体验,以提高网站的访问量。

ClickTale 是著名的用户行为数据分析工具,可记录访问数达到 5 000 个,拥有功能强大的 4 种热力图:鼠标点击热力图、鼠标移动热力图、访客关注区域热力图和访客到达区域热力图。网站用户行为分析的最主要需求就是访客的分类。根据不同标准,将访客细分成具有不同属性的类别,然后分析各个类别的行为特点。新、老访客行为分析是电子商务网站经营者必须面对的难题。分析好新老访客的行为习惯,将现有网站优化,最大程度地迎合不同访客行为习惯,提高转化率。

3) Mouseflow

Mouseflow 又称超级页面鼠标跟踪器,是一款在线分析工具,能对访客的浏览习惯和鼠标操作行为进行跟踪,从而获取人们对页面的关注范围和操作习惯,为页面优化提供了重要依据。Mouseflow 可以汇总分析访客在页面上的鼠标操作动作,并以直观的"热力图"形式反映出来。用户对于页面点击最多,也就是最关注的区域,红色为热,蓝色为冷。如果网站出现在红、黄色区域中,接收到的点击次数也会是最多的。

想要通过 Mouseflow 在自己的网站上分析出热力图数据,把访客最关注的内容放到热区范围内,形成对网站内容和布局层面的优化,使用者需要去 Mouseflow 的官网注册,再添加需要进行鼠标动作跟踪的网站之后,就能得到跟踪代码,将其部署到自己的网页,Mouseflow 就可以记录该网页的鼠标动作了。时间越长,记录的鼠标数据越多,分析出来的数据也越准确。等待几天后即可看到 Mouseflow 详尽的统计数据。当然,在这个页面中除了鼠标动作外,还有页面浏览量、平均访问深度、平均访问时长、Web 页面情况、最热页面等统计数据,便于网站管理者对网站的整体情况有一个大致了解。在这个页面中还可以查看到访客的一些具体信息,如访客的地理位置、来源链接、进入的页面、浏览页面量、停留时间、所使用的浏览器等。如果单击绿色播放按钮,还可以回放某访客在页面上的每一次鼠标操作动作。

4) Mixpanel

Mixpanel 是一家数据跟踪和分析公司,专注于研发邮件的统计分析工具,允许发布商追踪其邮件通信中的一系列指标,进而制订自己的网络营销计划。Mixpanel 平台实际上给网站用户提供了一个即插即用的分析功能。开发者在网站中插入几行代码,然后用户就可以访问 Mixpanel 的各种即时分析数据。该平台可以跟踪用户的评论数、订阅者数、分享次数、页面浏览数量等。Mixpanel 可满足每个月追踪 10 亿行为的请求,允许开发者追踪一系列的用户行为,包括用户浏览的网页数量、iPhone 程序统计、Facebook 程序的交互等。开发者将能够追踪邮件中链接的点击率、查看率(指收到邮件后打开邮件)。hNB 测试也即将被支持,通过测试,开发者能够知道两个版本的邮件中哪一个能获得更好的互动。Mixpanel 还提供实时更新,按秒来计算。

5) 眼动仪

一个网站最吸引人的地方通常就是用户的眼睛看到最多的地方,那么作为网站管理者,想要清楚地了解用户最喜欢看到的信息类型,就需要获取用户在浏览网页时目光停留时间最大的信息有哪些,而收集这些信息使用眼动仪可以实现。眼动仪是一种专门测试用户视线焦点的仪器,其原理与测试近视的仪器相似,能测试出视线的焦点停留在网站的哪个部分。对于网站管理人员来说,想要自己网站中的信息最大限度地被用户接收到,那么用户最愿意用眼睛去观察、去阅读的位置就是投放信息的最佳位置。

2. 客户行为分析数据源

为了对用户行为进行分析,计算机处理程序将用户的行为定义为各种事件。例如,将用户在网页的搜索定义为一个事件,这个事件的内容就包括该用户在什么平台、什么时间、用什么 ID 进行了什么内容的搜索行为。这种定义随着信息技术和移动端的发展,数量越来越多,产生的速度也越来越快。在拥有了无数的用户行为数据之后,企业就可以把用户的行为串联起来进行分析。例如,客户第一次进入一个购物平台,该客户的身份就是一个新用户,在注册这个行为事件中,企业设定的需要客户进行填写的数据能简单囊括该客户的基本信息。之后,客户在平台进行商品的浏览甚至购买,这些浏览及购买的行为事件都能够用数据来表示,从而描绘客户形象,进而对客户进行精准的营销。

精准推荐等营销都需要数据的支撑,那如何去检测并收集客户的行为数据呢? 比较常见的方式就是通过监测代码去定义用户的行为事件。在企业需要获得用户行为数据的环节编写一段监测代码。例如,在注册环节、浏览商品环节、购买环节等加载监测代码,实现企业对用户行为的监测和数据收集。

随着网络特别是移动互联网的迅速发展,互联网成为大量信息的载体,如何快速有效地提取到企业想要的信息,成为很多企业要解决的难题之一。Google 等搜索引擎是用户接入网络的一个中介,从中可以发现很多有意思的数据信息。但是,搜索引擎的通用性使得其在多样的客户群及多样用户需求的情况下,产生的数据往往价值密度比较低。同时,随着图片、视频等非结构化数据的激增,搜索引擎往往不能很好地发现和获取这些信息。

为了解决上述问题,聚焦爬虫应运而生,它主要是为定向抓取网页上的数据信息而服务。聚焦爬虫自动下载网页,根据事先设定的目标有选择性地访问网络上的相关链接,从而获取需要的信息数据。网络爬虫通过代码、爬虫工具等,获取网页上的数据信息。例如,可以通过网络爬虫爬取淘宝某件商品的评价页面,获取客户对商品的评价,从而对商品的设计等环节做出改进。网络爬虫也可以挖掘客户的意见,通过对产品的评论数据爬取,进行相关的评论词以及情感分析,就能清楚地知道客户对于自身产品或者竞争产品的意见。

3. 常见用户行为分析模型

1) 行为事件分析模型

行为事件分析法是研究某行为事件的发生对企业组织价值的影响以及影响程度。企业借此来追踪或记录用户行为或业务过程,如用户注册、浏览产品详情页、成功投资、提现等。通过研究与事件发生关联的所有因素,来挖掘用户行为事件背后的原因、交互影响等。

在日常工作中,运营、市场、产品、数据分析师会根据实际工作情况关注不同的事件指标。例如,最近三个月来自哪个渠道的用户注册量最高,变化趋势如何?各时段的人均充值金额分别是多少?上周来自北京发生过购买行为的独立用户数,按照年龄段的分布情况怎样?每天的独立对话数是多少?在诸如此类的指标查看的过程中,行为事件分析起到重要作用。行为事件分析法具有强大的筛选、分组和聚合能力,逻辑清晰且使用简单,已被广泛应用。简单来说,行为事件分析法一般分为事件定义与选择、多维度下钻分析、解释与结论等环节。

(1) 事件定义与选择。事件定义包括定义所关注的事件及事件窗口的长度,这也是事件分析法最为核心和关键的步骤。这里需要了解"Session"的概念,Session 即会话,是指用户在指定的时间段内在 App、Web 上发生的一系列互动。例如,一次会话可以包含多个网页或屏幕浏览、事件、社交互动和电子商务交易。当用户想了解"访问次数""平均交互深度""平均使用时长""页面平均停留时长""跳出率""页面退出率"等指标时,都需引入Session 才能分析。因此,创建和管理 Session 是事件定义的关键步骤。

(2) 多维度下钻分析。最为高效的行为事件分析要支持任意下钻分析和精细化条件筛选。当行为事件分析合理配置追踪事件和属性,可以激发出事件分析的强大潜能,为企业回答变化趋势、维度对比等各种细分问题。同时,还可以通过添加筛选条件,精细化查看符合某些具体条件的事件数据。

(3) 解释与结论。此环节要对分析结果进行合理的理论解释,判断数据分析结果是否与预期相符,如判断产品的细节优化是否提升了触发用户数。如果相悖,则应该针对不足的部分进行再分析与实证。

2) 留存分析模型

留存分析模型是一种用来分析用户参与情况或活跃程度的分析模型,用以考察做出初始行为的用户中,有多少人会进行后续行为。这是用来衡量产品对用户价值高低的重要方法。

一个新客户在未来的一段时间内是否完成了企业期许他完成的行为?某个社交产品改进了新注册用户的引导流程,期待改善用户注册后的参与程度,如何验证?想判断某项产品改动是否奏效,如新增了一个邀请好友的功能,如何确定是否有人因新增功能而多使用产品几个月?回答这些问题都需要用到留存分析模型。

在金融创业领域,2013 年一家互联网金融创业公司的投资获客成本区间为 300～500元,而 2016 年则涨到 1 000～3 000 元;在电商领域,新用户的获取成本是维护一个老用户的 3～10 倍。如今,居高不下的获客成本让互联网、移动互联网创业者们遭遇新的"天花板"，甚至陷入"纳不起"新客的窘境。而花费极高成本所获取的客户，可能仅打开一次App或完成一次交易，就白白流失。随着市场饱和度上升，绝大多数企业亟待解决如何增加客户黏性、延长每一个客户的生命周期价值的问题。因此，留存分析模型备受青睐。

科学的留存分析模型具有灵活条件配置——根据具体需求筛选初始行为或后续行为的细分维度，针对用户属性筛选合适的分析对象的特点。留存分析具有以下价值：

（1）留存率是判断产品价值最重要的标准，揭示了产品保留用户的能力。留存率反映的实际上是一种转化率，即由初期的不稳定的用户转化为活跃用户、稳定用户、忠诚用户的过程。随着统计数字的变化，运营人员可看到不同时期用户的变化情况，从而判断产品对客户的吸引力。

（2）留存分析宏观上把握用户生命周期长度以及定位产品可改善之处。通过留存分析，可以查看新功能上线之后，对不同群体的留存是否带来不同效果，可以判断产品新功能或某活动是否提高了用户的留存率，结合版本更新、市场推广等诸多因素，砍掉使用频率低的功能，实现快速迭代验证，制定相应的策略。

3）漏斗分析模型

漏斗分析是一套流程式数据分析，它是能够科学反映用户行为状态以及从起点到终点各阶段用户转化率情况的重要分析模型。

漏斗分析模型已经广泛应用于流量监控、产品目标转化等日常数据运营与数据分析的工作中。例如在一款产品服务平台中，直播用户从激活 App 开始消费，一般的用户购物路径包括激活 App、注册账号、进入直播间、互动行为、礼物花费五大阶段。漏斗能够展现出各个阶段的转化率，通过漏斗各环节相关数据的对比，能够直观地发现和说明问题所在，从而找到优化方向。

对于业务流程相对规范、周期较长、环节较多的流程进行漏斗分析，能够直观地发现和说明问题所在。值得强调的是，漏斗分析模型并非只是简单的转化率的呈现，科学的漏斗分析模型能够实现以下价值：

（1）企业可以监控用户在各个层级的转化情况，聚焦用户选购全流程中最有效转化路径；同时找到可优化的短板，提升用户体验。降低客户流失率是运营人员的重要目标，通过不同层级的转化情况，迅速定位流失环节，针对性持续分析找到可优化点，提升用户留存率。

（2）漏斗分析可以多维度切分与呈现用户转化情况，能够展现转化率趋势线，能帮助企业精细地捕捉用户行为变化，提升了转化分析的精度和效率，对选购流程的异常定位和策略调整效果验证有科学指导意义。

（3）对不同属性的用户群体进行漏斗比较，从差异角度窥视优化思路。漏斗对比分析是科学漏斗分析的重要一环。运营人员可以通过观察不同属性的用户群体（如新注册用户与老客户、不同渠道来源的客户）各环节转化率、各流程步骤转化率的差异，了解转化率最高的用户群体，分析漏斗合理性，并针对转化率异常环节进行调整。

科学的漏斗分析需要科学归因设置。每一次转化节点应根据事件功劳差异（事件对转化的功劳大小）进行科学设置。企业一直致力定义最佳用户购买路径，并将资源高效集中于此。而在企业真实的漏斗分析中，业务流程转化并非想象中那么简单。

以市场营销为例，市场活动、线上运营、邮件营销都可能触发用户购买。A 欲选购一款化妆品,通过市场活动了解了 M 产品,后来在百度贴吧了解更多信息,但是始终没有下定决心购买。后来 A 收到 M 公司的营销邮件,被打折信息及翔实的客户评价所吸引,直接在邮件内跳转至网站购买了该商品。

那么,在漏斗设置时,转化归因应该"归"哪一个渠道呢?运营人员应该以实际转化的事件的属性为准。邮件营销的渠道在用户购买决策的全流程中对用户影响的"功劳"最大、权重较大,直接促进用户转化。在科学的漏斗分析模型中,用户群体筛选和分组时,以实际转化事件邮件营销来源的用户群体的属性为准,大大提高了漏斗分析的科学性。

在进行漏斗分析时,尤其是在电商行业的数据分析场景中,运营人员在定义"转化"时,会要求漏斗转化的前后步骤有相同的属性值。比如,同一 ID(包括品类 ID、商品 ID)才能作为转化条件,浏览智能手机、购买同一款智能手机才能被定义为一次转化。因此,"属性关联"的设置功能是科学漏斗分析不可或缺的内容。

4)用户路径分析

用户路径分析,顾名思义就是用户在 App 或网站中的访问行为路径。为了衡量网站优化的效果或营销推广的效果,以及了解用户行为偏好,时常要对访问路径的转换数据进行分析。

以电商为例,买家从登录网站或者 App 到支付成功要经过首页浏览、搜索商品、加入购物车、提交订单、支付订单等过程。用户真实的选购过程是一个交缠反复的过程,例如提交订单后,用户可能会返回首页继续搜索商品,也可能去取消订单,每一个路径背后都有不同的动机。与其他分析模型配合进行深入分析后,能快速找到用户动机,从而引领用户走向最优路径或者期望中的路径。

用户路径的分析结果通常以图形展现,以目标事件为起点(终点),详细查看后续(前置)路径,可以了解某个节点事件的流向。总的来说,科学的用户路径分析能够带来以下价值:

(1)用户路径分析可以将用户流可视化,全面了解用户整体行为路径。通过用户路径分析,可以将一个事件的上下游进行可视化展示。用户可即时查看当前节点事件的相关信息,包括事件名、分组属性值、后续事件统计、流失情况、后续事件列表等。运营人员可通过用户整体行为路径找到不同行为间的关系,挖掘规律并找到"瓶颈"。

(2)用户路径分析可以定位影响转化的主次因素,有利于产品设计的优化与改进。路径分析对产品设计的优化与改进有着很大的帮助,了解用户从登录到购买整体行为的主路径和次路径,根据用户路径中各个环节的转化率,发现用户的行为规律和偏好,也可以用于监测和定位用户路径走向中存在的问题,判断影响转化的主要因素和次要因素,还可以发现某些冷僻的功能点。

7.3 精准营销的手段

7.3.1 移动互联网精准营销

1. 移动互联网精准营销的基本概念

随着移动互联网的迅速发展,人们的上网行为、消费习惯发生了很大的变化。商家们越来越看重移动端营销,开发了大量的手机网站和手机 App 来促进销售。因此,了解移动互联网营销的相关概念是很有必要的。作为互联网营销的一部分,移动营销是指通过与移动终端上的消费者信息进行交互,将个性化即时信息准确地传输到目标受众的营销方式。移动营销使用移动终端获取营销基础信息并进行处理,以实现个性化即时信息向消费者的准确有效传输和"一对一"的精确营销目的。由于移动营销是一种即时的、精准的营销方式,相比其他的营销方式,移动营销具有以下优势:

1) 移动营销更加透明化

移动设备的强大功能,全新交互方式的在线广告与品牌信息更加紧密地结合起来,让产品信息更加透明化。例如:消费者在商店购物时,可以在线查看他人对某件产品的评价;在使用产品时,可以访问该产品的 App;可以对产品进行拍照,然后将照片发布到社交媒体上。而上面所有的这些操作,全都可以在用户的智能手机上进行。

2) 移动广告提升了用户体验

移动广告使得营销商以个性化、持续不断的方式与消费者进行交流,很多时候,营销商也能获得用户的位置信息,这也进一步促进了营销效果的提升。从简单的文本消息传递到丰富的移动应用程序,企业可以使用多种方法来实现其营销目标。

3) 移动设备就是移动的媒体

现在,手机已经成为人们必不可少的日常使用物品之一,消费者随身携带,花在手机上的时间也越来越多。随着时间的推移,智能手机正在成为人们日常生活中不可缺少的工具。

4) 移动营销业务越来越多

智能手机正在改变用户开展业务、通信、消费的形式,其移动性不仅给消费者带来了各种便利,也给企业的经营带来了冲击。企业应该密切关注智能手机用户的消费趋势,根据时代变化开展各种广告营销。

5) 用户更容易接受移动广告

传统的媒体营销,如电视广告营销,在出现产品广告时,消费者一般会倾向于换台。但是,移动广告有良好的互动性,例如,在网上购物时,客户能够自主随时领取商家的优惠券。这样的广告形式大部分能够让用户触碰到,而且是此时需要的,所以这时用户对于移动广告的接受程度要远大于其他形式的广告。

营销对企业而言,是一个永远不能忽略的话题。任何企业都离不开营销,随着智能移动终端的大范围普及以及无线互联网络的不断发展,移动营销渐渐被企业熟知、重视并使用,并成为一种新的营销手段。随着智能手机、平板电脑、超级本等移动终端的出现和发展,很多数据监测机构开始对使用互联网的用户进行调查分析,因为用户使用互联网的行为、时间段、地点等将会决定企业营销的方向。营销的时间一直是营销中不可忽略的一个关键因素,例如,电视台划分出了每天的"黄金时间段",在不同时间段进行营销会有不一样的效果。

移动互联网营销也是如此,虽然移动终端始终伴随在用户身边,但是在用户繁忙或闲暇时进行营销产生的效果有很大区别。移动互联网上的广告通常不会使用户反感,相反,如果广告设计得新鲜、有趣,并且符合用户需求,将会受到用户的欢迎。移动互联网营销需要建立在对客户群的分析上,如分析用户最喜欢做的事情、最集中的时间段、用户点击广告的动机,对移动互联网营销将会有帮助。

2. 移动互联网精准营销实践

移动互联网在促进智能手机的普及和影响消费者的使用模式的同时,产生的数据也能给各种应用或其他后台服务带来帮助。从技术上来说,即使消费者不使用移动设备,他们也将生成越来越多的数据,这些数据会忠实记录他们的各种行为。随着移动用户数量的增加,大数据应用吸引了越来越多人的关注。根据中国互联网络信息中心(CNNIC)的数据,截至2021年2月,网民规模达9.89亿,网络购物用户规模达7.82亿,短视频用户规模达8.73亿,66.2%的直播电商用户购买过直播商品,这些数据中一定有你活跃的身影。

移动互联网时代,也是"大数据"时代,阿里巴巴、腾讯、百度等互联网巨头都已把"大数据"作为运营的重心。如何利用好企业自身的数据资源实现"精准营销",紧跟时代发展趋势,是现在企业家所关注的问题。如何将更多数据细分为移动营销重点,从大众营销向移动网络精细营销转变,将成为大趋势。这是基于大数据分析的移动互联网时代,在精准营销的基础上移动大数据将成为每个品牌领域的热点问题。在全媒体营销时代,移动营销已经是大势所趋,在"PC+移动"的时代,营销越来越回归其本质:在合适的时间、合适的地点,向合适的用户传达合适的信息。这也是移动营销的关键所在。

移动电商的大数据精准营销策略随着移动互联网使用人数的日渐增加而不断扩大应用范围,电子商务企业开始进军移动电商。在移动电商领域,如何通过使用大数据产生更大的价值,是当下电商企业关注和研究的核心。对大数据的分析实际上是商业智能精细化营销,在大数据时代,整个移动电商服务也将从全体服务最终走向个性化服务、精准营销。例如,淘宝网为消费者提供了种类繁多的商品,消费者有时无法便捷地找到需要的商品,大数据的应用帮助消费者很好地解决了这个问题。淘宝可以通过大量数据分析来判断这个用户是要购买还是只是逛一逛,当判断好用户的需求后,还要根据用户浏览的商品信息,利用上百种数据,针对这位消费者推荐他可能感兴趣的商品。大数据时代的数字营销为企业创造了机会,也提出了企业间平等对话、交流真实品牌信息、同客户互动、让客户参与生产的要求。在现在的社会网络环境中,这是一种营销趋势,更是内在的人文关怀。

如今,大数据已经成为整个电商开放平台了解客户、实现精准营销的重要手段,电商云平台逐渐成为电商行业业务的标配。移动电商的高速渗透、实现本地化后带来的新机会,过去企业花钱买数据,如今信息技术的发展,使得大批量的客户主动贡献数据。为了能够获得一定的折扣、优惠,就要主动贡献一部分数据。智能手机及移动互联网的发展也使得客户在不经意间按下一个键,就提供了数据,大量个性化、由客户主动提供的数据成为电商企业制定商业决策的依据。

【案例 7-2】

9 亿人在用"健康码"

新冠肺炎疫情期间,全国一体化政务服务平台推出"防疫健康码",累计申领近 9 亿人,使用次数超过 400 亿人次,支撑全国绝大部分地区实现"一码通行",大数据在疫情防控和复工复产中作用凸显。各大在线教育平台面向学生群体推出各类免费直播课程,方便学生居家学习,用户规模迅速增长。受疫情影响,网民对在线医疗的需求量不断增长,进一步推动我国医疗行业的数字化转型。截至 2020 年 12 月,我国在线教育、在线医疗用户规模分别为 3.42 亿、2.15 亿,占网民整体的 34.6%、21.7%。

【案例 7-3】

短视频用户规模增长超 1 亿

截至 2020 年 12 月,我国网络视频用户规模达 9.27 亿,较 2020 年 3 月增长 7 633 万,占网民整体的 93.7%。其中短视频用户规模为 8.73 亿,较 2020 年 3 月增长 1.00 亿,占网民整体的 88.3%。

【案例 7-4】

网络扶贫成效显著

截至 2020 年 12 月,我国农村网民规模为 3.09 亿,较 2020 年 3 月增长 5 471 万;农村地区互联网普及率为 55.9%,较 2020 年 3 月提升 9.7 个百分点。近年来,网络扶贫行动向纵深发展取得实质性进展,并带动边远贫困地区非网民加速转化。在网络覆盖方面,贫困地区通信"最后一公里"被打通,截至 2020 年 11 月,贫困村通光纤比例达 98%。

在农村电商方面,电子商务进农村实现对 832 个贫困县全覆盖,支持贫困地区发展"互联网+"新业态新模式,增强贫困地区的造血功能。在网络扶智方面,学校联网加快、在线教育加速推广,全国中小学(含教学点)互联网接入率达 99.7%,持续激发贫困地区群众自我发展的内生动力。在信息服务方面,远程医疗实现国家级贫困县县级医院全覆盖,全国行政村基础金融服务覆盖率达 99.2%,网络扶贫信息服务体系基本建立。

【案例 7-5】

网络零售连续八年全球第一

自 2013 年起,我国已连续八年成为全球最大的网络零售市场。2020 年,我国网上零售额达 11.76 万亿元,较 2019 年增长 10.9%。其中,实物商品网上零售额 9.76 万亿元,占社会消费品零售总额的 24.9%。截至 2020 年 12 月,我国网络购物用户规模达 7.82 亿,较 2020 年 3 月增长 7215 万,占网民整体的 79.1%。

网络直播成为"线上引流+实体消费"的数字经济新模式,实现蓬勃发展。直播电商成为广受用户喜爱的购物方式,66.2%的直播电商用户购买过直播商品。

【思考】

(1) 以上案例哪些环节体现出了大数据的"精准"?

(2) 除此之外,还有那些精准营销的案例?

3. 移动互联网精准营销案例

1) 大数据平台精准投放案例

对于广告主而言,安卓手机的用户量非常大,如何定位目标人群,这才是最重要的。猎豹移动基于自有的大数据系统推出了"瞄准镜营销"策略,作为针对广告主们广告投放需求的解决方案。猎豹移动大数据平台针对安卓 App 产品进行分析,以大数据为基础,瞄准镜营销为策略,帮助广告主做"品效合一"的广告投放。

随着技术的发展,现在的新媒体越来越多,对于广告主而言,因为预算有限,如何取舍确实是非常纠结的事情。猎豹移动通过 App Insight 对市场进行洞察分析,帮助广告主自助化、智能化、规模化地投放广告。这也是为什么近几年移动广告的份额持续上升,因为广告主越来越在乎广告投放的精准度。

猎豹移动利用大数据平台提炼出了安卓用户的画像代表,其中 30~45 岁的商务人士占到 24.7%,18~28 岁的青年群体占到 19.6%,20~35 岁的电子发烧友 & 手机应用达人占到 26.7%。在分析出这部分的用户标签以后,如何利用 LIBRA 数据进行精准的投放呢?以汽车为例,我们需要找到潜在购买的人群,针对广告主的需求,分析一些类似于汽车 App 的用户情况,针对这部分的用户做一个评估,再针对这部分的范围进行投放,利用大数据,以效果为基本前提辐射品牌,投放 App 或者是与广告主,比如金融、教育等行业进行深入的合作。

金山电池医生、猎豹安全大师、猎豹清理大师、猎豹浏览器……在猎豹推出这部分工具产品以后,短时间内获取了海量的用户。目前猎豹清理大师已经有4.1亿的用户,猎豹浏览器有9000万的用户,猎豹安全大师的装机用户大概有7000万。面对如此巨大的用户量级,猎豹移动一直在背后默默地为用户服务,虽然每天要处理700多万G的垃圾,而如此庞大的垃圾数据也会变废为宝,可以从中挖掘出价值。举一个简单的例子,用户下载了一个App,用户卸载了一个App,App每天打开多少次,我们都会有分析和记录,只有这样才能知道用户的哪些App产生的数据是垃圾,哪些是重要的数据,不能清理,这些都是技术活。

2) 酒店大数据精准订房案例

互联网技术的成熟,手机端的应用日益便捷,如今,无论是叫外卖、叫车还是出门旅行订购酒店,大家基本上首选通过网络订购。一方面是图个方便,另一方面是图个便宜。一般情况,网络订购都会有一些优惠。然而,大家没有注意到的是,随着大家的购物习惯逐渐从线下转移到线上,一些网络公司却开始利用大数据搞起了"杀熟"生意,老客户不但没有得到更大力度的优惠,价格反而比线下还贵。网络上频繁有网友曝出被大数据"杀熟"的经历。

"维也纳酒店"就利用大数据、移动互联网平台为用户提供在线预订、在线支付、库存管理等功能,酒店商家在快捷管理的同时全面提升客户的消费体验。

【案例7-6】

维也纳酒店的精准营销

维也纳酒店成立于1993年。2014年,维也纳酒店拥有30000多间客房,注册会员超过2000万,在全国有300多家分店,遍及全国80个大中城市,每年新增6080家。在大数据背景下,维也纳酒店升级了服务,借助微信进行精确定位并添加大量高级界面,为会员提供微信预订房间服务。同时,通过对定制菜单的深入优化,维也纳酒店不断改善平台的客户体验,有效激活了平台的消费黏性和活跃度,这体现在以下两个方面:

(1) 预订系统的建立。维也纳酒店开发微信预约系统,与PC官方网站同步实现预约,同时,通过微信渠道预订优惠实现微信预约系统的客户入住。

(2) 良好的互动体验。通过使用微信的每日签到功能,使娱乐互动和企业让利相联系,酒店的会员可以在微信平台上享受乐趣,获得收益,企业也可以通过签到情况了解部分会员入住情况。

酒店主要通过"线上+线下"的组合方式增加客户,通过在会员电子邮件、官方网站增设微信公众号二维码,再结合线下的店内摆设以标注二维码的形式吸引公众号粉丝。此外,维也纳酒店积极利用微博活动将流量引入微信,然后与微信粉丝进行各种互动,开展促销活动。酒店微信每天增加约800名粉丝,其中包括70%的男性用户和

30％的女性用户。在移动时代，微信预订必须严格监测房间库存，持续优化流程，增加其便捷性。而且在与用户互动的过程中，随时掌握用户动向，在合适的时间、合适的地点，为用户做精准的营销。

（资料来源：维也纳酒店：酒店业的三大营销趋势你抓住了吗？（sohu.com））

【思考】

（1）维也纳酒店的引流方式有哪些？

（2）线上十线下互动的营销效果如何？有哪些优缺点？

7.3.2　App 精准营销

移动互联网的发展之下，移动终端的 App 应用成了企业在移动互联网上实现精准营销所关注的焦点，因为只要是智能手机就离不开 App 应用软件。企业开发自己的移动客户端，能够实现数据的快速收集，对用户全方位地进行分析，从而帮助企业进行产品的精准营销。

1. App 精准营销的基本概念

App 是 Application 的简称，著名的 App 商店有苹果的 iTunes 商店、Android 市场、Black Berry App World 等。一开始，App 营销通过在虚拟社区、SNS 和其他平台上运行的应用程序来完成。但是，随着移动互联网的飞速发展，App 营销逐渐以移动手机为主流实施平台。App 营销之所以能够逐渐成为主流，最主要的原因除了用户众多外，还包括其与 PC 版普通网站营销相比，存在的巨大优势：

1）成本低廉

进行 App 营销只要开发一个适合于本品牌的应用就可以了，可能还会需要一些推广费用，但相对于电视广告、报纸，甚至是网络而言，都要低很多。这种营销模式的营销效果是电视、报纸和网络所不能代替的。

2）促进销售

毫无疑问，凭借 App 应用程序的竞争优势，产品和企业的营销能力得到了提高。App 实用性强，用户可以使用各种类型的 App 使手机成为生活中的实用工具。用户将 App 下载到手机中，其丰富的界面和各种活动将形成很好的用户黏性，增加交易成功机会。

3）信息全面

更全面的商品信息可以激发用户购买该商品的消费意愿，移动应用程序图文并茂，并结合视频等多媒体工具充分显示产品信息，使用户可以多角度了解产品情况。通过了解产品信息来激发用户购买商品的欲望，减少因用户不熟悉产品而丧失的交易机会。

4）跨时空

任何营销的最终目标都是占领更多的市场份额并赢得更多客户，互联网信息交换具有不受时间限制和空间限制的优点。企业可以不考虑交易的时空限制，人力资源充足情况下甚至可以一天 24 小时不间断提供全球营销服务。

5）品牌建设

移动应用程序的快速传播优势可以让用户了解优秀的品牌历史文化,增强对企业的认同感,提高企业的品牌形象,进而提升品牌实力。良好的品牌形象是企业的无形资产,在很大程度上能增强企业的竞争力。

6）随时服务

通过移动应用程序获取产品信息,客户可以随时从移动应用程序购买商品,PC网站很多情况下仅适用于计算机页面,不适用于移动页面。手机App是针对手机屏幕而定制的,文字和图片的显示比例适合手机浏览,符合手机用户的视觉习惯和需求。同时,移动端的便利性也使得用户能随时享受企业服务。因此,App营销在用户体验上具有得天独厚的优势。

7）精准营销

精准是精准营销最大的特点,这一点在应用程序营销中更为常见。借助先进的大数据技术、移动通信技术和发达的物流体系,可以保证企业与客户的长期、个性化信息,积累客户数据,动态调控,从而满足营销精准性的要求。

8）互动性强

App营销可以使用户和企业直接沟通,去掉了传统传播媒介的中间环节,这种互动更加及时有效,也是其他传播媒介无法取代的。通过手机和互联网,可以轻松满足企业与个人客户的通信需求,这对于产品设计、产品定价、促销和售后服务等工作都具有重要意义。

2. App精准营销模式和方法

在众多的功能性App应用和游戏应用中,针对不同产品需要选择不同的营销模式,不同的营销模式会带来不同的营销效果。不管什么营销模式,只要将广告投放到热门的、与自己产品受众消费相关的App应用上,就能达到良好的传播效果。目前较为常见的App营销模式有广告营销、App植入、用户营销、购物网站模式四种。

1）广告营销

广告植入是许多功能性和娱乐性应用中最基本、最通用的营销方式。用户单击广告时,将直接转到广告指定的界面,以了解有关广告商的更多信息或参加广告活动。广告植入操作比较简单,植入地点的选择范围也很广。广告受众很大程度上是企业的目标顾客群体,将广告投放到与企业相关的App上,针对性比较高。

2）App植入

由于App前期开发成本很高,而应用商店里大部分的App都是免费的。为了盈利,App开发商会通过广告等形式换取收益,比较常见的App植入有内容植入、道具植入、背景植入。内容植入就是在App中植入与App应用领域相关的产品广告信息,例如在游戏应用中植入游戏笔记本等广告;道具植入就是在App应用中植入与游戏道具相关的广告,例如将某品牌的香肠植入菜谱App中;背景植入就是将某品牌的产品标志或者商标作为App的背景产生宣传效果。

3）用户营销

用户营销就是企业把符合自己定位的应用发布到应用商店内,供智能手机用户下载,用户利用这种应用可以很直观地了解企业的信息。例如,宜家家居利用移动互联网带来的便利,改善了消费者的体验形式,还用互动科技提升了品牌形象,进一步抓住了用户的心。相比植入广告模式,用户营销具有软性广告效应,客户在满足自己需要的同时,获取品牌信息和商品资讯。另外,用户营销模式具有很强的试验价值,能够让用户了解产品,增强产品信任度,提升品牌美誉度。

4)购物网站模式

购物网站模式就是将以往需要通过互联网浏览器才能浏览的营销方式,延伸至移动互联网端的 App 应用中。在移动互联网购物飞速发展的今天,推进电商企业向 App 全渠道方向转型,已经成为购物网站发展的必然趋势。就目前而言,基本上所有的电商企业都有自己的 App,如淘宝、京东等。

无论是什么样的营销模式,商家的最终目标无非是找到稳定的客户,而想要找准客户,就必须精确定位。移动互联网的用户大多时候处于移动的状态,而 LBS 以其精准的定位功能使得精准营销成为可能。

(1)LBS 是一项基于位置的服务,可通过无线电通信网络或电信移动运营商的外部定位模式获取移动用户的地理位置,再结合其他技术应用为用户提供服务。LBS 主要包括两个含义:一是确定移动设备的地理位置;二是提供移动设备所处位置附近的各种信息。因此,LBS 是借助移动互联网或无线网络来确定客户位置并且提供相关服务的。

(2)一般来说,LBS 由移动通信网络和计算机网络组成,两个网络之间的交互是通过网关实现的。移动终端通过移动通信网络发送请求,通过网关将这些请求传输到 LBS 服务平台,然后服务平台根据请求和位置信息,将结果传给客户。现在常用的美团外卖点单过程就使用了该功能,用户通过 LBS 可以获知附近的各种商铺。

(3)LBS 需要数据支撑。在大数据时代,LBS 如果没有数据的支撑,将逐渐被市场淘汰。大众点评的广告推广业务在几年前曾经是一种发展很成熟的盈利模式,但是,随着大众点评的浏览数据逐渐向移动端迁移,原有的广告产品逐渐不适应现在的局势,所以大众点评后来将重心转移到了移动端和美团上。调整后的大众点评最主要的就是基于大数据和 LBS+的广告模式。

目前全国涉足大数据营销的企业数不胜数,然而大众点评有纵深的时间维度,以及与消费、交易很贴近的大数据积累。大众点评通过对数据进行挖掘,提升用户体验,再给合适的用户推荐匹配的商户,本身就是一个根据用户进行精准营销的过程。

3. App 精准营销案例

【案例 7-7】

海底捞 App 精准营销

海底捞成立于 1994 年,是一家以经营川味火锅为主、融汇各地火锅特色的大型跨省直营餐饮品牌火锅店,在全国范围内都有分店,销售业绩也极为亮眼。

2018 年 11 月 29 日,海底捞正式上线最新 App"Hi,海底捞",该款 App 是与阿里云团队合作打造出的一款个性化的产品,通过阿里云的先进技术支持,为客户创建全新的"捞体验"。这款名叫"Hi(嗨)"的 App,历经 5 个月的时间,由阿里云团打造而成,最大的特点就是凭借先进的互联网技术架构,为客户提供个性化的点菜需求。该款 App 也创造了餐饮业首个能兼具智能化和个性化的服务软件。其背后的设计理念折射出来的经营策略在行业内也十分领先。

Hi App 的主体色调以红色为主,给人以红红火火、热辣鲜活的感觉。通过强大的智能系统可以服务于 3 000 万会员和上千家门店,不仅让排号、预订、点餐等基础功能更加流畅,还开发了社区、短视频分享、智能语音交互等功能和技术,并且为用户提供了游戏、社交、娱乐等增值服务。另外,24 小时在线的智能客服可以做到有求必应。

所谓"个性化"是因为这款"Hi"App 能"记住"3 000 万注册会员每个人不同的口味和喜好。通过客户对 App 的使用,不断将相关数据进行积累和分析,不断地了解客户的餐饮习惯,最终成为客户的"私人饮食管家"。当客户打开 App 的时候,不同的人所看的菜品推荐、促销信息、达人分享等内容也都不同。

不仅服务内容更加个性化,服务的场景也愈加丰富。正像海底捞首席战略官周兆呈在评价这款软件的时候所说:"新技术增强了经营者与消费者之间的连接,提升了运营效率,增强了顾客的体验,丰富了海底捞为顾客服务的场景和可能性。"

（资料来源:海底捞火锅店打造了个"超级 App"——一个懂客户心声的 App（xmlhgx.com））

随着移动互联网的迅猛发展,为了吸引更多的顾客,打造企业品牌,餐饮业也兴起了 App 营销的热潮。以服务著名的海底捞为了迎合消费者的消费方式,也开始尝试打造属于自己的 App 订餐平台。通过洞悉消费者的消费心理,秉承顾客为本的理念,为用户提供了便于消费的 App 频道。海底捞为用户提供了十分丰富的 App 消费体验,用户登录后可以立即享受在线商店的位置获取、提前预订座位、在线订购、了解优惠活动和其他服务,并且将消费感受同步到社交网站。此外,海底捞 App 还拥有一套社交体系,用户可以从其他用户分享的信息中得到更多关于美食的信息,例如,从"Hi 活动"中可以了解海底捞的一些优惠活动。

而站在大数据的立场上来看,海底捞 App 与大多数 App 一样,为餐饮企业进行精准化、个性化的营销提供了便利,主要体现在以下几点:根据用户的评价为餐饮企业提供参考依据;根据用户订单判断大多数用户偏爱的口味;根据消费时间准确把握客流高峰期;根据用户的消费记录进行精准的菜品推荐。用户利用海底捞 App 查询附近海底捞店铺的位置,领取电子优惠券,促进消费。

【案例7-8】

沃尔玛用 App 精准营销

沃尔玛公司是美国一家世界性连锁企业,以营业额计算,为全球最大的公司。随着移动互联网的快速发展与智能手机的广泛应用,作为一家全球性连锁零售超市的沃尔玛,也开始意识到移动电子商务的重要性,推出了可以让消费者进行智能手机消费与支付的应用软件 Walmart App,Walmart App 的应用界面如图 7-7 所示。

图 7-7 Walmart App 界面

随着电子商务的加入,零售行业面临更大的竞争,大数据技术、移动化环境给零售带来新的增长点,提高每个消费者的个性化体验成为零售行业的竞争点。这些竞争都将发生在客户的智能手机中,沃尔玛用大数据来改善商店中消费者购物体验。沃尔玛发现 Walmart App 可以吸引消费者进行消费,安装该应用程序的用户光临沃尔玛实体店的频率更高,与普通顾客相比,在沃尔玛超市花费的时间多了 40%。沃尔玛会员的各种信息都被记录在沃尔玛系统内,结合客户的手机定位,当客户离某个沃尔玛超市很近时,Walmart App 就会根据客户的购买记录向其提供购买频率高的商品优惠券,刺激用户的购买欲望。

沃尔玛使用的 Scan and Go 系统还可以让客户在超市中用手机扫描商品二维码结账,节省排队结账时间。除此之外,会员在完成每次移动支付的同时,沃尔玛会更新该客户的消费记录数据,并且预测客户下一次购买该商品的时间,方便 Walmart App 向其推荐商品及发放优惠券。

(资料来源:怎样让更多消费者使用 App? 沃尔玛告诉你! ——雨果网(cifnews.com))

像沃尔玛这种精准化、及时性的营销背后是需要有强大的数据作为支撑的。这种营销模式类似于现在商场的会员卡机制,便于商家了解用户购买了什么、大概可以用多久,计算着快用完时便打电话给用户,推送优惠信息。只不过在移动互联网时代,这些都可以交给一个小小的 App 完成。对于零售业来说,无论什么时候,想要做到这种精细化的精准营销,都离不开大数据对用户的分析,而像沃尔玛一样利用 App 来完成精准营销,将是大数据时代移动互联网实现精准营销的发展新趋势。

7.3.3 微信精准营销

微信如今作为国民软件,拥有 11 亿用户,这是一个非常庞大的"流量海",微信营销就是利用微信这片"流量海"进行营销的一种方式,而微信附带的社交属性使其能够精确到个体用户。

1. 微信精准营销的基本概念

微信营销是指利用微信进行产品销售,是移动网络营销中最常见的营销方式之一。微信对距离没有限制,用户在注册微信后,便可以订阅自己喜欢的信息。商家也可以通过提供用户所需的信息来促销其产品,并实现点对点的营销。传统的移动通信营销方式一般是电话销售或者短信推销,这些传统的沟通方式过于单一且效果不佳。微信不仅改变了人们的沟通方式,也使企业的营销方式更加灵活,节省了营销成本。同时,微信多样化的信息发送和接收方式也极大地吸引了用户的注意力。

相比其他营销方式,微信营销有许多优势。

1) 增加收入,节约成本

顾客可以通过各种渠道成为微信的粉丝,获得企业信息。如果企业的产品能够达到顾客的预期值,那么顾客就会成为微信忠实的粉丝。要知道传统的营销模式中,一个企业想要得到一个忠实客户,要付出的代价是相当高的。而一个忠实客户通常会反复地购买,这就为企业在宣传上节省了很多成本。

2) 快速收集客户反馈信息

通过微信公众平台设置或人工回复,可以实现与客户的即时互动,收集客户第一时间反馈的信息,有利于企业及时采取措施,为用户提供更人性化的服务。

3) 提升客户管理

微信这种带有社交属性的营销方式具有很高的精准性,企业能够通过微信公众号或者服务号时刻关注客户的反馈信息,了解客户的需求,收集客户对产品的反馈信息,有效解决客户提出的问题,提升客户对企业的满意度。

4) 提升形象效应与口碑效应

微信服务的质量是无法展览的,靠的是客户之间的口耳相传,树立好企业形象,企业的口碑效应也就越好。同时,满意的客户也是企业免费的广告资源,他们会将自己切身的感受传播给自己熟悉的人,这比花钱做广告更有效,可以迅速提高企业的知名度和企业形象。

5) 增强企业核心竞争力

企业竞争实质是客户的争夺,老客户则是客户争夺中的维护核心,做好客户维持是企业的一大要务。企业能够通过微信公众号或者服务号及时接收客户投诉及其他反馈建议,能更好地开展售后工作,以客户为服务中心,提供更加贴近客户真实需求的产品和服务,提高客户对企业产品的满意度。

6) 保证企业与客户实现双赢

微信营销并不是让哪一方成为赢家,只注重企业的盈利而忽略了客户的利益,那将会使企业走下坡路;而太过注重客户利益,也会将企业战线拉长,甚至拖垮企业。所以,无论什么样的营销模式,都要以企业与客户的双赢为目的。也只有这样,企业才能永远留住自己的忠实客户,同时为企业带来更大的收获。

2. 微信营销基本模式

微信日渐盛行,如何做好微信营销是企业占领移动互联网营销市场的关键,而如何利用微信的特殊功能形成一种独具特色的营销模式,是微信营销要迈出的重要一步。目前微信营销主要有四种常用的模式。

1) 朋友圈营销

微信营销就是通过微信"交朋友",让别人关注到自己。微信朋友圈营销是在朋友圈发送营销动态,引导朋友支持自己,购买自己的产品。微信朋友圈营销有两个优点:一是同一个交友圈通常存在共同的兴趣爱好,这也是朋友圈营销的一大优势;二是微信通讯录的其他用户基本上与用户本人存在社交关系,这很大程度上解决了交易中的信任问题。朋友圈的这两个特点使得朋友圈营销有着很强的针对性和良好的营销效果。

2) 陪聊式对话

社交软件都有一个不可或缺的功能,那就是聊天。微信开放平台提供基本会话功能,让品牌与用户之间交互渗透,使品牌在短时间内获得一定的知名度,所以许多知名企业都会选择在微信上与用户进行实时对话,从而拉近与用户的距离。陪聊式对话通常有两种形式,一种是真实对话,另一种是智能回复。真实对话通常是由企业安排工作人员与用户进行实时对话;智能回复是指企业下载智能回复软件并对其进行设置,就可以智能答复用户问题了。

3) 扫一扫折扣式

微信还可以使用二维码扩展业务,对于二维码,到目前为止已经开发出越来越多的商业用途。企业建立自己的品牌二维码,微信用户只要使用微信扫一扫特制的二维码,就可以成为企业的会员。一些二维码也是企业活动很好的传播工具,用户扫描二维码进入活动页面,了解企业活动的详细信息。二维码营销以微信庞大的使用人群为基础,具有很高的活跃度。

4) 互动式公众号平台

微信公众平台是从微信 4.0 版本开始推出的新功能,其目标用户就是企业和机构等,它向所有用户打开了一个门户,信息和资本在这里高速流通。想在如火如荼的微信营销中脱颖而出,商家必须掌握运营技巧。开始运营微信公众号之前,运营商需要做好平台的内容划分,不仅要满足关注用户的产品相关需求,还要推送休闲娱乐信息满足用户的情感需要。企业可以开发自定义回复接口,通过"我的周边"提供查询周边美食、生活服务、购物、酒店以及休闲娱乐等信息服务。在微信这个平台上,用户与企业处于长期的互动状态,企业完全可以通过用户在微信公众平台上的搜索,分析出客户的需求,就像搜索引擎一样。例如,用户每个月什么时间会查询产品信息,用户大概需要什么类型的产品等,这些都将成为企业进行精准营销的重要数据,通过这些数据,就能实现产品的精准推送。总之,微信通过对用户具体使用时间、具体行为数据的整合,构建相应的数据分析模型,对平台数据进行深度挖掘,庞大的用户基础、真实的用户数据是微信独有的营销优势。

习　题

1. 大数据精准定位的方法有哪些?
2. 精准营销的数据应该如何获取?
3. 精准营销时如何筛选目标客户?
4. 举例说明微信营销的优缺点有哪些?

扫描二维码获取
本章思维导图

第 **8** 章

大数据营销策略——关联营销

📝 **本章知识点**

（1）关联营销的概念与过程。

（2）关联营销的方式、方法与手段。

（3）购物篮关联分析方法的应用。

（4）关联营销的形式与商品选择。

如何进行关联营销，相信很多人还停留在这种观念中。单纯把产品用罗列的方式摆放叫作陈列式关联。然而这种罗列方式在很大程度上取决于你摆放时的逻辑性。还有一种是搭配关联，就是将多个在相关情景中可以使用的产品放在一起进行推荐，此时你要做的就是设置一个场景，因为搭配只有在一定场景中才能显示出效果，激发消费者购买欲望。在关联营销中，一家企业的网站上或者其他平台有另一家企业所售产品的描述、评价、评级和其他信息加到后者的链接。也可能是同一家企业对同款产品的交叉但有关联的引导销售，即一款产品销售页面上除了本身产品的一些信息之外，将同类型或者有关联的产品信息放在上面，实现多款对比。这也提高了用户自主选择和网站黏性。关联营销一般称之为"购物篮分析"，也被比喻为"零售分析皇冠上的明珠"。

8.1 关联营销概述

8.1.1 关联营销的概念

关联营销是一种建立在双方互利互益基础上的营销，在交叉营销（交叉营销是指把时间、金钱、构想、活动或是演示空间等资源整合，为任何企业提供一个低成本的渠道，去接触更多潜在客户的一种营销方法）的基础上，在事务、产品、品牌等所要营销的东西上寻找关联性，以实现深层次的多方面引导。同时，关联营销也是一种新的、低成本的、企业在网站上用来提高收入的营销方法。关联营销有时候也叫绑缚营销，目前在很多店铺里面已经开始使用了。关联营销是指一个产品页同时放了其他同类、同品牌可搭配的有关联的产品。

随着大数据技术的进步和发展,大数据的商业应用也越来越广泛。特别是在电子商务领域,大数据营销技术在许多方面都有了广泛的应用。商品的关联营销是商业领域最前沿、最具挑战性的问题之一,也是许多企业研究的重点问题。

在关联营销中,可能是一家企业的网站上或者其他平台上有另一家企业所售产品的描述、评价、评级和其他信息的链接,也可能是同一家企业对同款产品的交叉但有关联的引导销售,即在一款产品销售页面上除了本身产品的一些信息之外,将同类型或者有关联的产品信息放在一起,实现多款对比。这些都提高了用户自主选择和网站黏性。因此,关联营销一般称之为"购物篮分析"。购物篮分析是通过发现顾客在一次购买行为中放入购物篮中不同商品之间的关联,研究客户的购买行为,从而辅助零售企业制定营销策略的一种数据分析方法。掌握商品的关联特征后,就可以制定合理的营销策略,在提升转化率、提高客单价和提高店内商品曝光率方面获得优势。

8.1.2　关联营销的要素

消费者的时间是有限的,所以如何吸引消费者进店消费,从而提高自己店内的客单价就成了卖家们最头疼的问题。虽然高价格可以提高客单价,但也会对我们的转化率造成影响,甚至会造成转化率严重下滑,这是所有卖家们最不愿看到的。那么,如何去提高我们的客单价呢? 首先就要从消费者购买产品的件数入手,消费者在我们店内购买的件数越多,我们的客单价也就提升得越快。这里面就涉及提高客单价的方法——关联销售。

大多数人在关联销售这一部分的理解上就是错的,以为只要让消费者多买就好,但事实上却总是事与愿违。而且正是因为有这样的理解,所以在做关联销售的时候,很难有让人惊艳的创意或效果。那么我们要怎样做关联销售呢? 这取决于三个要素:转化率、客单价、流量。

1) 转化率

提高店铺转化率,关联你的利润款,对比效应叠加,让利润最大化,或实现关联爆款。销售是有层次的,你要把贵的商品和便宜的商品区分开,不能便宜的和贵的都是一个样。贵的一定要有贵的理由,虽然很多情况下只是原料成本问题。现在依然是后爆款时代,爆款还是最重要的引流武器,那么你需要让消费者尽可能地去买他想要的产品。

2) 客单价

既然消费者能够帮助我们提高客单价,那我们就要想办法留住消费者,比如满减送、满赠(尽量去送一些消费者用得到的东西)、多买优惠。道理都是一样的,都是为了刺激顾客消费。

例如,客户买了一个拉杆箱,关联推荐旅行套盒、相机防水袋、mini 折叠雨伞等,还可以推荐顾客购买一套箱贴,让箱子与众不同,买箱贴送一个旅行牙刷等。所以,要买大推小,推送能配合的东西。这就需要去丰富产品线,让产品线中富含所谓的客单价款、套餐款。所谓的关联销售就是要站在客户的角度去思考问题,更多的是在为消费者解决购物难题。

3）流量

追求流量的目的是防止客户跳失率增加。跳失率,实质是衡量被访问页面的一个重要因素。此前用户已经通过某种方式对页面形成事实上的访问,跳失的原因无非是因为感觉搜索点击达到的页面与预期不相符合,即页面内容、服务,甚至整体网站感觉与之前预期不符。

简单来说就是,客户点击链接进入店铺,因为某些因素没有购买就出去了,这样的客户越多,我们店铺的跳失率越高。从而导致店铺数据下降,排名靠后。

8.1.3　关联商品的选择

对于关联商品的选择,很多卖家或许还没引起重视,认为只要店铺里有的商品直接放上去就行了,证明我也做关联销售了。大多数情况下,这种关联销售的方式是没有任何效果的。那么,该用什么样的商品去做关联销售呢?

1）注重价格区间

产品价格区间的选择,是取决于目标人群的标签选择。想要知道你所关联的是不是同一价格区间,同一类目下的商品,只要搜索核心关键词就可以看到价格区间了。

举个例子,如果你的店铺中既出售连衣裙,又出售女鞋,而你此时要做关联销售的不是同一类型的产品,如你想让买家在购买"连衣裙"的时候搭配上"高跟鞋",那么此时你要看进店产品是处于哪个价格区间的,然后再搭配上对应价格区间的产品。

2）注重产品细节

产品细节容易被忽略,认为同样的产品进行简单关联即可,这种做法是万万不可取的。例如,店铺中的引流款是一件中式连衣裙,那么说明进入店铺中的消费者是喜欢中式风格的服装,但是你此时关联了一批韩式连衣裙,你觉得你的消费者会喜欢这批衣服吗?

在这样的前提下,如果关联的是同类商品的话,在详情页的前端,你可以关联一些细节差距比较小的商品,因为消费者在线上购物主要是通过关键词搜索来找到自己喜欢的商品,在第一时间能关注到自己喜欢的商品,能大大促进成交;如果你把关联商品放在了详情页的尾端,那么你就可以关联一些细节差距比较大的商品,因为消费者浏览后发现商品不符合自己的需求,如果发现有其他更好的产品,也是不介意多停留,这样可以减少店铺流失率。

8.1.4　关联营销的形式

市场上的竞争形态多种多样,大致可以分为五类:生产形式、产品形式、推销形式、营销形式和社会营销。各种形式都是在一种关联下从事的营销活动,而社会营销形式是较为高层的一种营销观念,它不仅重视营销的效果,还考虑社会方面的问题,承担起了一部分社会责任。对社会关联营销来说,它不仅借助新闻舆论的影响提升了自己的名声,而且还承担一部分社会责任,在这两种结合的情况下,增加产品的销售额。

1）销量决定型

销量决定型就是把产品营销的多少与社会责任的大小挂上钩,产品的销量越多,营业额越多,捐给公益事业的款就越多。美国的运通公司就是这样做的,它可谓是社会关联营销的创始者。1981 年,运通公司向基金会捐款,捐款的多少不是取决于公司的利润,而是用户使用运通卡的次数。每个客户使用一次运通卡,公司就捐赠一美分给基金会。这与农夫山泉推出的"阳光工程"类似,在当时也获得了巨大的成功。

2)公益事业型

冠名公益事业型就是把自己的产品或企业品牌冠上公益事业的名字,这是现在商家们惯用的手法。我国的一些跨国大公司一般都是采用这种形式,如可口可乐、耐克等公司。从 1993 年起,可口可乐在中国 28 个省建了 55 所"可口可乐希望小学",捐赠 102 个希望书库,使 8 000 多名儿童重返学校,这些"工程"所用的钱共计 3 200 万元人民币。

3)义卖捐款型

义卖捐款型就是指定几件固定的产品,让用户购买,并将销售的营业额全部捐给公益事业。在这方面,宝洁公司就做过这种活动。

4)抽奖捐赠型

抽奖捐赠型是在购买物品之后,购买者有一次抽奖的机会,如果抽中,企业将会以购买者的名义将这件物品捐给希望工程。

5)主题活动型

主题活动型是公司组织一群志愿者,以公司的名义去山村或是贫困地区开展资助活动,以引起媒体的关注和社会舆论。

6)设立基金会或是奖项

设立基金会或是奖项是以公司的名义设立基金会。在国外,很多大型公司都设立了自己的基金会,也可以在大学以公司的名义设立奖学金等。

关联性是指两个产品的作用或是构造相似度的多少,它们之间既有独立性,又具有相关性。相关性的分析是指对两个以上产品之间的密切程度的判断,相关性的东西几乎覆盖了生活的方方面面。有时看似两个物品根本没有关联性,但实际上它们也可能以某种巧妙的方式关联到一起。关联产品一般就是买了主要产品还要购买辅助产品配合使用,产品之所以放在一起是因为有关联性。A、B 两类产品,是能配合使用或是有关联性的产品,所以才摆放在一起。区分产品的种类一般是看产品的作用或是产品的构造,包括主品类、次品类和大分类、小分类等。关联性的供应商都可以生产相关性的物品。

产品的关联不能与信息脱节,不少零售商都清楚产品的种类与结构,但是没有依据信息把相关联的物品进行分类。当需要分类的情况下,只能打出单类物品的信息,员工还需要根据信息给这些产品进行关联性的整合。另外,产品的关联信息也会随着购物者习惯的改变而改变,例如,传统的婴儿用品是放在儿童用品当中,但是为方便孕妇给未出生的宝宝购买日常用品,婴儿类的用品和孕妇类的用品放在一起还是比较合适的。

在传统的营销活动中,品牌是商家和供应商的核心。几乎所有的营销活动都是以品牌为主,从产品的生产到开发,再到销售等都是围绕着品牌来转的,连营销状况的分析也是以品牌为中心。零售商没有对关联性产品进行组合、陈列及摆设调整,都是以供应商的品牌来进行分类、陈列的,而不是以产品的关联性来摆放。企业应该打破这种以品牌陈列物品的规律,才能追求更高的利益。要想对关联性不强的产品进行分类整合,应该先掌握用户的购物情况,在收集用户的需求并对其进行分类归纳后,再制定产品的种类、产品组合管理等。

【案例8-1】

你不知道的滴滴大数据

拥有海量用户、车辆、司机以及交通轨迹的大数据对于滴滴而言,已经不再是纸上谈兵,在司机接入、智慧交通等多个维度产生了实际效用。滴滴近日披露,在其严格的注册审核机制下,共有超2500万名"问题司机"被拒之平台外。而通过大数据实时分析、智能上车点推荐等领先技术,全国20个机场上线"智能引导"功能,帮助乘客快速出港。

2016年7月,中国互联网协会分享经济工作委员会联合滴滴对外发布移动出行驾驶人员禁入标准,首次明确网约车驾驶人员资格审查"负面清单"——有暴力和危害公众安全的犯罪、严重治安违法、交通安全违法三大类违法犯罪记录人员,以及精神病人、涉毒人员,都将被一票否决,禁止进入移动出行平台。

滴滴是行业内率先与国家相关部门展开合作并共同进行犯罪记录筛查的出行平台。推出"负面清单"、实行背景筛查的同时,滴滴与全国多地公安机关携手合作,持续推进"三证验真"以及"人车一致"等注册审查工作,并且通过人像认证、声纹识别等技术手段设置准入门槛。滴滴表示,平台强制要求司机及车主进行"三证验真"。滴滴自成立以来,司机、车主都需要提供身份证、驾驶证和行驶证等信息才能成功注册;滴滴还于2016年5月上线了"车型一致"功能。乘客如遇到车牌信息不符、车型不一致的情况可通过App内的投诉通道直接反映,并拒绝搭乘车辆。

人像认证是指滴滴通过人脸等生物识别技术对司机的身份信息进行二次确认。人脸识别是由人工智能在大量的人像数据库中查找、检索特定人员的身份信息,将待验证身份人员的照片与数据库中照片逐一比对,根据比对结果按相似度排列,从而对照片中的人进行准确身份识别和鉴定;声纹识别的原理与人脸识别的原理相似。人像认证系统定期更新升级,其中人脸识别功能已100%覆盖接入平台的出租车,并在快车、专车、顺风车等业务线快速推广。同时,滴滴未来还将上线声纹识别系统,目前正处于最后的调试状态。

滴滴所采用的数据库均有公安部门的相关备案,且定期更新数据。上述超2500万名被拒"问题司机"或因身份证、驾驶证、行驶证中一证或多证存在问题,被挡在了平台门外;或因适配滴滴开出的"负面清单"中的一项或多项,卡在了背景筛查环节;还有司机因自身或车辆问题无法通过审核,代人注册,使用他人账号,均被人像认证、反作弊等技术手段识别出来。

大数据的比对能够严控司机接入,还能让智慧交通变成现实。滴滴透露,北京首都国际机场、深圳宝安机场等20个机场上线"智能引导"功能,通过大数据实时分析、智能上车点推荐等领先技术,帮助乘客快速出港,让机场出行变得更加智能。滴滴"智能引导"首期覆盖了滴滴快车、专车业务线。目前,凡是在北京首都国际机场、深圳宝安机场等 20 个机场通过滴滴 App 呼叫快车、专车,并使用了滴滴机场推荐上车地点的乘客,被接单后,均可在等待接驾界面上看到引导提示,并可获得一份"机场乘车指南"。

"机场乘车指南"包含的"智能引导"形式共有三种:实景引导、文字引导和路径引导。

其中,实景引导将为用户提供文字加实景图的引导,文字引导将为用户提供文字加简易地形示意图的引导,路径引导则将为用户提供二维俯视的路径引导。滴滴还将通过"智能引导"功能对机场各个上车地点进行智能分流推荐,帮助机场快速分流出港旅客。滴滴在 20 个机场共挖掘建设了近百个推荐上车地点,均基于机场交通状况、停车难易、乘客寻找难易度等信息,通过大数据机器学习技术挖掘得出。而随着数据的不断迭代,这些推荐上车地点的信息也会随之更新升级。

推荐上车地点是滴滴自主研发的智能功能之一,旨在帮助司乘快速对接,提升接驾效率。目前,滴滴已在全国范围内挖掘了超过 3 000 万个推荐上车地点。而随着数据、技术的不断迭代,推荐上车地点也正在迸发出新的能量,从单一的司乘接驾地点向智慧交通建设的基础设施进化。滴滴方面透露,未来除机场外,滴滴还将为城市火车站提供智能引导。

（资料来源:你所不知道的滴滴大数据(sohu.com)）

【思考】

请试想一下,滴滴有哪些大数据关联营销的场景?

8.2　关联营销的分析方法

8.2.1　简单关联规则

1）简单关联中的事务和项集

事务就是简单关联分析的对象,事务可理解为一种行为。例如,百货商店顾客的购物行为是一种事务,网页用户的页面浏览关注行为也是一种事务,一份财产保险公司的汽车保单也是一种事务。

项目是事务中涉及的对象,一个事务通常包含若干个项目。一个项目可以是一种商品、一个网页链接、一个险种等。若干个项目的集合称为项目集,简称"项集"。我们把属于同一个事务的所有项目组成的集合,称为事务的项集。

以淘宝线上客户购物行为的事务和项集为例。小明喜欢在淘宝上购物,当他想购买某商品时,会在淘宝上浏览,一遍又一遍地研究该商品,也会关注它,甚至把它放入购物车。经过一段时间的研究,小明才会准备购买,同时,小明也准备购买其他商品。最终他购买了 A、B、C、D、E 共 5 件商品。在这里,小明的购物行为就是一个事务。他购买的 5 件商品 A、B、C、D、E 的集合就是项集。为了研究方便,我们会给每个事务一个 ID(标识),对应每个 ID 就有一个项集。其他客户也会在淘宝上购物,也会像小明一样有自己的购物篮,购物篮里有自己喜欢的商品,示例如表 8-1 所示。

表 8-1　顾客购买行为数据示例

事务 ID	项集	备　注
1	ABCDE	
2	BEF	表中不同的字母代表不同的商品
3	CDG	
4	ABDF	

2) 关联规则的表达形式

简单关联规则的一般表达形式是:前项→后项[支持度(Support)=s%,置信度(Confidence)=c%],或表达为:$X→Y$($S=s$%,$C=c$%)。其中,X 称为规则的前项,可以是一个项目或项集,也可以是一个包含项目以及逻辑操作(与∩、或∪、非│)的逻辑表达式;Y 称为规则的后项,一般为一个项目,表示某种结论或事实;括号中,$S=s$% 表示规则支持度为 s%,$C=c$% 表示规则置信度为 c%。

简单关联规则的含义是:有 c% 的把握程度相信有前项则有后项,该关联规则的适用性为 s%。规则支持度和置信度是对关联规则的评价测度。

例如,面包→牛奶($S=85$%,$C=90$%),就是一条简单关联规则。前项和后项均为一个项目。该关联规则的含义是:有 90% 的把握程度相信购买面包则购买牛奶,该规则适用性为 85%。

再例如,性别(女)∩收入(>5 000 元)→品牌(A)($S=80$%,$C=85$%),也是一条简单关联规则。前项是涉及多个属性项集且包含逻辑与(∩)的逻辑表达式。这里,不同属性项集和属性取值(项目)用"属性名(属性值)"的形式表示,如性别(女)表示性别是女,收入(>5 000 元)表示收入大于 5 000 元。该关联规则的含义是:有 85% 的把握程度相信收入大于 5 000 元的女性倾向购买 A 品牌,该规则适用性为 80%。

3) 置信度和支持度

关联规则是形如 $X→Y$ 的表达式,其中 X 和 Y 不相交。置信度和支持度这两个指标用于测量关联规则的强度。支持度也称为相对支持度,表示 X 与 Y 同时发生的概率。置信度是指 X 发生的条件下 Y 发生的概率。因此,支持度和置信度可以分别用下列公式表示:

Support($X→Y$)=C($X∩Y$)

Confidence($X→Y$)=S($Y|X$)

4) 频繁项集

项集是项的集合,包含 k 项的项集称为 k 项集。项集的出现频率是所有包含项集事务的级数,又称绝对支持度或支持度计数。若存在项集的支持度满足预定义的最小置信度或最小支持度的阈值,则称此项集为频繁项集,频繁 k 项集通常记作 L_k。而同时满足最小置信度和最小支持度的规则称为强规则。包含 1 个项目的频繁项集称为频繁 1 项集;包含 k 个项目的频繁项集称为频繁 k 项集。

根据频繁项集的定义很容易得到以下结论,即频繁项集的子集一定是频繁项集。例如,$\{A,B,C\}$是一个 3 项的频繁项集,则其子集$\{A,B\}$、$\{B,C\}$、$\{A,C\}$也一定是 2 项的频繁项集。反之,如果在不是频繁项集的项集 I 中添加事务 A,那么新的项集 $I\bigcap A$ 一定也不是频繁项集。最大频繁项集是 k 最大时的最大频繁 $k-$ 项集。确定最大频繁项集的目的是确保后续生成的关联规则具有较高的普适性,即得到的关联规则具有较高的支持度。在之后寻找频繁项集的过程中,频繁项集的这一特性经常被用到。

8.2.2　关联规则的有效性和实用性

1. 简单关联规则的有效性

从数据中可以找到很多关联规则,但并非所有的关联规则都有效。可能有的规则令人信服的水平不高,有的规则适用的范围很有限,也就是说,这些规则都不具有有效性。判断一条关联规则是否有效,应依据各种测度指标,其中最常用的测度指标是关联规则的置信度和支持度。

一个有效的简单关联规则应具有较高的置信和较高的支持度。如果支持度较高,但置信度较低,则说明规则的可信程度差;如果置信度较高但支持度较低,则说明规则的应用机会很少。一个置信度较高但普遍性较低的规则并没有太多的实际应用价值。例如,如果在 1 000 个关于顾客购买行为的事务中,只有 1 个顾客购买了野炊用的烧烤炉,同时也只有他购买了碳。虽然规则"烧烤炉→碳"的置信度很高,为 100%,其支持度只有0.1%,很低,说明该规则缺乏普遍性,应用价值不高。

所以,简单关联分析不仅要找到简单关联规则,更重要的是,要在众多规则中筛选出具有较高置信度和支持度的规则。对此,用户应给定一个最小置信度 $C_{\min}$ 和最小支持度 $S_{\min}$ 的阈值。只有大于最小置信度和最小支持度阈值的规则才是有效规则。

阈值的设置要尽量合理。如果支持度阈值太小,得到的简单关联规则会失去一般性;如果支持度阈值太大,可能无法找到"如此高代表性"的规则。同样,如果置信度阈值太小,得到的简单关联规则的可信度不高;阈值太大,也同样可能无法找到"如此高可信度"的规则。从统计角度看,规则置信度、规则支持度、前项支持度和后项支持度与统计中的列联表密切相关。表 8-2 是统计学中的一个典型的列联表。

表 8-2　典型的列联表

		Y		合计
		1	0	
X	1	A	B	R_1
	0	C	D	R_2
	合计	C_1	C_2	T

这里,可令行表示前项,列表示后项,1 和 0 分别表示出现和未出现;A、B、C、D 为交叉分组下的频数,R_1、R_2、C_1、C_2 分别为各行合计以及各列合计,T 为总计。对于简单关联规则 $X \rightarrow Y$,规则置信度为 A/R_1,规则支持度为 A/T,前项支持度为 R_1/T,后项支

持度为 C_1/T。因此,在分析购物篮问题时,置信度和支持度的确定至关重要,一定要联系实际的商业环境,制定具体合理的阈值标准。

2. 简单关联规则的实用性

简单关联规则的实用性体现在:一方面,简单关联规则应具有实际意义,例如,怀孕→女性,这条简单关联规则就没有多少实用价值;另一方面,简单关联规则应具有指导意义,如果一条简单关联规则的置信度和支持度大于用户指定的最小置信度和支持度阈值,尽管该规则具有有效性,但仍可能没有指导意义,具体表现为以下几种情况。

(1)简单关联规则揭示的简单关联关系可能仅仅是一种随机关联关系。

例如,超市依据表 8-3 所示的调查结果,得到反映购买牛奶与否和性别关系的简单关联规则:牛奶→性别(男)($S=40\%$,$C=40\%$)。在最小置信度和支持度为 30% 时,该规则是一条有效规则。

表 8-3 示意列联表

	男	女	合计
买	400	600	1 000
不买	0	0	0
合计	400	600	1 000

但进一步计算发现,顾客中男性的比例(后项支持度)也为 40%,即购买牛奶顾客的男性比例等于所有顾客的男性比例。此时认为,上述规则反映的是一种前后项无关联下的随机性关联,该规则没有提供更有意义的指导性信息,因此不具有实用性。

(2)简单关联规则揭示的简单关联关系可能是反向关联关系。

例如,某教育研究机构依据表 8-4 所示的调查结果,得到反映中学生的成绩优异与否与吃早餐关系的简单关联规则:成绩(优异)→早餐(吃)($S=33.33\%$,$C=60\%$),在最小置信度和支持度为 30% 时,该规则是一条有效规则。

表 8-4 示意列联表

	吃	不吃	合计
优异	60	40	100
不优异	66	14	80
合计	126	54	180

但进一步计算发现,70%(后项支持度)的被调查者是吃早餐的,即成绩优异的学生中吃早餐的比例低于总体比例。此时认为,成绩优异与吃早餐的关联是反向的,该规则有误导性。事实上,只有成绩优异的学生中吃早餐的比例高于 70% 的规则,才是有正向指导意义的规则。

总之,规则置信度和支持度只能测度简单关联规则的有效性,并不能衡量其是否具有实用性,为此还需借助规则的提升度。规则的提升度(Lift)定义为:规则置信度与后项支持度之比。提升度可反映规则是否可用,它表示在 X 发生的条件下,Y 发生的概率与 Y 总

体发生的概率之比,即

$$Lift(X \rightarrow Y) = C(Y \mid X)/S(X)P(Y)$$

若提升度小于 1,则说明规则负相关;若提升度大于 1,则说明规则正相关。

事实上,后项支持度是没有模型时研究项(后项)的先验概率。规则提升反映了项目 X 的出现对项目 Y(研究项)出现的影响程度。从统计角度看,如果项目 X 对项目 Y 没有影响,项目 X 独立于项目 Y,则 $S_{x-y} = S_x S_Y$,此时规则的提升度等于 1。所以,有实用价值的简单关联规则应是规则提升度大于 1 的规则,意味着 X 的出现对 Y 的出现有促进作用。规则提升度越大越好。

基于表 8-3、表 8-4 的两个简单关联规则,规则的提升度分别为:40%/40%=1 和 60%/70%<1。可见,尽管它们都是有效的,但却都没有实用价值。综上,简单关联分析的目标是发现有效性和实用性的简单关联规则。在样本量较少的情况下,该问题的实现算法非常简单,但随着样本量的增加,如何在海量样本下快速发现关联规则,就是一个较为复杂的算法问题。对此,计算机学科的学者们给出了众多实现方案,其中比较有代表性的是关联规则挖掘算法(Apriori)和深度优先算法(Eclat)。这些算法都提供了 R 语言的程序包,或像 Clementine 一类的软件可以选择使用。

8.2.3 购物篮关联分析

购物篮关联分析的目标就是基于已有数据,挖掘数据内在结构特征或变量之间的关联性,找到事物间的简单关联关系或序列关联关系,研究客户的购买行为,从而辅助零售企业制定营销策略。在日常生活中,事物之间的关联性随处可见,在电子商务平台的购物篮中的商品,其关联性也是显而易见的。例如,顾客中有很大比例的人会同时购买婴儿尿布和奶粉,或面包和牛奶;女性顾客中绝大多数会选择某知名品牌的护肤品系列产品等。这些都是事物(商品)间关联性的具体体现。

虽然购物篮中商品之间的关联关系在很多情况下是显而易见的,但是在现代高科技快速发展的时代,从商业视角出发,是否存在一些商品之间的关联关系并不被我们所知?在海量密集的商务数据中,是否存在具有重要商业价值又不被人们认识的深层次的关联关系呢?商场以获得最大的销售利润为目的,零售商都在考虑销售的商品采用什么样的促销策略,商品在货架上如何摆放,怎样了解顾客的购买习惯和偏好等。因此,商场的购物篮分析是商业领域最前沿、最具挑战性的问题之一,也是许多企业研究的重点课题。

购物篮商品的关联关系通常有两种情况。一种是顾客在一次购买行为中放入购物篮中不同商品之间的关联关系,我们称之为简单关联关系。例如,在超市中购买啤酒的顾客往往会同时购买一些如花生米、鸡爪之类的小吃。另一种是顾客在购买某种商品之后,在下一次光顾时会购买另一些其他商品,这些前后不同时间购买的商品之间同样存在关联关系,我们把这种关联关系称为序列关联关系。例如,购买了婴儿尿布和奶粉的很多顾客,一段时间内会购买婴儿护肤用品,购买汽车的很多顾客,短期内会购买汽车美容产品等。

最早的关联分析概念是 1993 年由 Agrawal、Imielinski 和 Swami 提出的。其主要研究目的是分析超市中顾客购买行为的规律,发现连带购买商品,为制定合理的、方便顾客选取的货架摆放方案提供依据。

随着关联分析方法的不断丰富和完善,关联分析已被广泛应用于众多领域。例如,在电子商务领域,关联分析可帮助经营者发现顾客的消费偏好,定位顾客消费需求,制定合理的交叉销售方案,实现商品的精准推荐;在保险公司业务中,关联分析可帮助企业分析保险索赔的原因,及时甄别欺诈行为;在电信行业,关联分析可帮助企业发现不同增值业务间的关联性及对客户流失的影响等。

8.2.4 购物篮分析模型

本节通过实例使用关联规则算法探索商品之间的关联关系,建立商品零售购物篮关联规则模型,得出商品关联规则的结果,并结合实际,使用关联规则提升商品销量。关联规则算法有 Apriori 算法、FP-Tree 算法、Eclat 算法和灰色关联算法等。Apriori 算法是应用最广泛的关联规则算法之一,也是最为经典的在大数据集上可行的提取关联规则的算法。因此,本节主要使用 Apriori 算法进行分析。

关联规则算法主要用于寻找数据中项集之间的关联关系,基于样本的统计规律,进行关联规则分析。根据所分析的关联关系,可从一个特征的信息推断另一个特征的信息。当信息置信度达到某一阈值时,就可以认为规则成立。

Apriori 算法的主要思想是找出存在于事务数据集中最大的频繁项集,利用最大频繁项集与预先设定的最小置信度阈值生成强关联规则。Apriori 算法包含两个过程:根据最小支持度阈值找出事务数据库中所有的频繁项集;由频繁项集和最小支持度产生强关联规则,最后根据算法结果输出关联规则。

首先让我们构建购物篮商品关联规则模型的流程图,如图 8-1 所示。

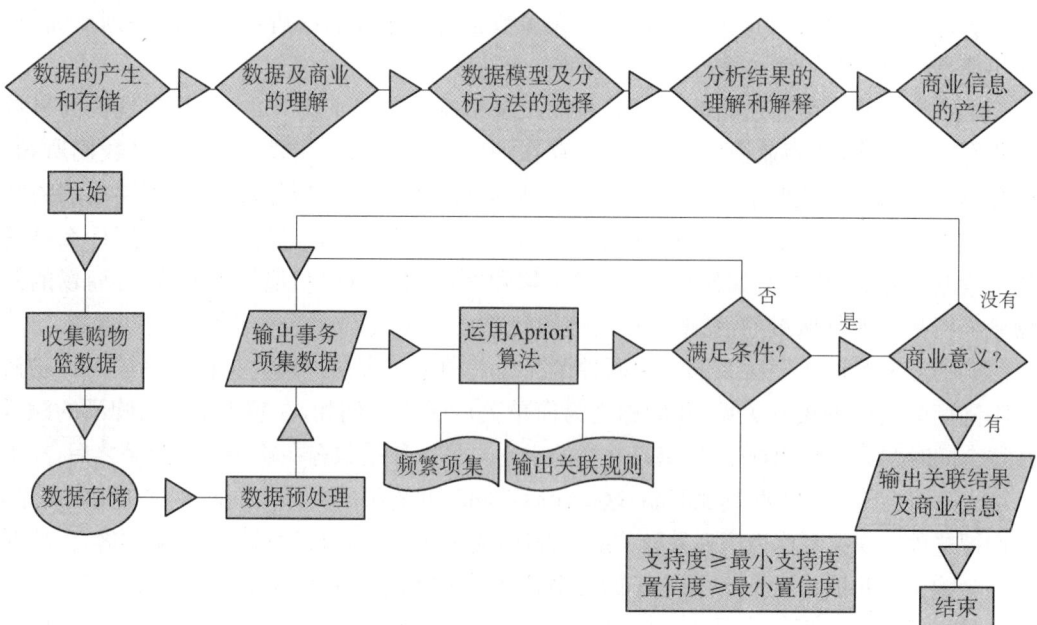

图 8-1 购物篮商品关联规则模型的流程图

1) 原始数据的预处理

购物篮商品关联规则分析中的数据预处理的主要任务是通过整理原始数据,建立事务数据集对象。事务数据集的组织方式有事实表和事务表两种格式。

例如:将事务数据按事实表的格式组织,如表 8-5 所示。

表 8-5　事务表示例

ID	商品 A	商品 B	商品 C	商品 D	商品 E	商品 F	商品 G
1	1	1	1	1	1	0	0
2	0	1	0	0	1	1	0
3	0	0	1	1	0	0	1
4	1	1	0	1	0	1	0

在表 8-5 所示的事务表中,行是一个事务的完整描述;列是一个具体项目(商品);1 代表项目出现(购买);0 代表项目没有出现(未购买)。

将事务数据按事务表的格式组织,如表 8-6 所示。

表 8-6　事务表示例

ID	项集 X
1	A
1	B
1	C
1	D
1	E
2	B
2	E
2	F
3	C
3	D
3	G
4	A
4	B
4	D
4	F

在表 8-6 所示的事务表中,行表示对一个事务的部分描述,一个事务通常需多行共同描述;列只有一个(一个变量),代表一个项目。在本例中,1 号事务是个 5-项集,需 5 行描述,每行是一个项目。

2) 搜索频繁项集

寻找频繁项集是 Apriori 算法提高寻找关联规则效率的关键。以图 8-2 为例,在

Apriori 算法中寻找频繁项集的基本原则是:如果最底层中只包含 D 项的 1-项集不是频繁项集,则包含 D 项的其他所有项集,即 D 的超集(图中灰色圆圈)都不可能是频繁项集,后续无须再对这些项集进行判断,因为基于这些项集的关联规则不可能有较高的支持度。

Apriori 算法从图 8-2 所示的底层(1-项集)开始向上,采用迭代方式逐层找到下层的超集,并在超集中发现频繁项集。如此反复,直到最顶层得到最大频繁项集为止。每次迭代均包含两个步骤。

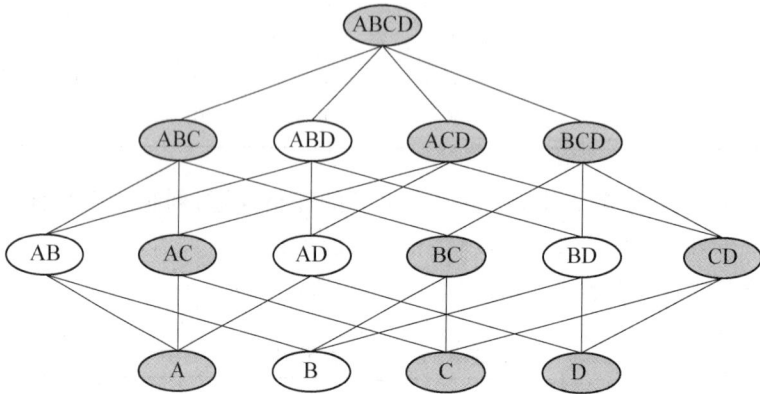

图 8-2　寻找频繁项集

第一步,产生候选集 C_k。所谓候选集,就是有可能成为频繁项集的项目集合。当 $k=1$ 时,候选集 C_k 是所有 1-项集。

第二步,修剪候选集 C_k。基于候选集 C_k 计算支持度,且依据最小支持度对候选集 C_k 进行删减,最终确定最大频繁项集 L_k。

具体做法和步骤如下:

首先找出 1 项的频繁项集,然后将 1 项的频繁项集进行组合,找出 2 项的频繁项集。如此迭代下去,直到不再满足最小支持度或最小置信度的条件为止。其中重要的两步分别是连接和剪枝。

① 连接步。连接步的目的是找到 k 项集。对给定的最小支持度阈值,分别对 1 项候选集 C_1 剔除小于该阈值的项集,得到 1 项频繁项集 L_1;下一步由 L_1 自身连接,产生 2 项候选集 C_2,保留 C_2 中满足约束条件的项集,得到 2 项频繁项集,记为 L_2;接下来再由 L_2 与 L_1 连接,产生 3 项候选集 C_3,保留 C_3 中满足约束条件的项集,得到 3 项频繁项集,记为 L_3。这样循环下去,得到最大频繁项集 L_k。

② 剪枝步。剪枝步紧接着连接步,在产生候选项 C_k 的过程中起到减小搜索空间的作用。由于 C_k 是 L_{k-1} 与 L_1 连接产生的,根据 Apriori 算法的性质,频繁项集的所有非空子集也必须是频繁项集,所以不满足该性质的项集将不会存在于 C_k 中,该过程称为剪枝。

表 8-7 就是说明以迭代的方式找出最大频繁项集的过程。可以看出,最大频繁项集是{ABD},支持度达 50%。

表 8-7　迭代过程举例

第一次迭代

1-项集
A
B
C
D
E
F
G

项集	计数	支持度%
A	2	50
B	3	75
C	2	50
D	3	75
E	2	50
F	2	50
G	1	25

项集	计数	支持度%
A	2	50
B	3	75
C	2	50
D	3	75
E	2	50
F	2	50

第二次迭代

2-项集
AB
AC
AD
AE
AF
BC
BD
BE
BF
CD
CE
CF
DE
DF
EF

项集	计数	支持度%
AB	2	50
AC	1	25
AD	2	50
AE	1	25
AF	0	0
BC	1	25
BD	2	50
BE	2	50
BF	2	50
CD	2	50
CE	1	25
CF	0	0
DE	1	25
DF	1	25
EF	1	25

项集	计数	支持度%
AB	2	50
AD	2	50
BD	2	50
BE	2	50
BF	2	50
CD	2	50

第三次迭代

3-项集
ABC
ABD
ABE
ABF
ADE
ADF
BDE
BDF
BEF
CDE
CDF

项集	计数	支持度%
ABC	1	25
ABD	2	50
ABE	1	25
ABF	1	25
ADE	1	25
ADF	1	25
BDE	1	25
BDF	1	25
BEF	1	25
CDE	1	25
CDF	0	0

项集	计数	支持度%
ABD	2	50

3) 由频繁项集产生关联规则

上述步骤已经剔除了不满足最小支持度阈值的项,如果剩下的项能满足预定的最小置信度阈值,那么就可以找到强关联规则。例如,对于上述例子,频繁项集 L 包含项目 A、B、D。如果设 L 的子集 L' 包含项目 A 和 B,则 $L-L'$ 包含项目 E。计算置信度为

$$C_{(\{A,B\} \to D)} = S(A,B,D)/S(A,B) = 0.5/0.5 = 100\%$$

置信度最大,大于用户指定的任何阈值。因此,简单关联规则为有效规则。同样我们也可以得到其他的关联规则:

$\{A,B\} \to \{D\}(S=50\%, C=100\%)$

$\{A,D\} \to \{B\}(S=50\%, C=100\%)$

$\{B,D\} \to \{A\}(S=50\%, C=100\%)$

...

从以上结果可以看出,顾客同时购买商品 A、B 和 D 的概率为 50%,而置信度则达到 100%,说明该规则有效。了解到上述信息即可对商品摆放位置进行更改,可以考虑把商品 A、B 和 D 的位置摆放得靠近一些,在增加销量的同时给客户更好的购物体验。

总之,由于 Apriori 算法的关联规则是在频繁项集基础上产生的,因此有效保证了这些规则的支持度达到用户指定的水平,具有一定的普适性,再加上置信度的限制,使得所产生的关联规则具有有效性。当然,还应从其他方面进一步考察关联规则的实用性。

8.3 关联营销的方式

8.3.1 互补关联

谷歌公司作为全球最大的搜索引擎公司,一直入股中国的互联网公司以求合作,不是因为它在中国的用户不够多,而是合作公司的产品与自家公司的产品关联性很大,呈现互补的形式。只有合作,双方才能最大化地赚取利益,更快地提高效率。一个企业不仅要了解自己的长处,更要看到自己的短处。找到与自己相关联的产品把自己的短处"补"起来,自己的公司才能得到更快更好的发展,自己的产品才能在公众面前呈现出比较完美的形象。

1) 公司之间的互补关联

目前,联想采用"内联外合"的策略,在国内加强厂商之间的合作,做到优势互补、资源共享。如联想与国内最大的软件公司合作,实现软硬一体,共同开发软件与销售。在国外也是进一步加强与高科技厂商之间的合作,如联想与微软、英特尔之间的合作,也是一种优势互补的合作战略,这种合作让联想公司的技术水平在行业处于领先的水平。联想电脑不仅在国内是最为知名的品牌,在世界上联想笔记本电脑也有一席之地,这就是它与优势互补、关联互补的公司合作带来的成效。

2）产品之间的互补关联

从产品角度来讲，关联营销就是在一个产品的橱台上或是在电商平台的描述页里，放上与其相关联的或者互补性的产品、促销的信息。从公司角度来讲，就是与自己的产品能够优势互补、资源共享的公司合作。企业并不能保证长期宣传吸引来的客流量中每个人进入店铺就购买东西。这时，如果在产品的旁边放一些与之相关联或是互补性的产品，这样才不至于让用户流失，或是用户进入店铺买不到他想要的东西就立马离开。

产品之间的互补关联，主要有4种，如图8-3所示。

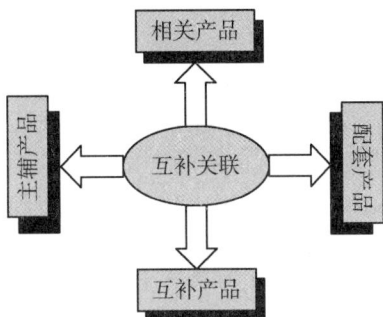

图8-3 产品间的互补关联

相互关联的物品放在什么位置比较好？如果一个网页的浏览率比较高，我们就应该把与之相关联或者互补的产品图片放在上面。如果一件产品销售量比较高，我们可以将与之相关联的或者互补的产品放在旁边低价出售。

关联营销的物品放多少比较合适？经常可以看到有些网店把关联营销放在第一屏的位置，甚至达到两屏以上的长度，其实这样做很不科学。想进来购买东西的用户，到第三屏都看不到自己想要的产品，可能就会直接退出，转而到其他店面购买。因此，要控制相关联物品的数量，放两三排关联性强的物品就足够了。

关联营销放什么物品比较好？客户能点击到某个产品的销售页面，说明他的需求就与陈列的这些物品有相关联性，如果不合适，他会选择同类的产品。但是不要在50元产品的旁边放与之相关的或同类的200元的产品，这样价格的差距就冲断了它们的关联性。当然也可以放置一些相互搭配的东西，它们之间也存在一定的关联性。

如果有浏览率低或是销量不好的页面，就把店铺里热销的产品作为关联内容来提升它的销量。如果是在销量高的页面里，就一直放置与之同类或者相关联的产品。例如，同一类别不同款式的女鞋，就可以给客户更多的选择。

总之，关联营销的物品要从买家的角度着想：分析用户的消费心理和需求。例如，他喜欢这类产品，还有可能喜欢或是购买哪些产品？他对这个产品不满意或是不感兴趣，他对哪些产品感兴趣？所以不要在所有的产品栏里放上全部相关联的物品。

8.3.2 替代关联

一件产品可以用相关联的产品替代，就是替代关联。在商场上出现这种替代关联的一般只有两种情况：一是这种产品空缺或是销售完了，可以用作用相同或是相关联的产品来满足用户的需求。二是一种产品相对落后，被另一种比它先进的产品所淘汰，彻底被替代。就像微软的 Windows 一样，经过科技的发展，一个系统淘汰一个系统，一个系统替代一个系统。

1）阿根廷经济替代关联

19 世纪末期，世界上经济增长最快的莫过于阿根廷，因此 20 世纪初，阿根廷不仅以优美的舞姿闻名于世，而且还因为富有而享誉全球。在南美洲等很多城市，人们形容富豪时就会说"和阿根廷一样富有"。

当时阿根廷的经济是美国和德国的一半，是荷兰的一倍，略高于法国和挪威，和意大利等国家相等。但是一个世纪以后，阿根廷的经济便远远落后于这些国家的经济水平。其中一位上任不久总统宣布，阿根廷成为世界上最大的负债国。

阿根廷的经济发展有很多得天独厚的自然条件，阿根廷的人口少，土地面积大，还有丰富的金属矿物资源，石油、天然气也有可观的产量。但阿根廷没有把这些资源用在建设国家、积蓄国库等方面，而是向外销售。当工业社会替代农业社会的时候，阿根廷已经没有太多的资源可出售，最终导致阿根廷的经济萧条衰落。

从阿根廷国家的经济由盛转衰来看，这是时代的更替，也是国家原有的经济形势被另一种形势所替代。大到一个国家的经济形势，小到一个企业的产品，如果不能与时俱进，都有被替代的危险。以我国的电视机产业为例，看看替代的迅速很可怕。这不难看出，任何厂家生产的产品都有被其他公司生产的产品替代的可能性。所以，作为商家我们要提前预知这种可能性，不让它发生这种关联替代。

2）电视机替代关联

1971 年，一台 35 厘米的黑白电视机在杭州的电视厂诞生了，此电视厂家是国内较早的一批生产厂家。这种黑白电视机当时的售价是 500 元，在当时算是很昂贵的。这种电视只有 12 英寸，和现在的一个平板电脑大小差不多，但是重量却是它的 15 倍左右。这种电视更换频道要靠一个旋转式的钮键，电视最多能看 10 个频道，画面是黑白交叉，音响设在屏幕左右，占屏幕的 1/3。

直到 1990 年，中国才开始大规模地由黑白电视向彩色电视更新换代。当时 29 英寸的彩色电视卖 6000 元，也是相当昂贵的。不过它比黑白电视确实强大了不少，最大的区别是配置了遥控器，用户可以在 10 米内对电视进行换台。它还具有鲜明的色彩感，人物景物更加清晰，可以看 300 多个频道，可以配合 DVD 使用，也具有游戏卡片玩游戏等功能。不过音响方面还是没有任何改进，还是在屏幕的左右两边。最大的缺点是非常重，因为屏幕比黑白电视大，所以重量比黑白电视还要重，体积也比较大，占据空间较大。

再到 2008 年，液晶电视的出现逐渐代替了彩色电视机。从黑白电视的出现到如今的液晶电视，整个发展历程约有半个世纪。如今的液晶电视，几乎没什么缺点，重量体积都缩小了好几倍，音响也没有占那么大的面积，而且耗电量低，画面更加清晰，易于携带，绿色环保等。

通过电视机的发展历程可以发现，产品替代非常快，特别是电子电器方面的厂家，一定要与时俱进,因为这些方面的发展很迅速,一不小心就会面临被新出来的产品替代的危险。这种替代是无法逆转的,因为社会在进步,科技在发展,我们要紧跟时代的脚步,才能避开被替代的危险。

每个企业和产品都有可能面临被替代的危险,有的是经济发展方面的因素,如:人造鸡蛋代替原有鸡蛋,人造牛肉代替天然牛肉等。有些是原材料的短缺,比如塑料制品替代金属制品等;有些则是科学技术进步的结果,比如电灯代替蜡烛,手机代替传呼机等。

有的替代品只有暂时补充作用,如人造牛肉和人造鸡蛋等。由于替代品的威胁,会导致部分原有产品价格无限上涨。有的替代则是永久性的,毁灭性的,这种替代会导致一种行业的淘汰和衰败,如手机的出现就让传呼机消失了。

大部分产品都有被替代的产品,这种替代是广泛的,对不同行业的影响也不尽相同。当一个行业不兴旺,市场范围小,只有几家企业供给,且供应不足时,替代品的影响会更大。替代产品在一般情况下会影响原有产品的价格、性能的变化范围。如果一件产品长久地替代另一件产品,那么就会出现从根本上替代这件产品的可能。

8.3.3　潜在关联

1) 潜在关联的启发

不是哪个企业家都可以像蒂姆·库克一样,成功打造一棵巨大的"苹果树"。如今已有众多企业家学习蒂姆·库克的营销方式,为自己的企业谋求最大利益。

蒂姆·库克把新技术和强调极致用户体验的服务理念结合起来,开创了"以独具优势的软件技术和设计理念为基础,将硬件、软件和服务完美地融为一体"的全新商业模式。苹果的商业模式给其他企业的启示有以下几点:

(1) 重视用户需求,提升用户体验。对任何一家企业来说,给用户提供完美的用户体验都是非常重要的。企业只有深入研究用户行为,了解用户的习惯和偏好,准确把握用户需求,才能为用户提供完美的用户体验。通过完美的用户体验让用户实现自我价值,从而锁定用户,就能提高用户黏性,给企业创造效益。

苹果公司尤其注重提升用户的产品使用体验。苹果公司没有将眼光局限于只为用户提供软硬件产品上,而是选择为用户提供包括硬件、软件及服务为一体的整套产品和服务。苹果公司为用户提供的硬件包括 iMac、iPod、iPhone、iPad 等,为用户提供的软件有音乐、电影、游戏、应用软件等。

(2) 建立共赢的战略联盟。创新赢利模式是一种非常有效的通过产业联盟建立的盈利手段。战略联盟有两种类型。

第一种战略联盟是通过硬件、软件和内容的捆绑服务实现赢利。苹果的所有硬件产品都需要用户从 iTunes Store 购买或免费下载音乐、影像视频等软件才能获得独特的服务和体验。

苹果的硬件产品价格普遍高,而软件及内容服务价格很低。苹果通过各类产品与服务相互促进,或者利用薄利多销的方式来盈利。苹果还与影像制造商、软件开发商等合作伙伴签订合同,通过 iTunes Store 销售的内容服务,苹果公司可获分成收入,比如,软件开发商销售额的 30% 归苹果公司所有。

第二种战略联盟的类型是合作方的共同赢利。苹果公司打造了一个参与方共同受益的业务系统,其中,参与方包括手机制造商、移动运营商、软件开发商、音乐影像制品提供商、电子支付提供商、广告商和用户等。

苹果的产业联盟实现了合作方利益共赢。电信服务商 AT&T 通过与苹果的合作,客户不断增加,无线业务收入持续上涨;音乐制作商借助 Apple 平台有效地降低了制造成本,增加了销量和收入,打击了盗版;软件开发商借助与苹果的合作避免了与大品牌的竞争,提升了软件的展现力。

(3)控制优质的关键资源。企业应当重视关键技术以及核心资源的控制。关键技术和资源是企业发展壮大的基础,企业应着眼于关键技术,通过关键技术的掌控达到控制核心资源的目的。苹果要想为用户提供完美的用户体验,关键是提供最好的硬件和软件技术以及优质的网络服务和网上销售平台。苹果公司利用自身技术开发了硬件设备、系统平台和网上销售平台,并通过精湛的技术将系统各环节进行了无缝连接,由此掌控了关键技术。此外,苹果公司强大的鼓励创新的企业文化和制度也是苹果的关键资源。

(4)保证严格的生产流程。企业应当致力于打造整体硬件技术,而不是组装模式。只有全面掌控了硬件制造商,才能保证产品的技术和质量。同时,开发软件可以为用户提供更好的服务,比如,苹果为其音乐合作商提供了 DRM 软件,通过形成防火墙保护了数字产权,避免了盗版,还为每个用户提供了专有服务。

苹果公司还建立了确保质量、防范风险的各种检验流程,比如,所有与苹果合作的软件开发商开发的软件都必须经过苹果公司严格的检验,以确保提供给苹果用户的软件是高品质的。

2)关联营销的因素

(1)支持度。根据心理学原理,一个人爱好一件产品,他也会喜欢与之品牌相关联的产品。如果你对苹果手机持支持的态度,那么你对其他与苹果相关联的设备也会是支持的态度。

(2)置信度。置信度这项指标是用来考量消费者的支持度的。如果置信度为 50%,那么原来的支持度仅为表面上的一半。这项指标是根据大数据的分析系统进行运算的。

(3)兴趣度。兴趣度这项指标是对前面两项指标的全面衡量,有时为了方便,营销方仅采用这一指标作为唯一的数据标准,可见这一指标的重要性。当兴趣度指标大于 1时,表示两件物品确实存在关联关系。这一指标数值越高,说明相关性越高;反之,当这一指标为 0.01 时,说明两种物品的关联度极低,基本可以忽略,即两者不具备关联关系。

对公司来说,公司里的人员如果具有共同的文化和风俗习惯,就会易于建立相互关联的营销,对产品的包装、性能以及品牌都有相似的要求,容易建立营销合作伙伴的关系。

在特定的时间和产品因素等情况下形成的关联营销,是对一个形态的多个展示,或是对另一个领域的追求与探索。它的前提必须是自身的产品已经领先或是成熟。只有在这个行业内已经稳住脚跟,才有可能生产与其相关联的产品,向其他领域进军。

【案例 8 - 2】

"苹果树"系统的潜在关联

人们一直以为追求个性化的苹果在需求多样化的产品市场上将很难持续发展下去。苹果最喜欢特立独行，只依靠一个尺寸、一种规格如何永久保持行业领先地位？近几年，苹果用事实刷新了人们的认知，iPhone 始终主导手机领域，iPad 开创了平板电脑的先河。

苹果个人数字生活市场的布局在人们还未察觉的时候就已经开始了，苹果产品和服务覆盖了人们日常生活中大部分的使用环境和场景。"苹果树"不知不觉已经如此巨大了，涵盖手机、计算机、平板电脑、数字音乐播放器和数字媒体等多种业务领域。精彩丰富的产品占了用户大量的时间，吸引了用户大部分注意力。在人们的日常生活中，"苹果树"发挥着越来越重要的作用。

苹果并不是顽固不化的，它正在逐步褪去骄傲的光环。从推出 iPhone5 开始，苹果便开始吸取其他厂商的建议，在尺寸、颜色、规格等方面都进行了小心的调整。而且苹果还通过营销策略的灵活转变，不断满足用户的需求，得到了更多苹果用户的青睐。

从 iPod 开始，苹果推出的每一件系列产品都给了果粉们极大的惊喜，甚至得到了同行们的极高评价，并且改变了行业格局。知情人士透露，苹果正在研发 ios 电视机，一旦研制成功，人们的生活娱乐系统将形成被苹果垄断的趋势：音响(iPod)、家庭电脑(iMac)、个人电脑(iBook Air)、掌上娱乐(iPad or iTouch)、个人手机(iPhone)、电视(Apple TV)。

"苹果树"是苹果系列产品共同组成的产业系统。"苹果树"上的不同产品线之间的销售是相互促进的，而同一产品线上的更新换代也不会形成自我竞争，这是其他竞争对手所不具备的优势。大家身边一定有很多这样的果粉，他们因为一件入门级苹果产品的使用，逐渐爱上了苹果，以至于一发不可收拾，最后将身边的电子产品能换的都换成了苹果产品。

业内人士分析，"苹果树"的构建是从推出 iPhone4S 开始的。苹果将 iPhone4S 作为一个终端，并以此为中心整合了所有的苹果产品。不同的苹果产品屏幕是不同的终端，但是存储系统却是共用的，以此为起点，所有的苹果产品组成了一株"苹果树"，彼此独立又彼此关联。

Face Time 是苹果产品特有的视频通话功能，与聊天软件的视频功能有异曲同工之处。QQ 或 MSN 的视频功能应用非常普遍，但是果粉们愿意通过 Face Time 来实现这一功能。在 iPhone 与 iPad 上的 Face Time 都是免费的，但是在苹果电脑上享受这一功能就需要付费。因为好玩的在 iMac 上付费购买 Face Time 功能的苹果控不在少数。

各终端应用的付费模式是苹果发展的一种趋势，苹果将把这一模式进行到底。比如，在苹果终端运行办公软件 iWork，就需要在 iPad 终端和 iMac 终端对文档、电子表格、演示文稿每一个产品分别进行付费。App Store 产品一直以来只可以在手机或 iPad 某一终端上运行,以后的发展趋势是双终端均可运行。

习 题

1. 举例说明关联营销的方式、方法与手段。
2. 购物篮关联分析方法的应用有哪些?

扫描二维码获取
本章思维导图

第**9**章

大数据营销的行业应用

📝 **本章知识点**

（1）了解大数据对零售业的影响、价值及营销实施。

（2）理解大数据在餐饮业的市场现状、大数据特点及价值体现。

（3）了解大数据金融的含义、提升金融产业营销水平的措施。

（4）了解大数据对传媒业的营销策略。

（5）理解零售业、餐饮业、金融业、传媒业的应用范例。

随着互联网信息技术的迅猛发展，数据量爆发式增长，企业在营销过程中积累了各种类型数据，比如客户个人信息、销售交易信息，客户消费浏览信息，以及消费习惯生活方式等行为数据，这些数据承载了各个消费群体的信息，成了极有价值的资产。这些数据在企业进行客户分析、新产品研发、服务创新、完善客户关系、优化销售策略，乃至营销战略布局等各方面都发挥着极为重要的作用，那么，如何应用这些大数据逐渐成为商业竞争的关键。

9.1 零售业：大数据挖掘消费用户

9.1.1 大数据对零售业的影响及挑战

零售业是与大数据分析的关系最紧密的一个行业，也是大数据分析的应用比较广泛的行业之一。当你发现淘宝通过对以往消费的记录，准确推送所需的小众商品的时候，恭喜你已经感受到大数据时代的来临。在大数据时代，我们在网络上面的任何一次点击都可能被完整地记录和保存，而零售企业则通过对这些数据的高效分析，准确预判我们的消费行为、消费心理等极具价值的信息，并推送相应的产品服务。

通过大数据分析对数据进行有效的整理和分析，更好地为零售行业的企业进行经营决策，为企业创造更多的价值，是大数据分析在零售业使用的目的。

近年来，网络技术改变着各行各业，零售行业自然难逃厄运。随着电子商务的不断发展,消费者的购物习惯悄然生变。在中国,零售商、制造商、个体户等均可在淘宝网、京东商城这类第三方平台开展电子商务业务。因此,消费者也有了更多选择权和主动权,这也给传统零售产业带来巨大的冲击。

在大数据时代,智能零售可以进行四等分,分别是消费者数据资源、社会数据资源、市场数据资源以及供应数据资源。智能零售能够产生源源不断的数据,创造数百万的交易量以及数以亿计的交互作用。大数据及分析环境中的投资收益将通过传统消费者忠诚度、收益增长、成本削减以及新业务模式而货币化。

传统零售业的转型升级已经进入"淘汰期",适者生存的竞争格局迫使传统零售业朝着"线上＋线下"的融合方式发展,而大数据作为新的理念和工具,无疑为零售业的转型升级注入了新的活力。因此"大数据＋零售业"正代表着未来零售业的发展趋势。与此同时,"大数据＋零售业"可使零售业通过产业链融入上游生产商的生产经营活动之中,并通过价值链汇入下游的消费者群体之内,打造新的生态圈,追求更高的价值链、产业链及供应链。当然,这也对"大数据＋零售业"提出了更高的挑战。

(1) 需要重新定位目标市场。"大数据＋零售业"迫切需要传统零售业利用大数据实现交叉销售,从而重新定位营销市场,并以此细分顾客群,提升顾客体验度。

(2) 需要不断创新产品设计。"大数据＋零售业"迫切需要创新商品实物、提升商品服务、更新产品设计,并且应该根据消费者的区域不同,形成不同的促销方案和不同的推广页面。

(3) 需要加快重塑经营模式。"大数据＋零售业"迫切需要诞生新的商业经营模式,因为传统零售业僵硬化的商业经营模式已经不适应消费者的实际需要,所以必须要有新的、具有生命力的、充满勃勃生机的新商业模式取代之。

9.1.2　大数据对零售业的价值

大数据包括结构化数据、半结构化数据和非结构化数据,而"大数据＋零售业"就是将更多非结构化零售数据进行资源集合与应用,使零售业依靠大数据提前制定营销战略计划,抢占市场先机,进而形成新一轮技术革命,为零售业的研究和发展提供新的技术和方法,并直接影响财务表现,使数据资产作为零售企业核心资产概念深入人心,最终将数据管理作为零售企业的核心竞争力。

"大数据＋零售业"推动了我国零售企业的转型升级,包括以下几个方面:

1. 大数据为市场趋势预测提供支撑

1) 大数据帮助企业发现新市场与新趋势

在零售业领域,每次的消费行为都是积累"数据矿藏",如消费者数据、流量数据、搜索数据、支付数据、物流数据等。大数据预测是大数据营销中心重要的应用之一,它的优势体现在把一个非常困难的预测问题转化为一个相对简单的描述问题,而这是传统小数据根本无法实现的。

零售企业对大数据进行分析的核心目的是预测用户的下一步需求,在海量数据结构化分析的基础上,通过各种算法,包括人工智能、机器学习等前沿技术和数学建模进行预测并做出相应决策,进而创造更优的用户体验、更多的交易和新业务。也就是说,大数据预测所得出的结果不仅让零售企业更简便、客观地处理现实业务,帮助零售企业做经营决策,还可以引导其开发更大的消费市场。

亚马逊曾经获得了一个叫"预期递送"的专利,这项专利使该公司甚至能在用户点击"购买"之前就开始递送商品。在预测"预期递送"的商品时,亚马逊会考虑用户过往的订单、产品搜索、愿望清单、购物车的内容、退货甚至用户的鼠标游标停留在某件商品的时长。此外,亚马逊对大数据预测的另一个表现是在动态价格的优化上。通过分析不同来源的数据,如用户在网页的浏览活动、某件商品的存货、对某件商品的偏好、商品的预期利润等,制定产品价格策略,如卖得最好的智能手机比同行价格低,不怎么受欢迎的智能手机价格稍贵。因此,亚马逊不是所有商品都卖得最便宜的商家,但却让消费者产生了所有商品价格都很低的感觉。

2)大数据改善用户体验

要改善用户体验,关键在于真正了解用户及他们所使用的产品的状况,并做最适时的提醒。如在大数据时代,在你的汽车关键部件发生问题之前,提前向你的用户或 4S 店预警,这绝不仅仅是节省金钱,而且对保护生命也大有裨益。事实上,美国的 UPS 快递公司早在 2000 年就利用这种基于大数据的预测性分析系统来检测全美车辆的实时车况,以便及时地进行防御性修理。

2. 大数据对大量消费者提供产品,实现精准营销

1)大数据为精准营销信息的推送提供了数据支持

精准营销的概念由来已久,但是真正做到的少之又少,反而造成了垃圾信息的泛滥。究其原因,主要是过去的精准营销并不怎么精准,这是因为其缺少用户特征的数据支撑及详细准确的分析。大数据能够弥补上述的缺陷,从而为企业带来精准的用户数据分析,提升精准营销的精准度。

2)大数据引导产品及营销活动准确命中用户喜好

如果能在产品生产之前了解潜在用户的主要特征,以及他们对产品的期待,那么企业的产品设计与生产就能够投其所好。想要做到这一点,同样少不了大数据的支持。

3)大数据让企业实现重点用户的筛选

许多企业家面临的难题是:在企业的粉丝中,哪些是最有价值的用户?有了大数据,或许这一切都可以更加有事实支撑。从用户访问的各种网站可判断其最近关心的东西是否与你的企业相关;从用户在社会化媒体上所发布的各类内容及与他人互动的内容中,可以找出千丝万缕的信息,利用某种规则关联及综合起来,就可以帮助企业筛选重点用户。

4)大数据为用户分级管理提供支持

面对日新月异的新媒体,许多企业通过对粉丝的公开内容和互动记录分析,将粉丝转化为潜在用户,激活社会化资产价值,并对潜在用户进行多个维度的画像。大数据可以分析活跃粉丝的互动内容,设定消费者画像各种规则,关联潜在用户与会员数据,关联潜在用户与客服数据,筛选目标群体做精准营销,进而可以使传统客户关系管理结合社会化数据,丰富用户不同维度的标签,并可动态更新消费者生命周期数据,保持信息新鲜有效。

3. 大数据能够进行品牌传播及危机监测

1)大数据为品牌传播有效性找准方向

品牌传播的有效性可以通过大数据找到传播方向。例如,企业可以通过传播趋势分

析、内容特征分析、互动用户分析、口碑品类分析、正负情绪分类、产品属性分布等制定品牌传播的策略,还可以通过监测并掌握竞争对手的动态,参考行业标杆的传播策略,甚至可以评估微博矩阵运营效果。

2)大数据能够为企业提供品牌危机监测及管理支持

新媒体时代,品牌危机使许多企业如履薄冰,然而大数据可以让企业提前有所洞悉。在危机爆发过程中,最需要的是跟踪危机传播趋势,识别重要参与人员,方便快速应对。大数据可以采集负面定义内容,及时启动危机跟踪和报警,按照人群社会属性分析,聚类事件过程中的观点,识别关键人物及传播路径,进而可以保护企业、产品的声誉,抓住源头和关键节点,快速有效地处理危机。

4. 大数据能够对竞争对手实施"监测"

竞争对手在干什么是许多企业想了解的,但是这部分信息往往是最不容易获取的。但是现在即使对方不告诉你,你也可以通过大数据监测分析得知对方的市场情报,从而了解竞争对手的市场战略,有针对性地制定市场营销方案,打赢市场战。

5. 大数据促进营销平台互通互联

消费者以生活化的形式存在于互联网之上,要想精准掌握消费者的需求,就要知道其生活的每一个关键时刻。大数据将消费者网络中的碎片化的消费者信息重聚,得到消费者整体画像,从而进行个性化营销。因此,大数据促进了各大互联网平台的相互融合,在线上平台相互打通的同时,也促进了线上线下的营销平台的互联。媒体通过跨界融合的方式使报纸、电视、互联网进行有效结合,资源共享,获得大量消费者信息,对它们进行集中处理,衍生出形式多样的营销信息,再通过不同平台进行传播,提升营销效果。

9.1.3 零售业大数据营销实施步骤

大数据能够为零售业带来价值和帮助,那么基于大数据的营销到底应该怎么做呢?

1. 大数据的整理

零售企业的各个平台在一段时间内都会积累大量的数据,同样需要经历采集和处理数据、建模分析数据、解读数据3个步骤。大数据来自多个渠道、多个平台,企业要进行专业的整理才能发挥其应有的作用。

2. 分析并制定品牌定位

大数据分析在品牌和产品定位中的应用,主要体现在:

(1)利用互联网的各种软件寻找信息。在互联网日益发达的今天,用户使用的各种软件都会留下其数据信息,品牌商可以围绕品牌的核心价值对这些数据进行综合利用,分析他们的消费偏好,并以此作为强化市场调查和调整产品品牌核心价值的依据。

(2)利用网络数据进行消费行为习惯以及品牌市场的分析。企业先将目标受众定位,通过对目标受众消费及日常搜索内容抓取目标受众感兴趣的内容,并让每一次营销活动和广告费用发挥最大价值,通过市场反应来导向品牌定位。

(3)与大数据平台合作重新定位产品。零售企业可以选择与大数据平台合作,利用大数据平台的分析能力精准对消费者需求进行分析测试,其品牌定位会更加准确。

上海大众与百度的合作就是非常经典的案例。上海大众的营销团队使用了与百度汽车行业数字营销中心联合开发的汽车行业消费者大数据分析体系。百度团队为上海大众找到全新晶锐目标消费者的内心需求,对643万网民进行了深度分析,并利用技术手段抓取近两年中文网站商所有和汽车有关的讨论内容,经过筛选和聚类分析,终于提炼出了最贴合目标受众心理需求的关键词"快乐",并整理出能够平等沟通的品牌定位理念——一切为了快乐。上海大众重新对全新晶锐做了品牌定位,用目标受众喜欢的、快乐的方式推送品牌内容。

3. 分析调整经营策略和方式

大数据对于零售业最重要的价值意义就是真正意义上实现客户的精准营销,即对客户进行智能细分,通过智能的数据系统、智能的数据挖掘、智能的支付体验、智能的消费分析、智能的营销分析、智能的位置分析、智能的渠道体验对客户体验进行全方位的跟踪,从而制定精准的营销策略,提供精准服务。从表9-1可以看出。

表9-1 "大数据+零售业"全方位客户体验的细化

智能细分	包含的内容
智能的数据系统	数据手机上传,POS销售数据抓取,客流系统,人脸识别,获取并校验非大POS商铺的收银数据
智能的数据挖掘	挖掘消费数据,挖掘社交数据,挖掘银联消费数据,挖掘识别消费者图谱,在客群需求的基础上开展商业经营活动
智能的支付体验	提供移动支付通道,绑定会员第三方支付账号,进行无卡积分,并通过品牌信息展示,优惠信息推送,引导顾客消费轨迹
智能的停车系统	通过车牌自动识别,车位准确引导,App线上支付,ATM自助支付,反向寻车等,体验智能停车场
智能的消费分析	进行消费者生命周期分析,全渠道视频分析,消费行为分析,交叉购物分析,消费情绪分析
智能的营销分析	进行营销效果分析,预测营销分析,挖掘潜在营销分析和消费者与商家的关系分析
智能的位置分析	进行消费者经常光顾的位置分析,进行消费者实时分析,喜爱场景分析,体验内容分析
智能的渠道体验	进行消费全流程分析,个性化消费分析,多元化消费分析,线上和线下融合分析

4. 制定营销策略

在大数据高速发展和普及应用的背景下,零售企业可以创新性地将原本相互割裂乃至对立的线上和线下营销渠道结合起来,融为一体,为零售企业营销渠道创造一种新模式。线上和线下分别扮演不同角色,发挥不同作用,其中线上主要发挥产品和活动的宣传、支付功能,线下实体店主要发挥展示和体验以及提送货功能。消费者通过线上了解产品和促销活动等信息,完成支付,然后到线下去体验,获得实体性产品。通过这种方式消费者既能享受到网络购物的便捷,又能通过线下实体店了解体验到真实的商品实体,线上和线下完美结合,相互补充,构建全新的全渠道深度融合的营销战略新模式,更好地满足新时代年轻一代消费者的购物需求。

5. 进行市场预测

零售企业可搜集线上和线下产生的诸如客户自身、消费行为和评价等各种海量大数据,并利用云计算等数据挖掘技术对这些大数据进行分析,挖掘出隐藏在这些数据背后消费者的真正需求,建立客户消费预测模型,提前预测和掌握客户的消费趋势,据此适时地指导零售企业进行科学备货,提高备货效率。同时零售企业还可以将事先挖掘出的客户需求信息及时发送给产品制造商,指导生产企业更好地根据客户需求进行产品设计,从而生产出更加符合客户需要的产品,实现产销对路,提高生产和零售企业效益。

6. 实施修正

企业的营销策略有对的,也有错的,通过大数据的分析,企业能够找出那些错的部分,从而一一纠正,这也是大数据精准营销的体现。

9.1.4 实体零售:用大数据锁定消费者

本节主要通过永辉超市案例来体现大数据在实体零售业的作用。

永辉超市的商业模式创新

1. 永辉超市基本概况

永辉超市成立于 2001 年,2010 年于上海证券交易所上市,是中国企业 500 强之一,是国家级"流通"及"农业产业化"双龙头企业。目前永辉超市已在全国发展超千家连锁超市,在全国 29 个省份 585 个城市中以开业 1028 家门店,经营面积超过 750 万平方米,位居 2019 年中国超市百强 3 强、2019 年中国连锁百强 6 强。

2. 永辉超市应用大数据的方式

在"源头—买手—物流—门店—合伙人—用户"这个长长的生态链中,永辉超市正在利用数字智能来驱动链中的每个环节。通过数据驱动,永辉超市实现了全数字化、数据智能、智慧赋能三个方面的积累。

永辉超市的数据理念主要体现在六个方面。首先是云原生(Cloud-Native)。2015 年 5 月,永辉超市尝试转型互联网,与腾讯合作,利用腾讯云成熟的骨干网络和多元化的云服务,借鉴于自身大数据平台的建设,深耕战略和业务层面,微小化细分市场,精准化目标顾客,进行线上平台和线下实体店并行外加新零售探索,并利用云计算技术,让资源、数据更加高可靠,高可用,可扩展,并能满足业务的快速发展(见图 9-1)。其次是云数据湖。永辉通过数据湖,来消除数据孤岛,提高数据安全性和质量。第三是数据易用。通过降低门槛,让大数据更好用。第四是数据智能。永辉超市利用机器学习的方法来做数据分析,让数据跟机器学习完全融合。第五是数据函数。永辉超市通过应用大数据更加敏捷地去服务业务。第六是数据思维。这体现在数据的安全、共享和闭环上。

在大数据的盛行之下,永辉超市积极寻求与数据公司的合作,完善其内部自有的运营平台,并致力于搭建大数据平台。永辉超市将重心放在大数据对商业模式创新的作用上,提出"新零售"的数据运营模式,制定了基于大数据的精准营销策略。

在大数据平台中,永辉超市针对其不同大区的会员,按照消费偏好及消费行为等指标进行分析,进行准确的消费者画像,出具了一系列浅显易懂、针对性强的大数据个性标签(比如时尚达人、家庭主妇、精致女生等)以完善精准营销系统。这些标签的出现能够使得

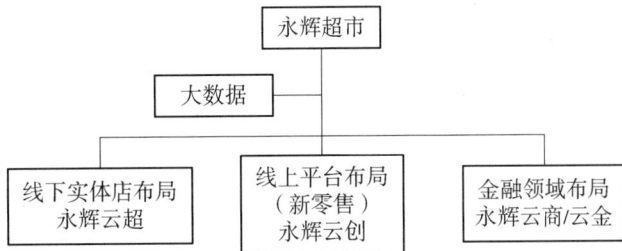

图 9-1　永辉超市战略布局

永辉超市做到更好的战略布局,直观地分析不同大区的消费群体之间的小差异。并且这些标签的出现使得永辉超市的营销效率大大提高。在应用大数据以前的永辉超市,在进行活动推广时会向会员群发短信(一个大区每次活动群发短信数量达到 100 万～200 万条)。而在大数据应用后,个性化的标签出现,使得永辉超市在进行活动营销时可以有针对性地进行推广。这不仅优化了营销费用的成本结构,也能做到精准营销,增加用户黏度,使永辉超市的营销活动变得高效智能。

3. 永辉超市的市场表现

永辉超市的大数据商业模式创新成效显著,2018 年全年营收达 705.1 亿元,同比增长 20.35％;2019 年永辉超市实现营业收入 848.77 亿元,同比增长 20.36％;2020 年受新冠疫情影响,国家统计局披露,社会消费品零售总额比上年下降 3.9％,在此情况下永辉实现营业收入 931.99 亿元,同比增长 9.80％。永辉超市线上销售额实现了百亿规模的新突破,达 104.5 亿元,同比增长 198％,占主营收入比重提升至 10％。此外,截至 2020 年 12 月 31 日,"永辉生活"会员数已突破 4 933 万户。2020 年,"永辉生活"新增总注册用户 2 830 万户,同比提升 250％,年底月活数 1861 万户,同比增长 268％。

4. 启示

对于消费品市场而言,创新驱动发展,信息技术的创新能力决定了零售业的创新水平。大数据带来商业模式中的价值主张创新,大数据的应用使得企业对于日益多样化的需求以及各层次的需求可以找到很好的突破点,创新商品品类和服务,满足消费者个性化的消费诉求,从而有利于挖掘潜在消费点,扩大消费,促进社会整体发展。

此外,实体零售企业可以通过降低成本,减少企业开支以及增加绩效来保持盈利能力。而大数据技术的应用是零售企业能够精准识别顾客,构建高效供应链来降低成本和增强经验,以满足消费者多样化和个性化需求的关键和有效的解决方案。

9.1.5　电商零售:用大数据精准服务消费者

大数据与互联网密不可分,对于基于互联网的电商平台来说,大数据是必不可少的一环。本节主要通过京东的大数据精准营销的案例来体现大数据在电商零售业的作用。

京东:大数据精准营销

1. 京东基本概况

京东是目前我国受到消费者喜爱和欢迎的综合性电商平台之一,也是我国首个成功赴美上市的电商平台,在 2004 年正式涉足电商企业,多次入榜《财富》500 强榜单,2019 年

10 月,在福布斯全球数字经济 100 强榜排第 44 位,2020 年,京东集团营业收入 5 768.88 亿元。京东目前占有国内自营式电商市场 50% 以上的份额,同时也是国内最大第三方卖家平台之一。

2. 京东精准营销应用方式

京东大数据三类典型的利用大数据精准营销应用是:个性化推荐、顾客对工厂(C2M)反向定制、京东专享。

1) 个性化推荐

通过利用计算机算法,根据每一个用户的特点,从京东商城中数以百万计的商品中,挑选出合适的商品推荐给用户。京东数据的特征非常全面,数据链记录着每个用户的每一步操作,从登录到搜索、浏览、选择商品、页面停留时间、评论阅读、是否关注促销,以及加入购物车、下订单、付款、配送方式,最终是否有售后和返修,整个用户购物行为的完整数据都被记录下来。通过对这些用户行为及相关场景的分析,构建了京东用户画像,见图 9-2。用户画像在京东各终端的推荐产品中都有应用,以秒杀为例,推荐结果会根据当前用户的用户画像中的画像模型(性别、年龄、促销敏感度、品类偏好、购买力)进行加权,让用户最感兴趣的商品排在前面。

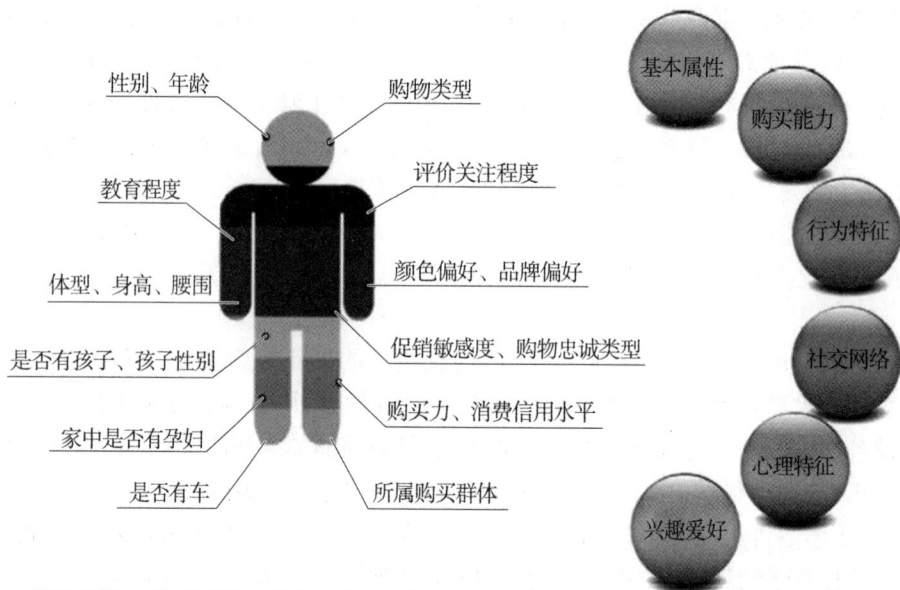

图 9-2 京东用户画像示意图

个性化推荐对电商平台而言,其能够提高用户忠诚度、提高平台的交叉销售能力、增加销售额和营业利润,目前该系统已经为京东商城贡献了 10% 的订单;对用户而言,符合个人特征的商品推荐,优化了用户体验、提高了用户的购买效率,还节省了用户时间成本和搜索成本。

2) 顾客对工厂(C2M)反向定制

以消费者为起点,通过对消费者需求的准确洞察,制造切实满足消费者需求的产品,并精准地向目标客户投放。2019 年,京东向外发布了 C2M 反向定制的工作五步法,其中包括需求报告、仿真测试、厂商研产、京东首发、精准营销五部分,见图 9-3。近年来,京东在 C2M 反向定制上深度布局,让不同层次、不同年龄的消费者都体验到了"专属定制"的优势,如爱美人士的拍照手机,电竞玩家的游戏手机、游戏笔记本、游戏电视,陪伴长辈的"时光机"等。

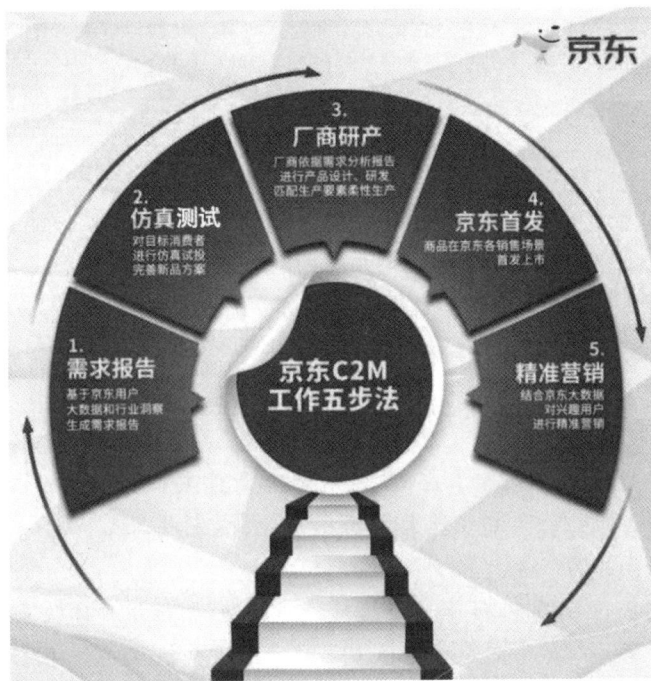

图 9-3 京东的 C2M 反向定制

3) 京东专享

京东专享是京东基于大数据分析,主动为特定用户提供优惠券、红包来激励用户购物的营销策略。京东设置京东专享,利用大数据算法精准地定位这些高需求用户,将京东和厂商能够做到的最大优惠集中在一起,以短信或者 App 中的信息形式推给这些高需求用户,来刺激用户进行购物。目前,京东专享的效果很明显,尤其是在大件家电和高端手机上的效果更加明显。

3. 成效

2020 年 11 月 1 日 0 时至 11 月 11 日 23:59,"京东 11.11 全球热爱季"累计下单金额超 2715 亿元,再次创造了新的纪录。2021 年 5 月,京东位列"2021 福布斯全球企业 2000强"第 101 位。

4. 启示

大数据背景下,通过大数据技术和算法体系等,为电商企业提供更为精确的精准营销方式与策略:

(1) 对客户进行细分有多种细分标准,要把其他指标综合考虑进来,并对用户的心理进行分析,以此促进精准营销效果得以提升。

（2）利用大数据技术构建的用户画像，可以帮助企业更加清晰地了解顾客的需求，要充分利用用户画像来进行精准营销。

（3）最后的营销建模过程中，企业要把顾客的心理需求考虑进来，并且能够让顾客也参与到决策过程中，更为精准地了解顾客的需求，会使精准营销的效果发挥到最大。

【案例 9-1】

苏宁：大数据下的智慧零售

苏宁易购集团股份有限公司创办于 1990 年 12 月 26 日，是中国商业企业的领先者，经营商品涵盖传统家电、消费电子、百货、日用品、图书、虚拟产品等综合品类。苏宁易购线上通过自营、开放和跨平台运营，跻身中国 B2C 行业前列。2020 年，苏宁在全球最具价值 500 大品牌榜排名第 296 位，2020 年《财富》世界 500 强排行榜第 324 位，"2020 中国品牌 500 强"排行榜排名第 69 位。

2017 年全国"两会"上，苏宁控股集团董事长张近东提出了智慧零售的概念。智慧零售就是将零售行业回归到人本主义，将消费者看作未来的零售核心。也就是从采购、销售、服务、渠道和业态，都经过大数据积累分析，完成商品、用户、支付的数字化，最终为用户提供高品质服务。

作为智慧零售的首倡者，苏宁始终坚持技术驱动，坚持用户体验至上，用创新理念带动企业转型升级。在苏宁的零售体系中已经完成了全链路的数字化建设，包括人力资源即服务（HaaS）体系，存储、网络、IDC 及 IOT 设备的基础设施即服务（IaaS）体系，AI 平台、大数据平台、云平台共同构成的平台即服务（PaaS）体系，包括千人千面、无人门店、AI 客服、智慧家庭等在内的软件即服务（SaaS）体系，而智慧零售大脑（Raas）是这一系列数字化体系的集成。

苏宁构建的全场景智慧零售生态系统，实现从线上到线下，从城市到乡镇的全覆盖，为用户搭起随时可见、随时可触的智慧零售场景，满足用户多样化的需求。苏宁易购 App、苏宁广场、苏宁小店已成为苏宁最重要的场景互联网门户。在社交营销领域，基于苏小团、苏宁推客等一系列工具，消费者可以更精准触达所需产品。具体到垂直服务领域：在综合购物场景，苏宁有苏宁易购官方旗舰店（猫宁电商）；在社交电商领域，有苏宁拼购；百货购物层面，有苏宁易购 PLAZA（万达百货）；家电 3C 消费，有苏宁易购电器店和日本 LAOX；家居家用消费，有 Hygge、苏宁极物等；在母婴、体育、汽车、娱乐休闲等场景，也布局了红孩子、苏宁体育店、苏宁汽车、苏宁影城等诸多实体。围绕用户日常生活场景，还提供体彩、二手房买卖、代收快递、家电维修清洗等服务。

2021 年 5 月，在苏宁入浙 20 周年庆会上，浙江苏宁称将依托于智慧零售进行营销、玩法等方面的全新升级，从线上线下，售前、售中及售后各个维度融合实现玩法大满足,同时,从价格、服务和产品等多维度进行比拼,最大程度让用户的消费需求都得到满足。

纵观如今的零售行业,线上线下都在积极补齐各自短板,而苏宁凭借线上线下全渠道优势已打造出了业态联动与融合,无疑拉开了行业差异化竞争的序幕。

(资料来源 张近东专访:智慧零售引领新零售革命[EB/OL].http://finance.people.com.cn/n1/2017/0615/c1004-29342361.html;张近东谈智慧零售:终将你中有我、我中有你[EB/OL].http://www.chinanews.com/business/2019/04-22/8816342.shtml。)

【思考】

1. 智慧零售的核心是什么? 苏宁是如何开展智慧零售的?
2. 你是否接触过智慧零售场景? 有何感受?

9.2 餐饮业:大数据引领新商业模式

餐饮业是通过即时加工制作、商业销售和服务性劳动于一体,向消费者专门提供各种酒水、食品,消费场所和设施的食品生产经营行业。餐饮业市场整体上供大于求,处于过度竞争的状态。面对目前人工智能、大数据飞速发展的时代,餐饮业数据该如何挖掘,如何利用大数据开展相关营销呢? 本节将分析餐饮业发展现状和趋势、餐饮业大数据的特点及运行模式,并介绍相关案例,希望对读者有一定的启发和学习价值。

9.2.1 大数据在餐饮业的市场现状

1. 餐饮业发展现状

近年来,随着我国居民消费水平的快速提高,餐饮业发展出现以下特点:

(1)餐饮业市场规模持续壮大。2011年餐饮业收入突破2万亿元,到2019年4.7万亿元,同比增长9.4%。受新冠肺炎疫情影响,2020年餐饮业收入同比虽然下降了16.6%,但2020年全国餐饮企业注册量不减反升,餐饮企业全年注册量达到236.4万家,同比增长25.5%。餐饮业在众多行业里率先恢复了市场活力。

(2)餐饮业的业态细分更加精准。正餐、团餐、快餐、外卖、小吃,以及西餐、日料、东南亚等各国餐饮,乃至烤鱼、小龙虾、茶饮、地方小吃、非遗美食,各地老字号美食产品等,为广大人民群众提供了丰富多样的市场选择。

(3)餐饮业的特色化更受青睐。人们追求品牌店、特色店和名牌餐饮企业的势头更加明显,个性化特色经营突出自身品牌,特色餐饮才能受到大众的青睐。

2. 餐饮业发展趋势

人工智能、数据化时代对于餐饮业来说,数据的收集、整理、共享变得尤为重要。在未来,建立互利共享的线上线下一站式服务,促进线上线下融合发展,将会是餐饮行业主要的发展方向。同时,5G、人工智能新技术的应用也会成为引流新消费、发展新零售的有效方式。未来餐饮行业将会向着联网化、零售化、数字化方向发展。此外,餐饮相关行业的发展也会为餐饮行业带来更多便利。未来餐厅会将更多非核心功能外包,让自己变得更小、更专、更轻、更快。中国餐饮行业逐渐向着多重方向发展,如表 9-2 所示。

表 9-2　餐饮业未来发展方向

概念	具体方向
互联网化	应用"互联网＋新技术",建立互利共享的线上线下一站式服务,促进线上线下融合发展,并不断尝试实现企业与移动端有效链接,引流新消费群体
数字化	餐厅通过信息技术优化管理效率、留存数据,越来越多的连锁企业开始利用专业工具,打造自己的数字化平台,掌握顾客消费行为信息、门店管理、智能营销等动态信息
零售化	越来越多的餐饮品牌,越来越像以餐饮品牌为 IP 的零售门店,越来越多的餐饮门店里不仅仅是餐饮,而是一个拥有特定流量的终端销售场景,餐饮零售化将是一股不可忽视的力量
轻资产化	餐厅寻求第三方更专业的公司合作,自由工种越来越少,简单化,只保留核心能力,外包更多非核心功能,让自己变得更小、更专、更轻、更快

(资料来源:前瞻产业研究院)

9.2.2　餐饮业的大数据特点及数据获取

1. 餐饮业大数据特征

餐饮业大数据有如下特征:一是数据类型多样化,包括餐饮业运营中所产生的结构化、半结构化、非结构化海量数据资源,以及消费者对线上餐饮的浏览、点击、评论、视频等多类型数据;二是数据碎片化,网络化消费者习性多变,信息碎片化严重,单个消费者价值密度低,需要借助大数据技术进行价值的集聚和放大;三是数据生成快,传统数据和餐饮企业以及消费者线上传输的数据流能够快速生成,例如消费者的浏览点击记录数据,消费者在餐厅消费数据等;四是数据利用率高,餐饮企业利用自有资源组建后台分析系统,利用后台系统端通过大数据驱动作用对经营进行精准分析,提高营销和服务质量,对于个体消费者可实现个性化产品定制和定位。因此,在大数据的驱动下,餐饮企业的经营模式可以进行智慧化改造,在充分挖掘消费者餐饮消费数据价值的基础上,创新拉与推并式服务模式。

2. 餐饮业大数据的获取

餐饮各端数据的获取也是非常重要的环节。移动门户是餐饮企业线上服务消费者的直接接口,消费者通过移动门户实现对餐饮企业产品、服务等的动态了解。餐饮企业通过移动门户获得消费者的餐饮数据。例如消费者对线上餐饮产品的浏览、点击等过程的数据记录都会通过移动门户存储在餐饮企业数据库中。对于一些单位集体食堂等固定消费群体的餐厅,可提前将消费者信息导入系统。餐饮企业对于菜品消费数据的获取可通过线上移动门户的点餐环节,也可基于线下智能结算台(通过扫描餐盘内置 RFID 芯片的消费者自主结算的集成化智能结算系统实现自动汇总)进行。在食材采购部分,基于企业自有的后台系统端对所制定的菜谱按照 ERP 的物料清单管理模式,将所有菜品中的食材进行拆解,然后分类汇总,再结合当前库存、供应商、定价、质量、特性等信息,自动生成采购订单,推送至电商平台或供应商。餐饮企业与供应商之间通过移动门户实现信息流的收集、整理和汇总,通过双方平台的对接实现信息流的双向互动,达到双方数据在平台共享、分析以及发布重要结果。餐饮企业对供应商的物流实行智能化感知、智能运输,更方便实现餐饮上下游企业间数据的全程可追溯。

9.2.3　大数据对餐饮业的价值体现

对于餐饮业,大数据主要的价值体现在:

首先,选址定位。选址不仅仅是对店面人流量的分析,还有消费人群属性、周边商圈状况、市场竞争格局等因素。通过大数据系统的分析,能避免选址和定位失误带来的损失。

其次,锁定客户需求。利用大数据了解顾客真实需求及喜好,可减少不必要的成本支出,提供客户最喜欢的产品。

再次,精准营销。锁定目标客户,并根据客户的消费喜好制定相应的营销策略,提高营销效率,节省人力物力成本。

最后,经营决策。不管是当前经营还是长远的战略规划,大数据都能从市场格局、产品、消费者、营销等各个维度提供全面的数据支持,让决策更加科学精准。

总之,商业经营的本质就是一场效益的较量,降低成本、提高工作效率、锁定客户需求、创造利润空间等,正是大数据价值的体现。那么,餐饮业该如何利用大数据提高经营的效率呢?

1. 利用大数据进行市场定位和选址

餐饮界有一个普遍的认知,决定一个餐厅成败与否的三个关键点为:市场定位、选址和产品。若缺乏大数据的客观支持,就很难精准地切入市场。

(1) 了解市场构架,预测市场潜力。市场定位不是凭空想象出来的,在此之前,餐饮企业必须了解整个市场构架,餐厅面对的竞争对手有哪些? 面向的核心消费人群是哪些? 整个市场容量如何? 这些都可以利用科学系统的大数据来收集、管理、分析得出。

(2) 打造个性化与差异化。市场定位的核心是根据市场现有竞争对手品牌定位情况,分析用户未被满足的关键需求点,并以此为切入点,向消费者诉求,形成独特的品牌印记。

在火锅这个品类中,最经典的莫过于海底捞和巴奴毛肚火锅。巴奴毛肚火锅在转型突破前,请专业的咨询团队进行专业细密的大数据调查和分析,终于找准了方向。海底捞的个性是服务,如果巴奴毛肚火锅跟海底捞比拼服务是不明智的选择。但海底捞也有个明显的劣势,即菜品没有特色。所以巴奴毛肚火锅提出的战斗口号是:"服务不是我们的特色,毛肚和菌汤才是",这句口号不仅关联海底捞,攻击其弱势,还强化了巴奴毛肚火锅的认知。2021 年 8 月,巴奴毛肚火锅入选艾媒金榜(iiMedia Ranking)发布的《2021 年上半年中国火锅品牌排行 Top15》。通过大数据对竞争格局和消费者需求的精准把控,是找准市场差异点的有力保障。

(3) 了解消费习惯,贴近消费者心声。餐厅在开店之初,非常有必要对目标消费者做系统全面的了解。这个时候,可以选择与各类大数据供应商合作,调取相关区域消费者数据,全面了解周边消费人群的经济水平、饮食习惯及能接受的客单价等,从而使前期市场定位更加精准,也为下一步的精准营销奠定基础。

（4）用成熟商圈锁定目标人群。餐厅开店，选址是头等大事，选错店址损失极大。在选址时，通常会面临两大选择：是倾向于稳定成熟的商业环境，还是以后的发展？大数据会告诉我们如何根据自己品牌定位进行最佳的选址。

星巴克在进驻南京时，有两个位置作为备选：一个位于新街口商圈，附近有四五家大型商场，其中的东方商厦更是经营高档商铺的大型商场；一个是北极阁地区，周围是省市政府工作区域，公务员基础消费稳定。最后通过 Atlas 系统，利用 GIS 的信息叠加功能，对商圈周边的人口、客流、竞争、交通、商业等信息进行综合分析，最终选址将第一家店开在东方商厦。因为星巴克认为，它更多是一个偏向于女性化的咖啡店。

（5）关注"潜力股"地段，用发展的眼光看世界。用发展的眼光和科学的数据选址一个潜力十足的宝地，也不失为一种科学的选址策略。通常这样的店面前期租金一定不会太高，但这样的地点需要"养"，需要有一定的资金实力作为支撑。

2. 让产品数据决定菜品的去与留

成功餐饮企业里的菜单不是一成不变的，它需要紧跟时代、紧跟消费者的口味需求。过去大部分餐饮企业可能以初始菜品点单作为依据，数据不完整且处理麻烦。在如今的大数据时代，菜品的去留都由客观数据来做决定。

（1）IT 系统决定老菜与新菜的命运。在大数据时代，不需要拿着纸质菜单核对菜品的销量，也不需要根据原材料的消耗推算顾客对某一菜品的喜恶，只需要通过点菜系统调出数据。它就可以告诉餐饮企业每一道菜品的受欢迎程度、特点时间段的菜品点击率、某一菜品某一段时间的销售记录，从而为季节转换或特定节日等的菜单更新和原材料采购提供参考，也可以得出更加精准的利润率，以便从销量、利润率等多方面考虑菜品的去留。

（2）智能 POS 点菜系统。通过智能 POS 点菜系统，餐饮企业可以得到的数据有：①消费者的支付数据。包括点餐品类、客单价等信息，可以使得餐饮企业清楚菜品的点击率、消费者喜好、消费率、消费频次，为后续精准营销作铺垫。②营销数据。所有营销渠道的数据信息被后台记录，为企业优化营销方式提供依据。③第三方平台数据。POS 机可以对接各类团购平台，为餐饮企业提供平台相关数据，方便企业实施挑战经营重点。

3. 巧用大数据技术进行精准营销

互联网时代的餐饮业的营销主场由线下走向线上，多样化的营销载体衍生出越来越多的营销方式。哪一类载体更适合宣传自己？有了大数据作支撑，餐饮企业的营销便能做到有的放矢，低成本且精准。

（1）锁定核心消费人群。通过大数据技术分析，结合自身企业的定位，锁定核心消费人群，针对核心消费人群制定营销策略。

（2）描绘消费人群特征。通过大数据的人群画像，对消费人群的行为习惯、个性特质、影响购买力的主要因素等做系统分析，再针对性地推出营销方案。

日本的麦当劳耗费数百亿日元，建设了一套顾客信息挖掘系统，将客户使用优惠券的过程转变成了收集客户信息的过程。收集的信息包括消费者性别、年龄等自身特征及消费特征，从而形成一个非常有价值的数据库。基于此，对于周六、周日白天频繁购买咖啡的顾客，会向他们发送周末早上免费兑换咖啡的优惠券，对于光顾率很高但还没有购买过新品汉堡的顾客发送新品汉堡打折优惠券。这样一来，到店率和销售额都大大提高。

（3）分析产品的受欢迎程度。利用产品数据对菜品的受欢迎程度进行分析，选择消费者好评率高、点击率高、毛利高的"三高"产品进行促销，对于一些差评、点击率低的菜品及时淘汰。

（4）防患未然，做预知性营销。大数据不仅能为当前营销提供参考，更能预知未来市场的发展趋势，因此可以利用大数据分析，领先竞争对手做预知性营销。例如日本的麦当劳通过手机支付软件得知消费者的消费频次、消费周期、消费"淡季"等，继而提前推送恰当的优惠活动。

总之，互联网大数据能非常清楚地告诉餐饮企业需要针对什么样的人群进行营销；向目标消费人群推介什么样的餐品成功率更高；为目标消费人群策划怎样的优惠活动更恰当；在什么地段和时间段进行某种营销更有效；如何规避消费者的常见质疑与店面所遇到的常见问题等。

9.2.4 大数据驱动下餐饮业的运行模式

基于大数据驱动下的餐饮业运行新模式是以大数据为传输媒介，通过数据信息的传递和智能化技术的运用，打造优化用户体验、提升餐饮企业经营效益、促进餐饮发展的新模式，如图9-4所示。

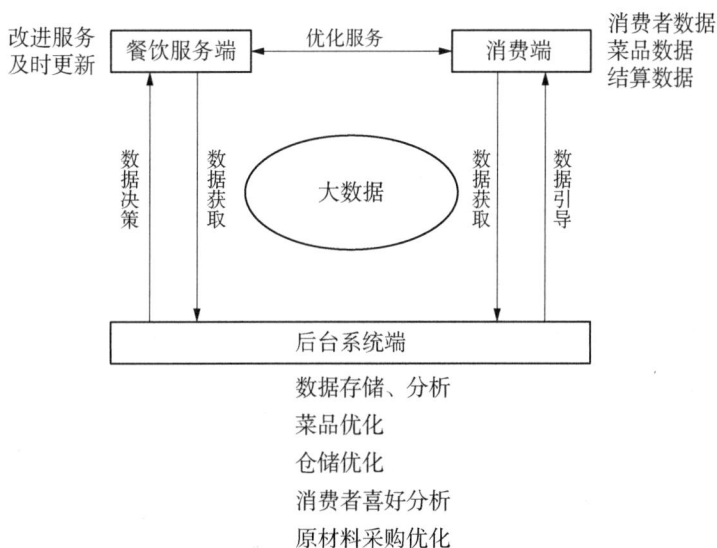

图9-4 大数据驱动下餐饮业运行模式

餐饮新模式的高效运转需要后台系统端、餐饮服务端以及消费者端的不断磨合和互动，餐饮企业利用移动门户与消费者实现互动，消费者根据自身的消费需求向餐饮企业提出建议。消费者数据通过线上移动门户汇集在餐饮企业后台系统，后台各类分析决策支持系统会对消费者的互动交流数据进行精准分析，分析结果实时更新反馈给餐饮服务端，服务端对餐厅软硬件进行智能化改造；反过来，数据生成和数据利用是相辅相成的，这些优化改造又会进一步促进新数据产生、收集与利用的便利性和及时性，彼此相互促进。将后台系统端作为"大脑",服务端与消费端作为"身体",实现脑体的闭环运行。线上在大数据驱动下进行分析决策,线下企业实体接受决策,实施决策内容。

9.2.5 餐饮业:数字化转型带来更多客户

本节主要通过分析西贝餐饮集团疫情期的数字化转型来理解大数据在餐饮业的作用。

西贝餐饮集团:疫情期的数字化转型

1. 西贝餐饮集团概况

西贝餐饮集团成立于 1988 年,主营中式休闲正餐,开创性地将独具特色的西北民间菜肴带入大众消费视野。西贝主要采用直营连锁经营的商业模式,旗下有 4 个品牌。截至 2020 年 3 月,西贝在全国 59 个城市共开设了 367 家门店,提供堂食和外卖服务。从 2017 年开始数字化转型,到 2018 年西贝 VIP 付费会员数超过 67 万。

2. 西贝餐饮集团数字化转型过程

2020 年暴发疫情使得西贝数字化转型加速。

从内部价值链来看,2016 年,西贝从消费者线上化开始迈出数字化第一步。门店 POS 系统、在线点餐系统和 CRM 系统的应用与赋能,结合会员制的推广,实现了对 2 000 万注册会员的数字化,将门店的经营从时间和空间维度上都进行了扩大。2018 年,西贝组建了新餐饮中心,选择阿里云作为基础设施,开始自主研发适合中餐的智慧供应链系统,从食材采购、中央工厂、分仓配送、门店要货等环节,聚合链条各个环节的信息,避免信息孤岛的困扰,实现了全链路的数字化和智能化。

对于营销数字化,西贝主要是将小程序、商城等流量入口,连接到工作人员资料页里,员工建立西贝会员微信群,方便顾客进行线上选购。同时,员工可以与顾客一对一交流,及时分享产品信息,随时提供专业服务。而疫情期间,西贝建立了线上食客平台,利用线下员工的闲置价值触达线上海量用户,通过借助 200 多家门店的管理人员微信群发消息,连接线上 9 万名顾客,员工跟顾客一对一交流,分享商城及产品信息,提供外卖配送及食材订购服务,打通了一个增值服务和持续的营销渠道。

此外,西贝还实行了服务多元化与线上化。疫情期间西贝以微信小程序、线上商城等为流量入口,开展线上外卖业务,2/3 的门店积极参与,外卖营收超过了整体营收的 80%。针对复工企业员工就餐问题,推出企业团购订餐业务;针对"宅家"的消费者新增线上甄选商城,推出"牛大骨、羊蝎子"等到家功夫菜,消费者在家里加热即享门店同款菜品。

从外部价值链来看,西贝主要从消费者账号和合作模式两方面进行了数字化转型。

账号互通化。消费端账号打通赋能数据运营。消费者一个账号即可登录包括小程序、外卖点餐 App 在内的各个平台。账号互通也有利于会员运营体系搭建,保证了大数据的运用以及私域流量的活跃。根据统计数据,西贝回头客平均消费周期是 30 天。基于会员生命周期和消费频次,西贝对用户进行了等级划分和差异化运营策略。

合作模式创新化与去库存化。在合作服务商上,西贝与银行信用卡中心合作,将食材作为开卡回馈礼赠送给用户,在菜箱标注西贝 Logo,挖掘潜在消费者,减轻库存压力。而在疫情期间,西贝与线上商超等平台合作,一方面通过"共享员工"模式,缓解了疫情期间闭店地区的员工成本问题。另一方面通过借助零售平台进行半成品销售,将中央厨房升级为食品生产企业,通过生产经营模式转型,让餐食半成品制成预包装产品,上线了米面粮油、粗粮主食、零食、到家功夫菜等多种产品,实现"餐饮＋零售"的新商业模式。

3. 启示

新冠肺炎疫情使中国餐饮业重新"洗牌",以线上数字化营销模式实现企业的转型升级。通过深入分析西贝餐饮集团价值链研究后,发现产品、产业链条、服务这三个支点,是餐饮企业数字化变革的关键。在产品端,可以根据线上线下的消费数据和评价反哺到产品端,进而为产品优化和新品研发提供了依据,这便是数字化产品,让科技更懂消费者的胃和心。在产业链端,通过自助化智能化的硬件和软件服务打通从采购、制作、销售、配送、消费者食用的全链路,让需求与供给精准对接。在服务端,更是需要数字化能力来支撑。此外,西贝带给我们对未来餐饮企业数字化转型的启示有:

(1) 优化内外部价值链,实现数字化运营。

(2) 采用智能化装备,实行标准化管理。

(3) 采取自动化管理,加快门店自助化服务建设。

(4) 搭建数字化平台,鼓励商业模式创新。

(5) 利用大数据、云计算和人工智能等信息技术,创新消费模式,融合线上线下消费场景。

(6) 打造自身的私域流量阵地,不断建立对顾客有效的链接方式。

【案例 9－2】

喜茶：数字化赋能精准触达年轻消费群体

喜茶,新茶饮的开创者,2012 年起源于广东省江门,由于无法注册商标,故在 2015年全面升级为注册品牌"喜茶 HEYTEA"。截至 2020 年 11 月,喜茶已在中国内地、中国香港以及新加坡超过 55 个城市拥有 660 多家门店。2019 年,喜茶获得 IDC 中国数字化转型大奖卓越奖,2020 年,喜茶获中国茶饮十大品牌,在《2020 胡润全球独角兽榜》排名第 169 位。

对于喜茶的粉丝来说,只需要打开喜茶 GO 小程序,就可以随心所欲点单,不仅可以"门店自取""外卖",甚至可以在喜茶百货和天猫选购。这背后是喜茶积极推动数字化运营的结果。互联网趋势下,喜茶积极推动数字化建设,利用信息化平台触达更多消费者,实现下单、取茶和外卖一体化,结合线下门店打造丰富的消费服务场景,开启传统茶饮行业的数字化时代。在 2017 年,从线下走到了线上,组建 IT 部门、开发喜茶小程序、在战略上提出"线上喜茶"的说法。2018 年自主开发小程序喜茶 GO 以来,积累了超过 3 000 万的线上会员,其中线上月活用户超过 500 万,80％为"90 后",并完成80％占比的线上订单量。利用数字化平台触达更多消费者,实现下单、取茶和外卖一体化,结合线下门店打造丰富的消费服务场景。

对于喜茶来说,数字化建设让产品和服务能够更好地运作。喜茶会观察用户是否能够通过互联网更便捷地享受到产品和服务,根据用户登录小程序的频次、购买的频次、区域、年龄等进行数据分析和洞察,不断优化流量端口,保证用户在下单的环节就能有很好的体验感,最终回归到门店真正得到好的产品和服务体验。

此外,数字化建设更有利于门店与其他部门的协同。在门店产生的数据会同步给大后端,高效的供应链、EHR和市场运营等部门也会及时给予门店支持。

众所周知,喜茶传递的是"喝茶也可以是酷的"理念,致力于"让喝茶成为一种风格和生活方式",将茶文化"年轻化",从产品体验、包装设计到门店风格和营销活动,都能让消费者感受到"酷",契合了喜茶的主要受众——年轻消费群体。正是因为有了数字化基础,喜茶才能够更好地了解年轻人的喜好,从消费者角度出发去做产品研发、视觉设计和用户运营,是最贴近现在年轻人所思所想的。

（资料来源:喜茶:从广东到世界揭开中国新式茶饮的创新密码[EB/OL]https://baijiahao.baidu.com/s?id=1681967840263817508&wfr=spider&for=pc）

【思考】

1. 喜茶为什么会选择以年轻人的喜好做产品研发?
2. 你认为喜茶利用大数据还能做哪些事情?

9.3　金融业:大数据助力精准营销

大数据时代背景下,金融业作为传统行业之一,在信息呈现大爆炸的现象下,也感受到了不小的震动。为此,金融行业也进入了一个全新的阶段。由于现代金融行业中大数据处理与分析技术已经成为新一代信息技术的融合与应用关键,与国内外金融产品的特性吻合。所谓大数据是天生合作伙伴,一方面本身就有着充分利用这些技术的红利所带来的收益冲动,另一方面也具备了国内外比较优秀的信息化条件。金融行业在这些大数据领域里都具有较为良好的发展前景,例如商业银行、保险、证券等,通过移动互联网等科技手段在大数据的基础上发展了金融业务,向客户提供更为迅速和简便的金融服务。全新的互联网金融行业在合理地运用了大数据技术下,很好地适应了互联网信息的变化,实现了产业升级,克服时代发展过程中的障碍,使金融产业发展呈现一个几何增长态势。

9.3.1　大数据金融的含义

大数据金融是指金融机构运用互联网、云计算和数据等大数据技术对金融产品、金融服务及金融管理方式进行改造升级和创新,通过挖掘行业数据、经营数据、客户数据等全方位的信息,利用大数据技术进行分析,并把分析的结果运用到传统的资金融通业务,进行精准营销、经营管理、风险管理、监管考核等场景运用。大数据与金融的融合,将彻底改变传统的金融服务模式。

9.3.2　大数据对金融产业营销的影响

互联网技术的不断发展使互联网时代变得更加快速和清晰,导致社会形式和组合方法发生改变,导致金融形式和资源分配发生了巨大变化。前瞻行业研究院《中国大数据产业发展前景与投资战略规划分析报告》显示,在中国 2020 年的大数据应用中,金融业仅次于互联网和政府,位居第三,在业务数字化转型方面处于领先地位。大数据对金融产业营销产生了如下影响:

1. 提高数据应用能力

营销就是通过在不同阶段与用户进行适当的交互来加强对用户信息的理解,为用户提供其准确性的服务,从而提升用户价值并减少客户流失。借助大数据技术,使得有关用户的信息更加完整。大数据时代极大地改善了金融数据处理应用程序的功能,这在以下方面也得到了体现:首先,数据处理功能得到了提升。金融行业中的数据极其复杂,并且在公司运行过程中,数据和信息需要不断更换,这对数据处理提出了挑战;其次,增加了对数据进行完整分析后及时处理和挖掘数据的能力,使得员工的工作量减少,工作效率提高,并可以更好地了解客户信息;最后,它提高了执行力的准确性和效率。数据分析的结果应该与实际联系起来,通过数据分析结果来制定准确的市场营销策略,以此来提高行业的经济效率。

2. 优化客户服务

在大数据背景下,金融业甚至可以准确了解市场营销,了解消费者需求、消费习惯和维持良好的客户形象,可以更好地了解市场动态并了解客户的潜在需求。因此,必须创新和完善营销策略,并开发新的目标产品和服务,根据数据库目标客户的特点进行具体分析,并根据客户需要提供相关服务,以提高服务质量。例如,我们可以根据应用程序或公司官方网站上不同用户的点击咨询,提供有针对性的促销和咨询服务。根据客户的年龄,在主屏幕上显示不同的信息,这可以减轻操作的复杂性,并提供准确的服务以促进营销工作的开展。这些个性化的服务方法可以大大提高客户满意度和忠诚度,从而减少客户流失。

9.3.3　大数据金融背景下客户需求的变化

在大数据的催化下,客户需求逐步从单一金融需求向自主化、个性化、专业化需求转变。能够提供给客户更多的自主决策权,并针对个性化需求制定出专业化的服务策略,对金融机构来说至关重要。

1. 自主化需求

过去,客户习惯被动接受金融机构提供的金融产品和服务信息,在此基础上挑选产品。现在,客户的互联网思维和自主性选择日益凸显,习惯根据自身需求主动搜集信息,期望可以自主选择银行服务的时间、地点和方式。在选择和购买时,期望能够随时访问购买链接,通过直观、清晰、准确的产品描述,以及其他客户的评价信息和简单便捷的操作实现一键购买。过去,客户的购买决策通常与产品咨询同时产生,通过向客户经理面对面咨询就可以做出决策。大数据时代,客户的决策和咨询通常是分开进行的,通过比较不同渠道搜集到的信息,形成初步购买决策后再向银行进行咨询。客户不对银行品牌忠诚,他们进行决策时会被自己的消费习惯、购买经验和周边推荐影响,愿意为品质和情怀买单。对于金融产品的选择不再是仅对比产品的收益、期限、风险,还包括在前期咨询、购买方式、售后服务等环节中的客户体验。

2. 个性化需求

大数据时代,客户主张自己的消费习惯,期望金融机构的服务能够更加智能,更懂自己,可以结合自身的个性化需求,将最适合自己的产品直接推送到眼前,最好能够省去对比筛选的时间。线上化和移动端的变革使客户个性化需求的触发变得更为碎片化、即时化,例如消费贷款需求会在消费的时间节点直接产生,理财规划需求与客户生命周期关键时刻及现金流周期节点更紧密地匹配等。越来越多的年轻人乐于接受科技带给生活的变化,他们追求科技驱动的、令人惊喜的服务,对科技实力雄厚、安全性有保障、信誉口碑度高的科技企业具有较大的依赖和信任,对企业是否为国企、服务机构持有何种牌照的关注度较低。

3. 专业化需求

在"体验为王"的大数据时代,客户希望金融机构能够为自己提供专业化程度高的金融服务。从客户的角度来看,高品质的专业化服务主要包括三个层次:一是服务的功能性,即解决问题和痛点,满足基本需求,这是专业化服务的基础;二是服务的流畅度,即客户在接受全流程服务中的感受是畅通无阻的,这是专业化服务的保障;三是服务的惊喜感,即获得超出预期的服务,暗需求得到满足,拥有颠覆式体验,感受惊喜、感动,这是专业化服务的升华。

9.3.4 金融业各领域推进数字化转型进程

当前,金融行业的各个细分领域均在着力推进数字化转型,银行、证券、保险等各领域的数字化实践都取得了一定成效。

1. 银行业数字化转型

银行业的数字化转型最为广泛和深入。银行业金融机构高度重视数字化转型战略,截至2021年3月,已有建设银行、工商银行、中国银行等13家银行相继成立了金融科技子公司,为各家银行全面推进数字化转型战略提供支撑。当前,大数据、人工智能等数字技术已应用于获客、风控、营销等多个银行业务的核心环节,银行机构的数字化转型正在系统推进。一是利用数字技术完善风控体系,提升风控水平。例如,中国银行运用实时分析、大数据及人工智能技术,对客户、账户和渠道等进行综合分析,从而优化信用风险评价体系、识别潜在违规客户,初步构建了覆盖实时反欺诈、智能反洗钱、信用风险、市场风险和操作风险等领域的智能风控体系。二是应用数字技术优化业务流程,提升服务效率。例如,邮储银行利用大数据、人工智能等技术,实现了在线身份核实、在线贷款审批、线上发放信用卡等,有效促进了金融服务的高效化和便捷化。三是依托数字技术提供个性产品,满足长尾需求。例如,浦发银行运用大数据、云计算、智能算法等技术,了解用户既往资产和收益情况,分析用户风险承受能力、资产状况及期限偏好,进而进行个性化的财富产品推荐,精准满足不同客户的资产配置需求。

2. 保险行业数字化转型

保险行业数字化转型热潮正在兴起。近年来,多家保险公司推出数字化发展战略,积极探索利用数字技术提升保险业务的风控、精算、服务等水平,不断推进企业数字化转型进程。目前,保险行业的核心业务环节均在大力推进数字化转型。一是基于数字技术开展精准营销。例如,中国太保打造的人工智能保险顾问——"阿尔法保险",通过深度学习算法,为客户提供个性化的保险建议,不断升级保险产品的按需定制能力;中国人寿应用大数据分析客户需求,从而为客户推荐多层次、系列化的保险保障方案。二是依托数字技术提升核保效率。如华夏保险推出的微信核保项目,使得核保的函件处理从过去的全部线下处理转变为线上线下处理相结合,营销员和客户可以通过手机操作函件、跟踪保单状态,有效提升了核保效率。三是利用数字技术实现智能理赔。例如,平安集团首创图像定损技术,将案均定损时效提升至"秒级定损",实现"智能闪赔";太保寿险推出了"云调查"产品,采用云地图、人脸识别、远程伤残鉴定等技术,解决了理赔责任认定困难、远程取证不便等难题,大幅提升理赔效率和便捷性。

3. 证券业数字化转型

证券业的数字化转型尚处于探索阶段。在证监会的引导支持下,中信证券、国泰君安证券、华泰证券等多家头部券商正在加大数字化投入,并积极与科技企业开展战略合作,着力深化大数据、云计算、人工智能等技术在不同业务场景的应用,依托数字技术提升企业运营效能和服务水平。一是利用数字技术挖掘客户价值,促进服务精细化。例如,国泰君安与腾讯携手,探索利用腾讯丰富的生态资源和大数据能力,基于精准的目标用户特征进行智慧营销,以提升证券获客效率。二是利用数字技术升级服务功能,优化客户体验。如华泰证券的涨乐财富通 App,综合运用互联网、云计算、量化工具等多项数字技术,推出实时更新收益数据、动态监测资产变化、持仓详情揭示等功能,为投资者提供了更加智能和便捷的投资体验。三是基于数字技术提升风控水平,进一步降低业务风险。已有多家券商与大数据服务机构合作,基于大数据、人工智能等技术,对客户身份、关联关系等进行深度穿透识别,可视化展现客户业务情况及风险状况,进而强化风控体系建设、增强风险管理能力。

在各类传统金融机构加速数字化转型的同时,以阿里巴巴、腾讯、百度、京东等为代表的科技企业也在进军金融行业的各个细分领域,已成为金融行业迈向数字化的重要驱动力量。银行领域,微众银行、网商银行等互联网银行积极探索银行业数字化转型的新模式;保险领域,阿里巴巴发起成立的众安在线、百度发起的百安保险等不断为保险行业的数字化转型实践贡献新思路;证券领域,富途证券、华盛证券等互联网券商正借助腾讯、新浪等互联网企业的技术优势探索证券业务数字化的新路径。

9.3.5 金融行业:数智化的有效营销

本节主要通过华夏银行的数字化转型之路来分析大数据在金融业的作用。

1. 华夏银行基本概况

华夏银行于 1992 年 10 月在北京成立。2003 年 9 月,首次公开发行股票并上市交易,成为全国第五家上市银行。2019 年在英国《银行家》全球 1 000 家银行排名中,华夏银行按一级资本排名全球第 56 位、按资产规模排名全球第 67 位。2021 年 5 月在"2021 福布斯全球企业 2 000 强"位列第 263 位。

2. 数智化转型之路

近几年,华夏银行把金融科技创新作为首要战略重点积极推进,制定发展规划,加大资源投入,加强科技条线和业务条线合作,以"创新引领、数据驱动、智能转型、安全运行、效率提升"为目标,启动架构重塑、云平台、数字化信贷、大数据、现金管理等 15 项重点工程,通过金融科技实现对业务的技术赋能。目前正在努力推进数字化转型,加速推进线上业务发展、风控智能化、大数据平台建设、生物识别技术应用等项目落地。

一是推动信贷业务向线上化、数字化转型。基于大数据、人工智能等技术,上线网贷接入系统、信用风险评估系统、电子签章系统和催收系统等项目,自动进行风控决策、预测和预警,实现线上信贷业务"40 秒审批,3 秒放款"。

二是深入应用人工智能技术。基于建成的人工智能服务平台,研发了事中反欺诈、智能投顾、智能客服机器人、网贷风控等系统,为智能营销、欺诈拦截、票据识别、大数据风控等多种场景提供服务。积极打造智能网点,升级智能客服,提升智能化水平。

三是构建企业级大数据平台。整合全行内、外部客户数据,构建客户全景画像,在客户开拓、潜客挖掘、运营优化等领域提供大数据分析服务,满足业务交叉营销、授信风控、智能投顾等场景需要。此外,华夏银行打造了一套从客户画像出发,实现精细化客户经营,通过全渠道触点管理,完成客户触达和数据回流,最后形成闭环,不断循环优化的零售营销生态体系,如图 9-5 所示。

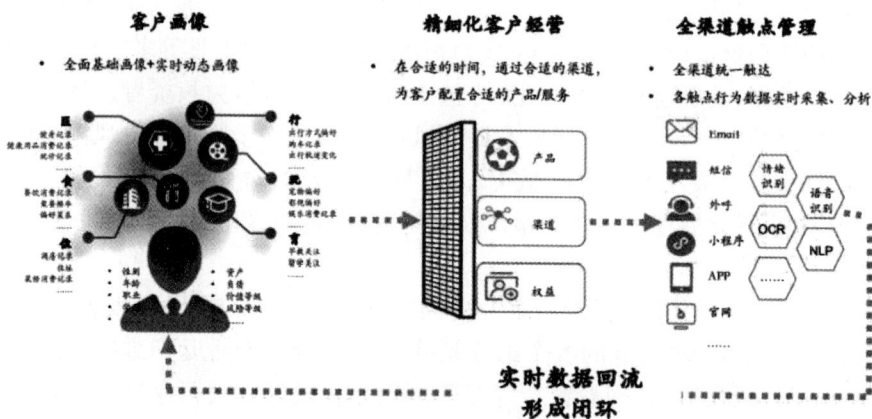

图 9-5 华夏银行零售营销生态体系

(资料来源:孙湧,徐娅吉.大数据时代商业银行零售营销转型的"数智化"思路[J].企业改革与管理,2021(20):111-113.)

四是推广生物识别技术应用。在股份制银行中首批投产人脸识别线下支付业务,并在世界互联网大会上与中国银联共同发布智能支付产品——"刷脸付"。基于华夏银行生物识别平台,已实现 ATM 存取款、手机转账支付、智能柜台开户、柜面身份核验、办公门禁考勤等场景应用。

五是加快渠道建设。全面升级手机银行,手机银行 5.0 以灵活开放的技术架构,应用先进的智能客服、智能反欺诈、刷脸转账和支付等技术,建成"听懂声音、读懂文字、看懂图案"的智能 App,一般情况下客户端启动时间小于 1 秒。加速线上线下渠道融合,打造智能营销工具,运用数据模型开展精准营销。打造开放式金融服务平台,建设开放银行,向第三方机构开放标准接口,将支付、融资、理财等业务嵌入第三方线上服务场景。

此外,华夏银行利用数据建模及人工智能技术提升精准营销能力,同时,建立客户生命周期管理体系,全面开展客户级差异化服务。

3. 成效

通过一系列的数字化转型,2020 年,华夏银行营收 953.09 亿元,同比增长 12.48%;个人手机银行完成与直销银行 App 整合,合并净增客户 691.02 万户,累计客户数达到 2 052.04 万户,客户数余额同比增长 50.77%,月活跃客户达到 268.86 万户,同比增长 64.10%;信用卡累计发卡 2 701.51 万张,同比增长 10.90%;信用卡有效客户 1 595.09 万户,同比增长 4.29%;消费信贷客群 64.77 万户,较 2019 年末增长 25.82%;信用卡华彩生活 App 累计注册用户 681.42 万户,较 2019 年末增长 30.07%。

4. 启示

华夏银行以"创新引领、数据驱动、智能转型、安全运行、效率提升"为目标,不断丰富金融服务,持续推进场景化、数字化和智能化转型的成效是非常显著的,它带给金融机构的启示:

(1) 金融机构要重视大数据的运用。大数据得到金融机构的重视,是因为其瓦解及重建了现有的商业模式,具有相当大的价值。金融领域具有海量数据,非常适合与大数据技术结合,通过互联网、云计算等信息技术来处理海量数据,从而更好地了解用户、创新服务。

(2) 大数据推动金融产业转型升级。随着金融大数据共享程度的提高,金融机构可以更加充分地了解用户需求,这不仅有助于实现金融服务的场景化,还有助于更深层次的产品开发,推动金融产业的转型升级。

(3) 大数据有助于实现精准化、个性化营销。大数据作为金融行业服务创新的驱动力,将进一步推动金融行业拓展产品销售场景。从用户需求出发,运用大数据将若干场景连接,在此基础上形成某个场景下的闭环,从而更加全面精准地挖掘用户痛点,真正实现精准化、个性化营销。

此外,在金融机构数字化转型过程中,需要重点解决的问题有:

(1) 要创新"有智慧"的数字化产品。未来的金融机构将围绕客户账户体系,对现有产品进行数字化组合创新,要打通各条线、各类产品的服务和数据交互界面,构建客户线上综合交易平台,为客户提供全方位服务。

(2) 要打造"有温度"的数字化服务。将利用人脸识别、大数据风控、电子印签、智能客服等技术,建立中后台的数据化运营体系。金融机构甚至可以通过远程服务"面对面"对客户提供一对一、有温度的"零接触"服务,延伸服务时间和空间。

(3) 推进"有精度"的数字化营销。金融机构将通过对客户大数据的深度挖掘分析,实现客户分层服务,洞察客户需求,开展贯穿客户全生命周期的智能化精准营销,实现在适合的时机,以合适的渠道,对适合的客户,推介适当的产品。

(4) 构建"有广度"的数字化渠道生态。金融机构将持续完善数字化渠道建设,持续升级线上渠道,丰富内容、简化操作;对接各类场景,构建智慧生活金融服务生态圈;有机组合立体化网点、智能设备、手机渠道和跨界平台,通过全渠道运营实现"按需服务"。

9.3.6 大数据背景下提升金融产业营销水平的措施

1. 采用跟进式营销,提升企业品牌形象

大数据背景下进行金融产品营销工作,需要关注产品投放的实施状况,通过大数据的利用,使我们能够在产品投放市场后,跟踪和收集相关信息,例如客户评论和产品销售状况,可以了解产品的实时销售情况,根据收到的信息重新调整产品性能,避免由于定位错误而导致整个产品运营失败。金融公司使用双向跟进市场营销的方法来了解有关投放产品在市场内的各种信息,并及时确定消费者对这些金融产品的态度。

2. 创新金融营销模式

金融公司必须对金融营销模型进行创新并优化大数据技术,应用数据挖掘技术来运营和管理业务,大数据分析技术是实现精确的大规模数据分析目标的理想选择。金融公司成立专门的部门来进行金融营销,聘请专业人员分析数据,并收集、整合和挖掘,目的是确保对客户的定位更加准确,建立数据库以实施各种营销策略。

3. 围绕消费者展开营销,实施企业聚焦模式

在大数据金融模式背景下,消费者已具备主动权,许多消费者在选择过程中会对比大量产品。在这种情况下,金融公司必须使用大数据来了解消费者的个人需求,在标准生产和个性生产之间找到平衡,以了解消费者的需求并分析消费者的心理,及时与消费者建立联系,以获取有关目标产品设计和销售的实时反馈。为了提高市场营销水平,公司需要基于互联网平台构建互动平台,加强与消费者的沟通交流,并扩大消费者群体。可以通过制定激励政策来引流,并为消费者提供渠道,让消费者浏览公司的网站并关注企业微博的官方账号,与消费者互动,提高用户忠诚度并帮助消费者回答有关金融产品的各种问题。

4. 加大金融产品特殊性需求的宣传力度

在大数据下,一旦完成对客户需求信息的收集,金融公司便可以根据不同客户提出有针对性的营销策略。在大数据时代,金融产品仍然具有有形性的特点,这在信用卡和支票方面就得以体现,但是当今的金融行业多数都是无形的,这就需要专业人员根据不同需求的客户提供不同的属性产品。但是,金融行业中的产品和服务是相互关联和密不可分的,客户在处理有形产品时,可能需要为其提供无形的服务和建议。例如,自助柜员机为用户提供了极大的便利,这大大提高了金融机构的效率,并反映了金融机构产品和服务的创新性。

5. 进行客户细分,为其创造专属价值

由于金融行业掌握的用户数据较为丰富,更容易通过客户细分挖掘用户需求,创造更大的商业价值,所以金融行业对客户细分需要更加重视。可以根据用户的性别、年龄、职业、学历、社会阶层、居住城市以及消费习惯等来分析判断用户的消费偏好,从而推荐适合的金融产品。借助大数据分析技术,根据用户的个人画像数据快速且较为准确地分析生产用户个人消费报告,对用户在金融领域进行深度细分,从而制定出高度个性化的金融服务和产品组合,最大限度地满足用户的异质性需求。

6. 实施精准服务,提升核心竞争力

精准服务的本质是根据目标客户的需求而预先制定供给计划。金融公司可以使用大数据技术,对海量多维数据进行分析,能更有效地实现以客户为中心的服务模式,见图9-6。金融公司通过大数据来改善服务并精确地提供更多个性化的产品组合,为客户创造更高的价值和良好的体验。

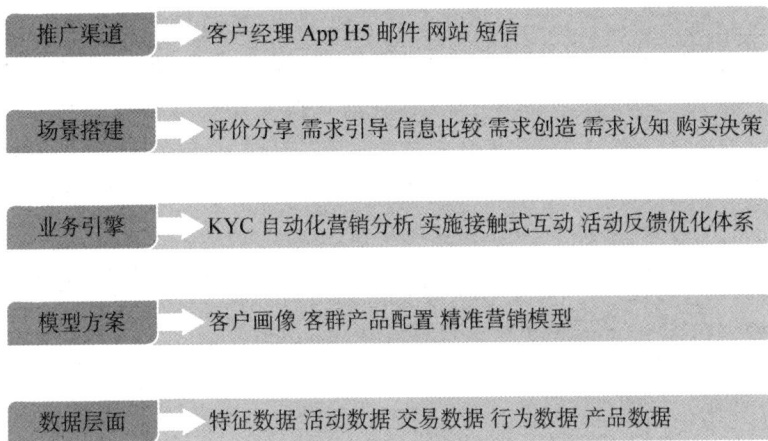

推广渠道	➡	客户经理 App H5 邮件 网站 短信
场景搭建	➡	评价分享 需求引导 信息比较 需求创造 需求认知 购买决策
业务引擎	➡	KYC 自动化营销分析 实施接触式互动 活动反馈优化体系
模型方案	➡	客户画像 客群产品配置 精准营销模型
数据层面	➡	特征数据 活动数据 交易数据 行为数据 产品数据

图 9-6 基于海量多维数据构建全渠道智能化经营体系

(数据来源:《2018年中国大数据风控调研报告》)

7. 注重小型企业市场,加速资源整合

随着国家鼓励"万众创新,大众创业",中小企业的数量在增加,资金需求也在增加。传统商业银行在向小型企业贷款时,通常不能摆脱传统贷款程序的繁杂,导致较高运营成本和复杂流程,因此,小额贷款平台通常占据优势。同时,由于互联网金融平台具有灵活的借贷业务模型,并且在低端市场中使用,因此,越来越多的金融机构利用小型和小额信贷市场的资源来提供更灵活的信贷模型,以在竞争中脱颖而出。

【案例 9-3】

智能客户经营项目:数据驱动的精准营销

中国平安人寿保险股份有限公司成立于2002年,是中国平安保险(集团)股份有限公司旗下的重要成员。截至2020年末,平安人寿注册资本为338亿元,在全国拥有42家分公司(含7家电话销售中心)及超过3300个营业网点。2020年获"2020年度亚洲卓越寿险公司""2020年度亚洲最佳寿险公司""年度卓越人寿保险公司"。

在"金融+科技"的战略指引下,近年来平安人寿一直致力于深度挖掘金融场景及金融业务难点,提升人工智能科技成果在金融领域的转化效率,推动人工智能技术在

寿险领域的创新及落地。在 2019 年第三届中国保险科技创新国际峰会上,平安人寿凭借"智能客户经营项目"荣获"杰出保险科技营销创新奖"。

平安人寿智能客户经营平台是利用大数据、机器学习等技术,立足于打通平安人寿代理人端、客户端,为助力客户认知、关系经营、精准营销而搭建的一体化客户经营平台,可以输出客群关系、服务、产品销售提升的积极效果。该平台将原本分渠道、分产品、分场景的客户经营模式,转变为以客户为中心、以数据驱动的统一精准营销模式。具体而言,智能客户经营平台搭建了客户数据库、渠道数据库、产品数据库、运营数据库、知识库等五大数据库,以及客户画像引擎、预测引擎、推理引擎、搜索引擎、线索引擎等五大引擎,挖掘客户个性化需求,帮助代理人端精准推荐客户所需要的产品和服务,动态追踪客户经营进程,提升代理人客户经营及服务水平。

"e锦囊"是平安人寿此次获奖的"智能客户经营项目"中的一个应用场景,嵌入在"口袋E行销"App中,直接服务于平安人寿百万代理人。要把客服服务做好,太需要耐心和细致了。"比如七八十个客户的生日、保单缴费日,即便做了备忘信息也怕当天会忘啊!"这些信息看似普通,却是关系维护中的重要一环。"e锦囊"的提醒,提升了平安代理人用心待客的能力。展业拓客、拉近关系的第一步是了解客户,但很多客户会觉得你在打扰他。加了微信之后,嘘寒问暖、节日祝福什么的都很难得到积极回应,连赠送短期保险人家也没空理会"。而"e锦囊"给出的线索帮平安代理人打开了与客户的话匣子,"如果我说的刚好是客户想要的,对方就更愿意花时间跟我互动。"

这套基于用户画像、算法预测技术给出的建议,帮助代理人们降低冒昧"打扰"客户的频率,能更准确把握客户的需求,给予客户及时和个性化的精准推荐。该平台将原本分渠道、分产品、分场景的客户经营模式,转变为以客户为中心、以数据驱动的统一精准营销模式。

智能客户经营平台为客户带来精准、高效、优质的服务体验,增加客户对于平台的黏性,进而构建统一的寿险客户经营生态圈,实现跨场景、跨渠道、跨产品的统一经营协同。截至 2019 年 10 月,该项目累计服务约 1 000 万个客户,覆盖客户量超 3.8 亿,触达用户 4.8 亿人次,互动次数 12.6 亿人次。

(资料来源:平安人寿智能客户经营项目荣获杰出保险科技营销创新奖[EB/OL]https://insurance.hexun.com/2019-10-18/198918167.html,科技赋能平安优才,客户点评:"深得我心"[EB/OL]https://finance.ifeng.com/c/7rscUytO2u5,编辑整理)

【思考】
谈谈智能客户经营项目成功的原因。

9.4 传媒业:大数据助推大发展

对于传媒业来说,获得更多收视率就是营销,而大数据则将成为传媒竞争之间的新型武器。

9.4.1　大数据时代传媒营销的挑战

大数据不只是一个概念,实际上是对一种社会状态的描述,而传媒业作为信息传播的前沿行业,它所面临的冲击和挑战是显而易见的。

1. 自媒体现象

从媒体的内容上看,社交媒体与智能手机已经对媒体构成挑战。智能手机普及、社交媒体发达,人人都是记者,手机便是媒体,新闻报道、信息发布已经不再是媒体人的专利了。"我在现场"曾经是传媒业及其从业人员倍感骄傲的事情,时效性也成为业内比拼最为激烈的指标。大数据时代,联网的网民和各种电子记录设备(如摄像头)散布在社会各个角落,不断观察和上传实时情况,在经过网民们的"分布式"集体选择后,形成热点新闻。

2. 产品数据量大

从媒体的产出品来看,媒体的新闻报道、评论,强调原创、深度,数量有限,在大数据时代容易在数量上被海量数据淹没。网民以极低的成本,共同产生以 EB 计的文字、音频、视频内容,如熔岩般四处蔓延,而一家百年老报所积累的所有文字和图片信息也不过数十个GB,量级上的巨大差异让新闻淹没其中。相比于海量的数据,媒体的各类报道、评论的存储也不过是沧海一粟,新闻报道是重要的数据,但同时也是数量微小的数据,媒体如何生产、收集大量的、有影响力的数据是大数据时代无可回避的挑战。

3. 挑战媒体从业人员素质能力

在大数据的发展时代中,一些信息的来源和数据的保存是比较复杂的,从事传媒行业的人员,在工作当中不但要掌握一些相应的文字,还要通过一些图片对文字进行更改,在此过程中为了让数据呈现更加完善,还要不断地对信息进行采集,从而整理出更加具有正确性的信息。大数据时代,最重要的是数据的开放性,因为数据被垄断的可能性很小。公共"云"、公共数据库到处存在,媒体既要生产自己的数据,更要会用、用好公共数据。

4. 冲击舆论主导性

从媒体的舆论工具特性看,大数据时代,媒体如何代表舆论、主导舆论、影响舆论面临挑战。社交媒体的出现,微博、微信等大量转发网民的言论,已经开始对传统媒体的舆论工具作用产生抗衡。大数据时代,机构、个人通过数据挖掘、数据分析得出的各种结论会不胫而走。因为它以数据为依托,其说服力、影响力、冲击力不可小觑。

5. 盈利模式的改变

媒体在大数据时代如何经营、赢利是更为根本性的挑战。传统媒体长期形成的"依靠优质产品(新闻、评论等)→良好信誉→广覆盖→多广告"的赢利模式,在向数字化转型过程中正面临难以持续的困境。

9.4.2　大数据时代传媒业的营销策略

1. 增强数据意识

媒体要有强烈的数据意识,要善于收集数据、分析数据、使用数据。媒体业本身是信息产业,并且是信息业的前沿,在大数据时代拥有先天优势。麦肯锡全球研究所曾对美国17个行业拥有的数据量做了估算,离散式制造业居首位,拥有 966 PB 数据总量;美国政府居第二位,拥有 848 PB 的数据总量;传播与媒体业居第三位,共有 715 PB 数据总量。可见,美国媒体在美国大数据时代是有数据优势的。

媒体数字化转型正在进行中,从采集、处理、储存、传播等方面完全的数字化后,媒体产生的数据量将急速增大,成为大数据的重要生成与应用行业。

2. 扬己之长,成为大数据时代不可替代的一级

社交媒体注册用户不断扩大后,媒体的时效性优势正在丧失。在大数据时代,媒体应从广度和深度两方面拓展自身。

"广度"是指,媒体不仅要有自己的采编队伍,有自己的原创新闻、原创评论,还应该围绕自身优势建立一个数字化的平台——一个互动的、社交化的、拥有广泛人气、能够容纳广大网民上贴、交流、讨论的平台。它可以汇聚各方信息,形成庞大的、拥有巨量信息与数据的平台。

"深度"则是依靠训练有素的、专业的采编队伍,面对良莠不齐、真假莫辨的信息,能够追根溯源,披沙拣金,写出透过表象见真章的深度报道,写出廓清谣言、求真求证的文章。

因此,传媒业完全有潜力成为大数据时代的一个引领者,利用对大数据的挖掘获取对社会更深刻的观察、解读与预见,在保有"宽广度"的同时,在"纵深度"上取得突破。

3. 避己之弱,补足自身发展的短板

大数据时代要求人们具备三种能力:数学运算与建模的能力、网络工程与分析能力、能够洞见事物本质的能力。但是,专业的工程师、数据挖掘师擅长数据处理技术,对国情、社会及社会问题,对政治经济的了解却并非长项。

传媒从业者与人与社会打交道,以整个社会为思考对象,对人对事有特殊的洞察力,因此媒体需着力培养数据时代的媒体专家。让编辑记者尽快了解大数据,掌握基本的机器学习、各种算法及数据分析方法,懂得用大数据技术分析解剖社会问题,分析处理民众关注的社会热点、难点、焦点问题;让数据工程师熟悉社会、了解社会,认清国情,增强政治辨识能力,培养社会洞察力。拥有这样一批"全才",传媒业才有更大的发展潜力。

4. 用数据说话

媒体要用事实说话,这是新闻本身的要求所决定的。但在大数据时代,既要用事实说话,也要用数据说话。数据也是事实,大量的历史数据、不同角度、不同方面的数据经过用科学方法来分析,可以获得表面看不到的东西,这是更深刻的事实。例如,单次航班的延误时间似乎是随机的、无规律的,但是,当数据累积到一定程度时,航班延误时间的长短就会在统计上呈现出一种秩序和稳定。美国有程序员利用全美航班起飞、到达、延误的数据,开发了一个航班延误时间的分析系统,向全社会免费开放。由于其简单、实用,获得了全美多个新闻报刊的报道和关注,成为很多人乘机、候机的行动指南。

用数据说话比用事实说话更难。数据只是数字化的记录,是符号。结构化、非结构化的,有序的、无序的数据堆在计算机、数据仓库里,不用大数据技术去分析、处理它们,就像一堆稻草、一片乱石,毫无价值。用数据说话,需要使用服务器集群,用云技术、先进的数据处理技术,去整合、挖掘、分析,从而发现更接近实质的事实。用数据说话,是媒体在大数据时代展现权威性、公信力的重要手段。

5. 传播人群的精准化

大众传播是粗放型、广种薄收的传播,把所有的新闻信息向所有人传播,缺乏针对性、精确度。受众必须从众多新闻信息中寻找自己需要的、感兴趣的内容。能做大做强的,都是面向大众的综合性媒体。大数据时代,情况将发生变化,人们上网浏览都会留下"足迹"——各种数字化记录,即浏览数据。对一位受众即一个固定 IP 地址或同一终端浏览器上的所有浏览数据或相当长时间的浏览数据进行分析,便可获知其上网习惯、喜好等,根据这些数据,在最合适的时间以最恰当的方式向他推送最感兴趣的新闻,这就是精准传播、"长尾营销"。这样的新闻不仅不会被当作垃圾,还很可能被定制。随着大数据时代的发展,精准传播会越来越普及,越来越受欢迎。

同样,将所有的新闻信息、广告、帖文的浏览数据与内容、发布方式、表达方式、表现形式等进行对应、对比的分析研究,还可以发现什么新闻,什么表现方式、表达方式,什么样的广告,对什么人能达到最优的传播效果,从而做出有效的改进、调整。

6. 传播方式的改变

大数据时代,在现有的图文、音视频传播之外,将会出现数据的可视化。媒体也将产生可视化工程师,他们既懂得数据分析,又精通构图,能把数据变成图像,用直观的图像来讲故事。这样的从业者将远多于现在平面媒体的美术编辑、广播媒体的音响师、电视媒体的化妆师。

9.4.3　传媒业:大数据营销案例

本节主要通过电影《头号玩家》的大数据应用来体现大数据在传媒业的作用。

1. 电影《头号玩家》基本介绍

电影《头号玩家》讲述了一个现实生活中无所寄托、沉迷游戏的大男孩,历经磨难成功通关游戏,并且还收获了网恋女友的故事。影片上映 24 天,全球票房正式突破 5 亿美元,北美累计破 1.2 亿美元,中国内地票房突破 13 亿人民币。制片方华纳兄弟公司和导演斯皮尔伯格通过使用公司内部资料库、视频网站、社交平台、专业数据分析公司的数据和资料预测消费者的偏好变化、电影市场风向及电影票房等,在各个环节提高决策活动的精准性和可控性,实现了精准营销。

2.《头号玩家》大数据的运用过程

(1) 电影制作。华纳兄弟最终确定导演为斯皮尔伯格,他经验丰富,并且拥有大量稳定的追随者,这有利于保障《头号玩家》的票房。据统计,有 26% 的人支持影片只是因为这是一部斯皮尔伯格的作品。斯皮尔伯格通过"大数据＋经验"的模式在小说基础上进行了再创作:一是经典电影情节的确定,其数据来源于华纳兄弟内部数据库,包括公司以往制作、出品的电影的详细数据以及多年积累的行业、市场数据。二是关注专业平台数据。斯皮尔伯格在电影上映之前指出不会有《星际迷航》的元素,但最后的正片中还是出现了《星际迷航》的标志,这也正是通过对大众反馈信息处理后做出的决定。

(2) 电影营销。在大数据技术的支持下,精准的营销定位可以有效降低营销成本、明确营销目标、提高营销效率。电影推广首先要确定目标市场,明确目标观众特点,再结合营销目标,最终制订完整的宣传推广方案。

这部电影的首要受众是导演、游戏及原著的粉丝。《头号玩家》上映后,提供跨平台的测量方法并进行分析、预测行业前景的 ComScore 公司分析,电影的男性粉丝有 66%,而女性粉丝只有 34%。因此华纳兄弟营销方案的目标就是在维护已有粉丝的基础上挖掘潜在消费者。华纳兄弟决定对热情不高的女性和对 VR 技术不感兴趣的群体采用积极的口碑宣传和"病毒营销"。他们于 2018 年 3 月在美国著名的西南偏南电影节举行了电影的全球首映,还选择具有影响力的名人如 Lin-Manuel Miranda、Kevin Smith、Zachary Levi 等进行宣传,一方面吸引注意,另一方面为电影塑造良好形象。在一系列宣传活动之后,《头号玩家》的关注量明显提升。

(3)电影放映。电影票房预测公司 Cinema Score 通过对现场观众调查统计得出,《头号玩家》首映式上女性比例达到 41%,高于小说《头号玩家》37% 的女性粉丝比例;同时,电影最后也得到了 A- 的综合评价,并且大部分的年轻人表示感兴趣,说明这部电影很有前景。

3.《头号玩家》大数据运用的成效

《头号玩家》首映日当天评分为 4.5/5,好评度为 83%。其中男性观众给出的好评率高达 86%,而女性观众给出的好评率也有 81%。Cinema Score 通过对现场观众调查,发现女性比例上升为 41%;超过 25 岁的男性比例达到了 39%,为人群之最,他们给出的好评率为 83%。25 岁以下的男性比例为 27%,但给出了最高的好评率 91%。47% 的人是因为原著而观看电影,26% 的人观影是因为这是一部斯皮尔伯格的电影。总体而言,《头号玩家》在 Post Trak 上的最终评分是 4 颗星,总体好评度为 82%,推荐率为 65%。

4. 启 示

通过分析《头号玩家》这一将大数据工具应用到制作、宣传以及终端上映全流程的电影,可以看到,利用大数据制作电影并实现精准营销是可行的。

(1)数据引导电影制作。《头号玩家》运用大数据进行制作、营销和上映阶段的分析和决策,也取得了不俗的战绩。

(2)数据支持电影营销。电影宣传是预热电影市场的必要程序,在进行电影宣传的过程中,数据的来源主要包括:①专业数据分析公司提供的数据。《头号玩家》电影在宣传中使用了美国知名互联网数据统计公司 ComScore 的数据分析,并针对这一数据分析结果开展精准营销,吸引了原本对该类型电影不感兴趣的女性观众。②社交平台数据。《头号玩家》着重宣传 VR 技术,维持现有粉丝群的同时可以将更多不了解 VR 技术的人转化为电影观众。

(3)数据影响终端上映。在终端上映环节,大数据可以预测电影上映后票房以及观众反应,进而帮助片方确定合适的排片方案。片方的数据来源包括:①同行业数据,即通过分析同期其他电影的票房表现以及上映策略,确定自身的上映档期以及排片方案;②网络交易平台数据。目前国内外的线上购票交易平台均趋于成熟,通过分析线上的购票交易数据,可以分析不同观众对影片的偏好,预测电影最终票房,并根据票房表现以及观众反应为电影确定合适的排片量。

(4)借助大数据工具,传媒企业掌握营销主动权。传媒企业的外部信息太过庞杂,因此可以寻找合适的数据搜集、分析公司,结成战略合作伙伴。传媒企业要利用内外部数据,进行多角度分析,判断行业发展趋势,预测消费者需求变化,使电影制作和营销走在消费者变化之前,从而在营销中掌握主动权。要对消费者进行个性化分析,细化目标消费群,准确地对消费个体进行分类,准确把握每类群体的特点、喜好,进而实现多方位的精准营销,增加受众量,提高营销效率。

【案例9-4】

"小数据"更加"智慧"

2018年9月17日,一款城市数据产品"数说浙江"正式上线。用户在移动端百度搜索栏输入浙江省十一地市中的任何一个城市,便可在该城市的百度百科词条中看到一个新栏目"数说",该城市的大数据,包括人均可支配收入、GDP总值、上市公司数量和名称、常住人口、景区数量、高校数量等一览无余,且这些内容均以可视化、结构化的方式呈现出来,用户可以直观地看到一张清晰易读的"城市名片"。"浙江"百科词条里,除了"数说"栏目外,还多了"资讯"模块。城市数据和资讯内容,均由浙江日报报业集团提供。"数说",表面上看是媒体集团与大数据公司的一次数据产品研发与发布,本质上则是媒体公司面对大数据时代到来,运营小数据、管理小数据的一次探索和尝试,是新闻传播升级换代,从单纯的内容生产者向数据开发、数据服务和数据营销的一种转变。

由于大数据的体量太庞大,种类太繁多,价值密度较低,而新闻传播领域需要的精准传播、需要将合适的内容送达到需要的用户,冗余的大数据不仅增加数据挖掘和分析难度,也会造成资源浪费,降低工作效率。建立小数据集,运用小数据创新新闻传播是一种数据管理方式,更是一种新的理念和思维。

所谓"小数据",并不是因为数据量小,而是通过海量数据分析找出真正能帮助用户做决策的客观依据,让其真正实现商业智能。大数据时代来临,企业最终需要的数据不是单纯意义上的大数据,而是通过海量数据挖掘用户特征获取的有价值的"小数据",进而使企业获取有价值的用户信息,科学地分析用户行为,帮助企业明确品牌定位、优化营销策略。

将小数据作为新闻传播的驱动硬盘,需要多元化、多向度地完整记录新闻传播流向图、民意与舆情,对用户话语表达进行记录并清晰地描绘出社会关系网络与社会互动方式,即时性、精确性测量个体行为与监控社会情绪。在小数据的驱动下,新闻传播的选题策划、新闻制作、分发传播、效果评估、用户运营、商业模式等六个层面都更加科学和智慧。

浙江日报报业集团与百度开发的城市"数说"就是小数据运用于百科知识产生新的商业模式的一次实践。因此,可以借助小数据重塑信息生产者的思维逻辑,梳理事物之间的因果关系,追求小数据的人性化,以此来助推新闻传播智能化。

(资料来源:数据赋能,让新闻传播更加"智慧"[EB/OL].http://media.people.com.cn/n1/2019/0215/c425504-30701621.html)

【思考】

"小数据"真的小吗,它跟"大数据"相比,有哪些优势?

扫描二维码获取
本章思维导图

习 题

1. 大数据对各行各业会产生什么影响?

2. 大数据如何实现对各行业的精准营销?

3. 大数据营销在各行业的发展趋势是什么? 各行业如何来迎接大数据
时代的到来?

第10章

大数据营销伦理

📖 **本章知识点**

（1）掌握大数据营销中的四类伦理风险的概念、风险的关键因素。

（2）了解大数据营销伦理风险的成因。

（3）了解伦理风险内外部的治理方法。

当互联网与大数据接轨，大数据给信息安全注入了新的变量，数据泄露、数据窃取、数据诈骗、隐私安全等问题层出不穷，近年来随着大数据精准营销的进一步发展还出现了大数据"杀熟"的问题，这些问题对社会稳定、公民人身、财产安全等产生了一定的威胁，但是传统的数据保护方式无法满足。面对多种数据伦理风险，如何在利用大数据为各行各业服务的同时，保护隐私数据、防止敏感信息泄露、数据诈骗、大数据杀熟成为新的挑战。大数据营销不仅需要我们个人提升意识，更需要企业遵守更多、更合理的规定，国家出台数字法治的"中国方案"。

10.1 大数据营销中的伦理风险

10.1.1 数据安全

数据安全有2层含义：一是要保证用户的数据不损坏、不丢失；二是要保证数据不会被泄露或者盗用。

大数据时代下，高收益伴随着高风险，大数据技术是"利器"，用好了自然能为社会造福，但也容易被不法分子利用而产生巨大危害。大数据发展短短几年，世界各地出现的数据安全事故已经层出不穷，造成的危害也难以估量。

2011年4月份，世界最大的网络娱乐社区日本索尼 Play Station Network 被黑客入侵，造成700余万用户信息被外泄，引起了巨大的网络空间的信任危机。2012年7月13日，雅虎公司的 Yahoo Voice 网站46万会员名与密码被窃取，2013年8月5日，美国霍尔德网络安全企业对外发布，来自俄罗斯的黑客组织由美国一些大型公司与全球各个地区其他公司窃取了高达 12 亿用户的海量信息。2014 年 3 月 6 日,韩国电信 1 200 万用户信息被泄露。2015 年 1 月 26 日,俄罗斯著名的约会交友网站 Topface 高达 2 000 余万用户的 E-mail 地址、账户被盗取。2016 年 5 月,雅虎、谷歌、微软在内的 2.723 亿用户电子邮箱信息,被一名俄罗斯黑客盗取,并以不到 1 美元的价格进行出售。2017 年勒索病毒爆发,据 360 公司统计,当年平均每天有 1.4 万台电脑受到勒索病毒攻击。

在我国,随着互联网覆盖生活和社会的各层面,信息在互联网平台的存储量不断增加,对比 2019 年和 2020 年的信息系统安全漏洞数量,见图 10 - 1,信息安全问题倍增。

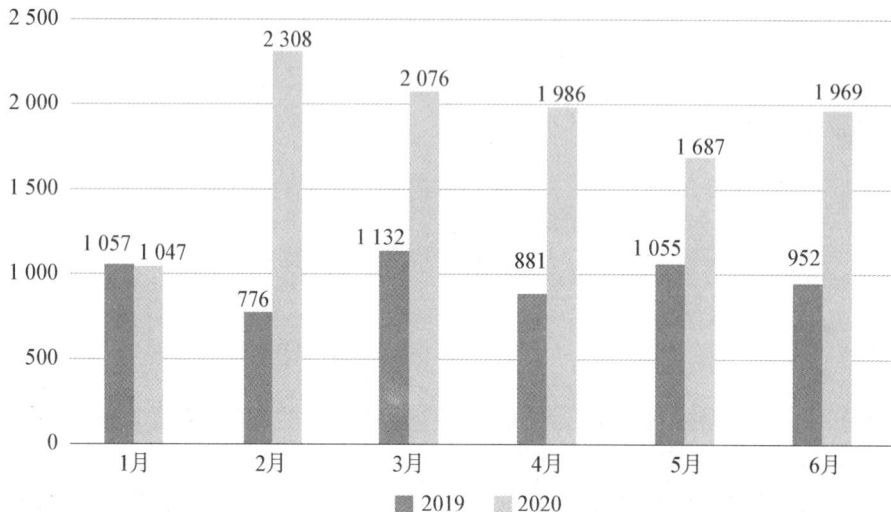

图 10 - 1 2019—2020 上半年信息系统安全漏洞数量对比

(数据来源:国家信息安全漏洞共享平台收集整理)

GetApp 公司日前发布了《2020 年数据安全状况调查报告》,这是数据安全调查中规模最大的一次。83 名 IT 安全部门经理参与此次调查。GetApp 公司的调查报告指出,将大数据分类为公共、内部和机密数据,并不足以限制数据访问和阻止数据泄露。数据分类对于合规性和监管目的可能是有效的,但是事实证明,其他方法对于整体数据治理更有效。

【案例 10 - 1】

腾讯云"数据丢失"事件

2018 年 8 月 6 日,前沿数控技术在微博上发表长文《腾讯云给一家创业公司带来的灾难》,引起业界广泛关注和热议。究其原因:腾讯云弄丢了这家公司的全部数据!

事件发生在 7 月 20 日,"前沿数控"的网站、小程序、H5 均出现无法打开的问题,经检查后发现无法登录腾讯云服务器。最终腾讯云给出的答复是:数据 100％找不回来了。前沿数控表示,近千万元级的平台数据全部丢失,包括经过长期推广导流积累起来的精准注册用户以及内容数据。

腾讯作为一家公司技术实力非常强、资金实力相当雄厚的公司,肯定为数据安全做了层层防护:访问安全、服务器的高可靠性、数据多副本、冗余存储,备份等环节。腾讯云声称 99.999 999 9% 的数据可靠性,搭载了云硬盘提供三副本存储策略,也就是说只要把数据放在腾讯云上,只有十亿分之一出现数据丢失的可能性。但是在本次事故中,腾讯云所谓的三个备份数据也全部离奇丢失。

为什么会发生数据丢失?腾讯云发布的"复盘通知"主要有 4 点信息:一是还原了故障过程;二是解释了故障原因;三是公布了改进措施;四是提出了客户建议。腾讯云指出,"前沿数控"平台数据丢失除了物理因素外,人为失误是重要原因,腾讯云为此做了深刻检讨:该故障缘起于因磁盘静默错误导致的单副本数据错误,再加上数据迁移过程中的两次不规范的操作,导致云盘的三副本安全机制失效,并最终导致客户数据完整性受损。

认为数据无价的"前沿数控"基于自身评估就此次故障对腾讯云提出了高达 11 016 000 元的索赔要求,但腾讯云仅提出了"赔偿+补偿"总金额为 136 469 元的解决方案,该用户在腾讯云平台中提出的赔偿金额是腾讯云赔偿金额的 37 倍,赔偿计划存在巨大分歧。目前,对于索赔和赔偿问题,腾讯云暂未披露更多进展。

那么,"弄丢数据"的云服务商到底应该赔多少?

(资料来源:腾讯云给一家创业公司带来的灾难![EB/OL] https://t.cj.sina.com.cn/articles/view/6365990425/17b714e19034008wbr,"数据丢失事件"续集:腾讯云还原"人为失误"全过程[EB/OL] https://kuaibao.qq.com/s/20180808A0NBFS00? refer=spider,编辑整理)

【思考】

1. 数据丢失会给公司带来什么样的影响?

2. 大数据时代的今天,没有任何绝对安全,我们如何避免数据丢失?

10.1.2　个人隐私

我国 2021 年 11 月 1 日实施的《中华人民共和国个人信息保护法》对个人信息的概念进行界定,即以电子或者其他方式记录的与已识别或者可识别的自然人有关的各种信息,不包括匿名化处理后的信息。个人信息按私密程度划分为一般与敏感两类。私密程度较低的一般信息通常被理解为允许公开的信息,此类信息能够通过互联网搜索获取,无法采取特殊保护的措施。通常一般信息来源于用户在互联网填写的公开调查或者发表期刊中需要公布的个人姓名、年龄、工作单位、邮箱等。因此,通过正当途径获取的一般信息不属于违法行为。《中华人民共和国个人信息保护法》将生物识别、宗教信仰、特定身份、医疗健康、金融账户、行踪轨迹等信息列为敏感个人信息,它被理解为非公开或不允许公开的信息。敏感信息的泄露能直接锁定特定自然人,例如身份证号、指纹信息、账号密码等,此类信息的泄露或者被恶意篡改都会成为违法者谋取不正当利益的手段。

在传统的数据应用中,数据大多是单一维度,或者是低维度的,即使商家掌握了千万量的数据,但是每一组数据,就好像一个单一的点,或者一条线,代表的是单独的信息,数据组直接的关联性并没有被勾勒和挖掘出来。

在大数据时代,个人网络信息是产生信息的主体,通过互联网进行交流、传递、存储等活动的信息,独立的个体在自身爱好、符合生活或学习要求等需求的基础上,在网络平台中进行有偏向性的选择行为组合成不同种类的数据信息。个人网络信息已不再是根据个人意志公开个人网络信息数据,而是在你访问某浏览器或者某软件时相关信息已被被动提取、收集。

因此,大数据营销的个人隐私安全隐患主要集中在以下两个方面:

1. 身份信息暴露

大数据技术对个人身份信息的影响体现在两个方面:一是现实社会中的身份信息,即某用户的人口统计信息以及相关的间接信息,比如姓名、性别、年龄、民族、婚姻、职业、受教育程度、地址等,也包括配偶子女的信息、社会活动经历、个人信用信息等足以识别该用户的信息。二是数字身份信息,即在数字时代,企业可以在未经消费者同意的情况下,轻松获得消费者的个人数字信息,包括社交网络账号、邮箱信息、网上信用信息等。

不论哪种身份信息,面对大数据技术的用户追踪、数据挖掘等功能,其安全性都岌岌可危,不仅面临着被网络平台检测并商用的风险,还面临着被窃取信息、盗用数字身份的风险。在一些情况下,即使许多企业采取正确的方式获取消费者信息,在处理和使用所获取的信息时也会存在不道德的行为。还有一些企业为了获得短期利益,私下披露或出售未经消费者同意的个人信息,严重侵犯消费的个人隐私权。

2. 信息控制权减弱

在传统媒体时代,对个人信息的获取、公开难度较大,公众对自身保有相对较高的控制权,可以自行选择是否向媒体或者企业告知个人信息。然而在大数据时代,公共空间和私人领域的界限日渐模糊,我们每天产生的上网记录、在线支付记录、定位记录,都可能将我们的信息暴露给外界,我们在社交网站上的信息很容易被访问、收集和传播,通过对不同社交网络中个人信息进行整合分析,很容易建立包括目标人履历、喜好、朋友圈以及信仰等信息在内的信息体系。数字信息的易复制性和长期保存性,使那些对我们不利的污点信息也很容易被别有用心的人获取,从而造成我们对个人信息控制权的减弱。

2019年7月1日,我国工信部公布2019年一季度用户个人信息保护问题企业和问题App名单,其中学而思网校、猎豹浏览器、饿了么、小红书、网易考拉、融360等知名互联网企业被列入在内,原因多涉及未经用户同意收集个人信息,误导用户同意收集使用个人信息。

【案例 10 - 2】

谁动了我的简历数据?

2019年3月14日,号称中国最大的简历大数据公司、曾获李开复旗下创新工场投资的"巧达科技"被警方一锅端,所有员工都被带走,原因是在没有获得授权下恶意窃取用户简历数据,并将其用于自身经营。

巧达科技成立于2014年7月,注册资本1050万元,实缴资本318.48万元。当年10月获得天使轮融资;11月,获得李开复旗下创新工场的A轮融资,金额数百万美元;2017年1月,获得中信产业基金等的B轮融资,金额数千万人民币,据称估值2亿美元。巧达数据是中国最大的用户画像关键数据服务提供商,专注于大数据及人工智能领域前瞻性产品研发,客户覆盖互联网行业及泛金融领域。

巧达数据号称拥有中国最大的简历数据库,其主要数据来源为"乔大招"。而乔大招旗下则拥有"爱伙伴""简历时光机"等在内的10多款招聘相关产品。巧达科技数据库有2.2亿自然人的简历,简历累计总数37亿份。此外,巧达科技还有超过10亿份通讯录,并且掌握着与此相关的社会关系、家庭关系、收入水平、潜在需求等数据,也就是说,它掌握了超过57%的中国人的信息。巧达科技将这些数据分成运营商数据、消费数据以及行为数据,售予相关企业。

目前市场上的简历共享平台"纷简历""快火箭""爱伙伴""乔大招"疑似都是出自巧达数据团队。5600多万份求职简历未经当事人允许,被"纷简历网站"非法贩卖、共享、兜售。"纷简历"网站商业模式核心就是非法贩卖、非法共享、非法兜售亿万量级个人信息。纷简历不仅造成包括姓名、联系方式、居住城市、户籍、收入、头像、工作单位等个人信息的严重泄露,还使不少当事人收到大量的骚扰电话,而这些电话都以招聘、诈骗为主。

此外,"爱伙伴"是巧达推出的一款员工离职预报的工具,主要针对创业公司CEO和中小企业老板提供"告密"服务,通过爬虫技术为其传递着人员流失预警。

这些获取渠道并不正规的数据及其不正规的使用为巧达科技带来了过亿的收入。2016年,巧达科技全年收入1.2亿元,净利润4800万元;2017年,巧达科技全年收入4.11亿元,净利润1.86亿元,净利润率超过45%。

(资料来源:新一轮黑产打击:上亿简历大数据公司被警方一锅端[EB/OL]https://tech.hexun.com/2019-03-26/196623822.html,警方披露巧达科技案情:36人被批捕,燃财经曾深度揭秘[EB/OL]https://www.sohu.com/a/31616 1149_100165449,编辑整理)

【思考】

1. 巧达科技侵犯了哪些个人隐私?
2. 简历数据安全该如何保护?

10.1.3　大数据杀熟

1. 大数据杀熟的概念

消费者在购买产品或者服务时,一般心理默认的规则是:基于客户的忠诚度,老客户相对便宜。然而事实却并非如消费者所愿:同样的商品或者服务,老客户看到的价格反而比新客户更高。这种现象在互联网行业被称为大数据杀熟。大数据杀熟,狭义上来讲是指同样的商品或服务,老客户看到的价格反而比新客户要贵出许多的现象;广义上来讲,除了新老客户看到的价位不一样之外,不同消费水平的客户,在面对同一个产品时也会出现不同的价格。

2. 大数据杀熟的本质

"大数据杀熟"从经济学上来说,属于一种典型的价格歧视。价格歧视实质上是一种价格差异,通常指商品或服务的提供者在向不同的接受者提供相同等级、相同质量的商品或服务时,在接受者之间实行不同的销售价格或收费标准。

根据价格差别的程度,可把价格歧视分为三个等级。三级价格歧视是对不同类型的消费者分别定价,比如说景区给学生和老人的折扣,该类价格歧视在日常生活中也最为普遍。即使是同一类型的消费者,其购买能力和购买意愿也存在着差异。由于技术或者成本的限制,商家并不能确定每个消费者愿意支付的价格,所以采取一种版本划分的价格歧视策略,即商家提供一系列价格不同的相关产品,让用户自己选择适合的版本。比如火车票、飞机票对座位等级的划分,让消费者自己选择适合的版本,这属于二级价格歧视。最后一种是一级价格歧视,也称完全价格歧视,商家针对每个消费者定制价格,以确保每个用户都能支付其愿意为商品支付的最高价格,从而获得全部消费剩余。

明显可以看出,完全价格歧视操作成本最高,这也使得它在传统经济领域内难以得到广泛应用。但随着信息技术的发展和互联网应用的普及,为商家实施完全价格歧视开辟了广阔的空间。随着消费者购买次数的增多,商家对其消费态度、消费偏好、消费规律越来越清晰,制定出更加"适合"消费者的价格。

3. 大数据杀熟的现象

大数据杀熟现象最早可以追溯到亚马逊在 2000 年一个差别定价"实验"。有用户发现《泰特斯(Titus)》的碟片对老顾客的报价为 26.24 美元,但是删了 cookie 后,发现报价变成了 22.74 美元。这件事情的曝光,让亚马逊面临消费者的如潮谴责,最后 CEO 贝索斯亲自道歉,称一切只是为了"实验"。这是否仅仅是个"实验"不得而知,但通过调整价格来"追逐利润"是毋庸置疑的。

北京市消费者协会 2022 年 3 月 1 日公布的调查结果显示,82.37%的被调查者认为大数据"杀熟"现象普遍或很普遍,86.91%的被调查者表示有过被"大数据杀熟"的经历。85.38%的受访者认为大数据"杀熟"主要体现为同一时间不同用户购买相同商品或服务的价格不同,79.98%的受访者认为主要体现为多次浏览后价格自动上涨。"大数据杀熟"在在线旅游、外卖、网约车等领域问题较为突出。

4. 大数据杀熟的主要方式

大数据杀熟方式主要有 6 种:

(1) 服务稀缺性:如果你周围相应的服务很少(比如商场很少、没几家奶茶店)。

(2) 消费习惯:经常大笔开销的账户。

(3) 需求值:根据账户搜索的时间、频率,判断是随便看看还是真的需要。

(4) 地理定位:长时间在别墅区或者 CBD 等高消费场景的账户。

(5) 老用户歧视:新用户优惠力度更大。

(6) 手机型号:某些手机品牌的用户会定更高的价格。

5. "大数据杀熟"的特性

1）信息来源更广泛

"大数据杀熟"具有鲜明的数据技术依赖特征。如果交易是匿名进行的,那么很难判断一个买家的支付意愿。互联网行业拥有与生俱来的大数据基因和条件,有数量大、速度快、类型多的特征。而智能手机的广泛应用以及 App 的大量开发和运用,使得互联网平台的数据收集愈发便利和低成本。通过多渠道获得的信息,结合数据分析、机器学习等新技术,商家可以了解每个消费者的消费能力和消费意愿,甚至可以达到一种比消费者自己更了解自己的程度。

2）价格歧视行为更为隐蔽

大数据背景下的价格歧视相较传统模式来讲,种类更为繁多,模式更为隐蔽。传统的价格歧视通常是直接的价格歧视,通过定价或者面向大众的优惠活动进行。大多数信息都直接暴露在消费者的视野中,消费者知悉经营者的营销手段,在多方比对之后选择符合自身利益的消费方案。价格歧视的具体手段基于网络技术的发展有了更多的形式。商家在维持统一定价的前提下,通过向消费者发送定向推送服务、电子邮件或窗口信息等方式进行直接或间接的价格歧视。或者基于大数据的分析结果,实时更迭价格,这更令消费者防不胜防。由于消费者之间的信息是不互通的,任何消费者如果不特意去寻找另一个消费者进行比价,或是有意通过不同手机同时下单完成交易,则无从知晓显示在之间屏幕上的价格到底是一个"一视同仁"的标准定价,还是仅仅针对自己的"私人定制"。

3）市场的划分更为精准

对市场进行划分是经营者进行价格歧视的先决条件。传统企业由于信息收集的困难、信息处理技术的障碍以及信息处理的成本,对市场只能进行宏观的大分类,难以对不同群体进行精细的划分。如今,经营者通过大数据技术分析消费者的购买或者搜索记录等,按照一定特征将消费者隔离开来,并可对其进行"私人定制服务"。

【案例 10-3】

最熟悉的人伤你最深

"大数据杀熟",在我们的生活中绝非携程一个个例。各类订票、外卖、网约车软件俨然已经成了重灾区。

12 月 14 日,自媒体"漂移神父"发布文章《我被美团割了韭菜》,作者详述了自己被割韭菜的过程。作者表示,为了省钱开通了美团会员。可是,魔幻的事情发生了。缴纳了会员费之后,配送费竟然从 2 元涨到了 6 元。由于是常点用户,作者对配送费十分熟悉。为了弄清楚真相,作者又用另一个非会员账号试了一次,发现配送费仅要 2元。简单来说,就是同一店铺、同一产品、同一地址、同一时间,会员和非会员相比,配送费反而贵了 4 元,见图 10-2。

图 10-2　美团配送费的大数据杀熟

消息发出后,网友们纷纷吐槽各自被"杀熟"的经历。

滴滴打车

滴滴打车老用户比新用户的价格更高,使用苹果手机的用户所看到的价格也比安卓手机的用户更高。

飞猪

利马到布宜诺斯艾利斯的机票,同一航班,别人卖 2 500 元,飞猪却卖自己 3 211元。另外也有人爆料自己搜索到的机票价格是 2 300＋,实际下单后却变成了 2 900＋。另外,还有人仅仅是因为使用支付宝的频率较高,就发现同样的酒店、房间和时间价格却有差异。

天猫超市

经常用某账户买牛奶一段时间后,发现自己账户登录后看到的牛奶价格比家人账户下看到的贵了约 6 块钱,而有些别的账户甚至通过链接都找不到该款牛奶。同样商品对不同人也有不同价格。

去哪儿

看到更便宜的宾馆价格而取消订单后,重新搜索的宾馆价格非但没有降价,反而更贵了。

Uber eat

买得不多的用户送餐费一般仅为 6 美元,而对价格不敏感的室友送餐费甚至可达 19 美元。他还表示:"去年订一家日本餐厅比较多,今年突然发现送餐费上涨了 2 美元。于是再也没订了。于是 Uber eat 再也没给我涨过价了………"

饿了么

自己是饿了么金牌会员,经常点餐的餐厅原本自动有折扣,但自己选择地址后折扣就被取消,而用同事的手机下单仍有折扣,差价可达 14 元。另有人和同事一起订同样地点同样菜品的外卖,配送费却相差 2 元。

百度糯米

百度糯米办理电影卡后的会员与非会员相比,电影票的原价不一样,非会员的电影票原价甚至比会员折后的价格还低。

淘票票

有淘票票用户称:"如果我好久不去看电影的话,票价特别便宜,还能打折,看过一次之后,第二天再搜同一部电影就变贵了。""淘票票上面同一场电影价格不一样,我常去那个影院,价格比其他两位同事的价格高 2 块钱。"

Lyft

Lyft 每天晚上 9 点整准时把打车价格抬高 20 美元。"在目的地附近,你把你的 marker 上下左右乱转一下,说不定同一条街换一面就可以便宜 2 美元。而且这一秒和下一秒的价格也不同。"

京东

自己的账号在京东购买某店家厨房集成吊顶灯,价格是 69 元一只,再次购买的时候标价 399 元,而换一个 ID 价格就还是 69 元。

诸如此类的现象,越来越多地被曝光。

(资料来源:"大数据"杀熟再现市场,你被"坑"过吗? 要如何解决这个问题? [EB/OL]https://baijiahao. baidu. com/s? id=1686553052091558121&wfr=spider&for=pc,中消协提醒大数据杀熟,三大看点如何保护消费者权益? [EB/OL]https://www. sohu. com/a/443478890_100032642,编辑整理)

【思考】

为什么老顾客没有得到更多的消费优惠,反而成了"杀熟"的对象?

10.1.4　大数据营销诈骗

大数据时代的特点之一,体现在各种类型的信息都能在网络上迅速找到,大数据不仅暴露了消费者的消费习惯,还暴露了相当多的隐私信息,消费者的活动范围、手机信息、个人习惯等都被抓取,成为对消费者营销的依据。大数据营销中鱼龙混杂,相当大比例的虚假信息掺杂其中,这些大数据催生出来的广告虚假成分极高,几乎涉及生活的各个方面,多以金融理财和保健品为主,而且广告频次很高。但信息平台并未按照国家规定进行监管,虚假广告披上新闻的外衣大行其道,使不少人上当受骗。

如今大数据的应用普及和技术平民化,很容易被"有心人"利用。包括传销、诈骗、资金盘机构等,它们也会利用大数据来"武装"自己,提升骗术,使大量互联网平台上的资讯(新闻)真伪难辨。

【案例10-4】

"破灭"的投资梦

物业管理员谭先生定投的某投资平台,卷钱跑路了。近一年来,他用于该投资平台上购买"石油"产品的几万元钱,彻底打了水漂。原以为是平台系统出了问题无法交易,但最终看到坏消息登在了报纸上。不过,这一切"不幸"的遭遇他却不敢告诉家人,只能打碎牙齿和血吞。

这个让谭先生花了几万元定投的投资平台,是在网上看到的。他最初得知这个平台的方式,是导航页上看到一条广告。"投放信息"对他所在的地区、性别和年龄段把握很精准,所看到的推送标题很有吸引力——《微投资赚钱新方式,大朗一公务员月入十万常平包二奶》。

因为是在新闻页面上看到的,所以觉得可信度高一些。作为一位有充裕时间的中年人,休息时在家浏览网页,查看过去一周的新闻成了他工作之外的生活乐趣。

谭先生因为工作不太辛苦,加上已经有点儿积蓄,就想通过投资增值。网页上的那个机构的投资顾问介绍说,投资一百元钱也能投,一百万元也能投,门槛很低,投资技巧不用费心学习。因此,在机构所谓"投顾"的诱惑下,谭先生每个月都固定投入了一万元。要知道这个数字,可是相当于他月薪的两倍了。

前两个月谭先生确实都拿到了两千来块钱的收益,这让他信心大增。这时"投顾"告诉他,两千多的收益只是"起步",如果谭先生能拉来更多人参与投资,那收益可以实现翻番。因此,他把几个同事也都拉下了水。

但在拉了好几个"人头"之后,谭先生收益并没有翻番,平时说话温柔妩媚的"投顾"也在某一天突然不理他了,之后通过新闻发现——机构已经卷款跑路。此时的他,要面对的并不仅仅是个人投资上的损失,还要忍受同事的埋怨。

(资料来源:大数据"加持"下的精准投放,为何催生出精准骗局[EB/OL]https://www.sohu.com/a/230838448_250147,编辑整理)

【思考】

"精准营销"的诈骗该如何防范?

10.2　大数据营销中伦理风险成因

大数据营销在其发展过程中出现了许多伦理风险问题,如数据安全、用户隐私、大数据杀熟、大数据营销诈骗等。这些问题的出现原因是复杂的,有互联网本身特点所导致的,有营销主体道德意识薄弱造成的,也有诸如外界法制监管不到位所导致的。它们造成的危害不容小觑,不仅对大数据营销本身的发展有影响,更是对经济秩序造成混乱,对社会整体道德大环境造成破坏。需详细分析,谨慎对待。

10.2.1　大数据营销安全问题

大数据营销的安全问题可以分为两个层次:一是环境方面,主要包括相关的社会经济、文化以及制度规范等问题;二是网络安全技术方面,主要集中在支付方面。

1. 环境方面的安全问题

目前,我国信息通信业已建成全球最大规模的通信网络,固定宽带人口普及率首次超过 OECD(经济合作发展组织)国家平均水平,5G 商用部署加快推进。中国信通院预计,未来 5 年,我国将全面建成覆盖城乡、品质优良的 5G 网络基础设施。2024 年,全球 5G 用户将近 12 亿,我国 5G 用户将超过 7 亿,渗透率达到约 45%。也就是说,当前在互联网环境下,企业开展商务活动所面临的主要环境因素是市场经济体制发展不够成熟、缺乏完善健全的法律法规、社会信用体系不健全、企业经营者扭曲的营销观念等。

(1) 市场经济体制发展不够成熟。我国自改革开放以后,才正式进入市场经济时代,改变了以往计划经济,国家分配资源的方式,市场经济体系下产品和服务的生产及销售完全由自由市场的价格机制所引导。由于市场经济体制在我国的发展的各个方面不够成熟,存在很多漏洞,市场经济的少数参与者为了自身利益最大化,不管他人及社会的整体利益,用不道德的方式盲目地追寻所谓的"发展前途"。

(2) 相关法律不够完善。法律一直是处理大数据营销伦理问题的首要利器,其强制性能够在很大层面上控制各种不端行为的发生。然而,由于大数据营销在我国起步较晚,发展的速度又十分迅速,相关的法律系统对此未能做出及时的反应和调整。2017 年实施的《中华人民共和国网络安全法》偏重赋权赋能,忽视保护程序,对重大突发事件网络通信限制的适用条件不明晰,让很多问题无法可依,无章可循。2021 年实施的《中华人民共和国数据安全法》没有涉及鼓励企业基于自身建立数据监管制度的内容,其实,企业的自治不仅能减轻监管部门的工作负担,同时能够高效地排除企业内部数据安全隐患。本章所讲的 Facebook"数据门"事件就是企业进行数据交易导致用户对其信任瓦解的典型案例。

从大数据营销的发展现状来说,它涉及诸如工商局、工信部、商务部等众多部门的管理,但各个部门之间对于这个新兴行业的工作分配还不够明晰,责任所属也没有明确界定,导致合作现状混乱,合作能力堪忧,经常出现分歧与矛盾冲突,造成国家监管的"中空地带",即使有违法行为也无法准确惩治,让一些网络企业和个人游走在法律边缘,进行大量不道德的营销行为。

(3) 社会信用体系不健全。经过 10 多年的社会信用体系建设,我国信用观念发生了可喜的变化,但是信用缺失现象还是比较严重,信用意识、信用市场发育、信用法律规范等方面还存在很突出的问题,这对信任要求度较高的网上交易造成了较大的不良影响。

(4)企业经营者扭曲的营销观念。企业经营者的道德素质、营销理念直接影响着企业的营销行为,在企业营销伦理失范中,企业经营者扭曲的营销观念会在营销行为中得到放大和折射。扭曲的营销理念和营销管理理念对不正当营销活动的默认,无疑为企业营销伦理的失范准备了土壤,形成了恶性的营销活动氛围,助推了企业营销伦理的失范行为。

2. 技术方面的安全问题

大数据营销以在线为中心并依赖于信息系统,因此与其他行业相比,大数据营销工作面临的网络攻击风险更高。如果企业从事大数据营销,则存在很大的风险,即网络安全和数据安全2个方面的问题。

大数据营销中,网络化可能会带来网络安全问题,数字化可能会带来数据安全问题。网络安全是指网络系统的硬件、软件及其系统中的数据受到保护,不因偶然的或者恶意的原因而遭受到破坏、更改、泄露,系统连续可靠正常地运行,网络服务不中断。数据安全是在网络安全提供的有效边界防御基础上,以数据安全使用为目标,有效地实现对核心数据的安全管控。企业系统可能会被黑客入侵,从而导致潜在的停机、数据遗失、数据泄露或财务欺诈。除此以外,支付安全问题也是大数据营销安全不得不面对的问题。

目前网上支付存在的风险也是大数据营销中极为关键的问题,它的风险性表现在:

(1)来自互联网技术方面的风险。这主要来自网络黑客的攻击和计算机病毒的侵害。

(2)来自管理方面的风险。近年来,我国计算机犯罪案件中,不少案件是企业内部工作人员所为,并呈逐年上升的趋势。其中,有工作人员的职业道德问题,也有这些企业缺乏安全教育、管理不利、制度松懈、缺乏科学有效的管理方法的问题。

(3)来自信用方面的风险。目前我们关于大数据营销的法律法规不健全,时常存在欺诈行为,据统计,网上的诈骗活动正以每年30%的速度增长。因此,在互联网上建立起一个至诚至信的商业信誉,将在很大程度上影响网络营销的发展。

(4)来自法律法规的风险。目前世界各国都在制定网络信息安全的法律法规,以保证互联网能健康有序发展。但是,大数据营销的发展迅速且多变,相关法律法规还跟不上其发展步伐,有些犯罪活动无法认定,一些不法分子钻了法律空子,利用互联网从事违法经营。

10.2.2 数据的过度采集

在大数据技术的支撑下,企业可以更便捷地收集消费者的各种信息,而基于各种商务运作的需求,驱使企业通过越来越多的途径收集潜在用户的信息,甚至极大地超出了合理的数据采集范围。例如,应用平台运营商热衷于收集用户大数据,包括用户身高、体重、性格、喜恶、兴趣、习惯、消费水平、经济条件和个人经历等,经过 AI 算法筛选后向用户推送个性化的新闻、广告和娱乐节目等;用户在 App 客户端注册时需提供的个人信息,从最初的邮箱地址、手机号码,到身份证号、身份证正反两面照片,发展到现在的指纹、脸部动态拍照;银行强制要求用户提供人脸信息完成身份验证,支付宝、微信也要求人脸扫描完成支付流程,如图 10-3 所示。

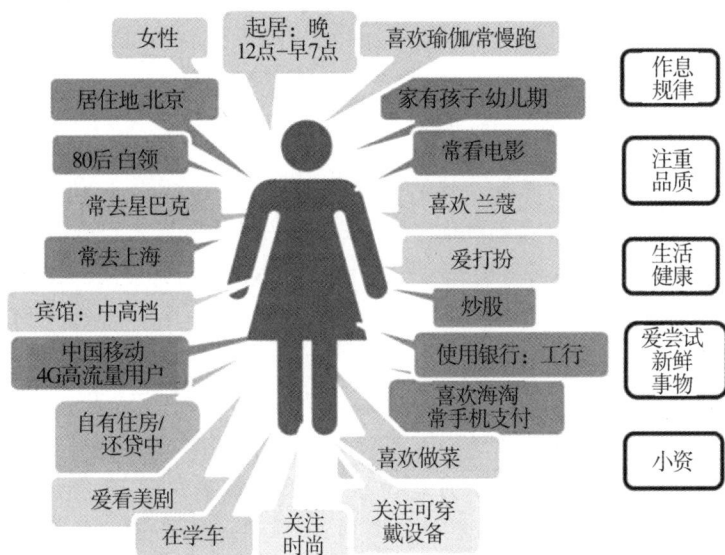

图 10 - 3　大数据技术下的用户画像

(资料来源:看完后,别再说自己不懂用户画像了[EB/OL]https://blog. csdn. net/Tw6cy6uKyDea86Z/article/details/80850631)

【思考】

为什么商家这么迫切地收集用户的个人资料,甚至采取不法手段?

10.2.3　数据的归属权不明

在大数据时代,数据变成了资源,成为有价值的东西,而数据私有化和独占问题客观存在,因此,数据产权的界定问题日益突出。

关于这些数据的归属权属于谁,一直争论不定。从产业链条上时间先后顺序来看,大体包含大数据挖掘阶段、大数据存储阶段、大数据分析阶段、大数据应用阶段的权利四部分内容。大数据挖掘阶段的权利内容主要包括有 Cookies 辅助数据、网站爬行数据和旁路采集数据等。大数据存储、分析阶段的权利内容主要包括清洁数据、区块链数据、Hadoop 的 MapReduce 分散节点数据、用户行为模型数据等。大数据应用阶段主要包括 LBS 数据、CRM 数据等。

在大数据时代,数据具有国家属性、公共属性、企业属性,同时也有公民个人属性,但法律并没有赋予其资产的属性,在法律性质、权利内容、权利归属方面存在着诸多制度空白。要实现数据保护与利用的平衡,必须明晰数据权属,即数据究竟归属于收集者与存储者,还是产生数据的个人或组织,或是其他主体。还需要对数据属性以及各方在收集数据中付出的劳动给予综合认定。

随着大数据在市场上的广泛应用,数据处理技术的升级,可以从原始数据中挖掘出更多的可能价值。数据稀缺性和价值属性的不断显现,也让数据产业链中的每个主体都有可能对数据开发与利用产生纷争。

【案例 10-5】

顺丰菜鸟之争

菜鸟联盟是提升电商物流服务体验的组织，成立于 2016 年 3 月 28 日，由阿里巴巴三大战略业务板块之一的菜鸟网络牵头，联合国内外主要物流合作伙伴组建。

2017 年 6 月 1 日，菜鸟网络突然发布声明，指责顺丰突然关闭阿里方面物流数据接口。随后，顺丰方面很快就这件事做出声明：是菜鸟封杀顺丰，原因是阿里方面希望顺丰放弃使用腾讯云改用阿里云。

顺丰方面称，旗下的丰巢在 2016 年跟菜鸟开始合作。内容包括：菜鸟提供消费者手机号信息给丰巢。丰巢反馈快递出入柜信息，丰巢网点推送等相关快递柜物流信息给菜鸟。这个合作在 2017 年 3～4 月续约的过程中，菜鸟提出：所有快递柜信息的触发必须通过菜鸟包裹，取件码信息无条件给到菜鸟，丰巢需要返回所有包裹信息给菜鸟（包括非淘系订单）。丰巢难以接受以上合作条款。今年 5 月，菜鸟提出，以数据安全为由停止与丰巢的合作，并在 6 月 1 日 0 点下线丰巢接口信息。于是菜鸟以到期为由，以信息安全为由，有针对性地封杀丰巢。顺丰方面还表示，菜鸟之所以封杀顺丰，背后的原因是阿里方面一直希望顺丰从腾讯云切换至阿里云。

菜鸟方面表示，此事发生前为保护消费者隐私、电话信息安全，菜鸟正在根据安全团队的建议对全网物流数据进行信息安全升级，将加强对海淘、快递柜等物流数据的多重交叉验证，但顺丰及丰巢等出于各种原因并不配合。

此次事件，业内普遍认为，是双方为了抢夺数据话语权。

"一直声称不做快递只做资源整合的菜鸟正面遭遇来自顺丰的挑战。对于快递公司来说，比单纯的快递业务更有想象力和价值的显然是大数据的积累沉淀和再运用。此前依托于阿里巨大的平台资源，菜鸟可以做到物流资源的整合分配，但是深入到数据整合，强势的顺丰很难被收编。顺丰与菜鸟双方之间必有一战。"

（资料来源：顺丰突然关闭菜鸟接口，淘宝凌乱了[EB/OL].https://www.sohu.com/a/145457906_690311）

【思考】

在此次事件中，顺丰和菜鸟争夺的本质是什么？争夺的原因是什么？

10.2.4 数据的隐私保护匮乏

1. 公民个人网络信息保护意识匮乏

在网络信息不发达的时代，信息主要以实物的形式进行储存，不容易流转。而在互联网时代，信息的存储主要以电子形式，数据量庞大，信息泄露和传播风险巨大。大数据的信息，获取的电子数据能够被识别出具体的信息主体，产生的社会影响是巨大的。而我国是社会主义社会，主流价值观是追求集体发展，因此个人意识较为淡薄，公民个人的自我观念不强,对于公民个人网络信息被侵犯的行为不愿使用法律手段进行保护。

由于公民个人较为注重集体利益,忽视个人利益,企业或政府在收集公民个人的信息时,公民较少提出质疑。而企业和政府收集的信息缺乏有效的监管,同时,公民对企业和政府的管理机制也没有提出要求,导致信息从内部工作人员、内部网络不断泄露。由于去匿名化的趋势和网络实名制的发展,公民个人经常收到售楼部、证券、保险、网络贷款等的推销电话或垃圾短信,严重的情况存在冒名办卡、透支刷卡、用假身份(如公安、法院、海关、领导等)恐吓或诈骗。但是公民选择投诉或者采取措施自我保护的较少,大部分用户都习以为常,一般都是设置黑名单就结束,不会进一步探究信息是如何被泄露的,很少会使用法律武器保护个人信息安全。

同时,智能设备的广泛运用,公民个人每天接收大量信息,没有足够的时间进行逐一筛选和鉴别,部分用户可能会不小心打开存在风险的网站或信息,使得病毒植入或者网络系统遭到破坏等。部分用户在使用智能设备和网络的过程中,因低风险意识,对收到的信息没有防备的心理,导致公民个人信息遭到泄露。

2. 个人信息保护的软硬件技术相对落后

云计算主要实现了数据信息的远程存储和随意端口接入的技术升级。云计算一方面提升了用户在信息共享过程中的便捷程度,另一方面也增加了信息安全管理的难度。云计算存储信息的服务器所在地是全球散布的,而不同国家对于服务器的管理要求、隐私的认定和数据开放程度具有较大差别,无统一的权威管理和衡量标准。因此网络信息供应商利用该管理漏洞,可以有效地规避管理责任,而发生信息泄露后问题追责也存在相应的难度。

3. 政府针对公民个人网络信息保护制度不够完善

2017 年 6 月施行的《中华人民共和国网络安全法》中涉及的主要是综合性的内容,对信息安全的管理提出的是纲领性原则和要求,在实际的实施过程中缺乏具体的行为准则。同时,目前对于信息安全管理的责任认定模糊,对国家提出的整改和安全管理升级的要求不能直接落实到具体的管理机构。同时,对信息安全的违法行为无明确的惩罚标准,警示性的告诫和轻微的惩罚无法有力地约束侵害公民个人信息安全的行为。

2021 年 11 月 1 日开始实行的《中华人民共和国个人信息保护法》加大了个人信息保护范围、规定了个人在信息处理中的权利、强化个人信息处理者的保护义务、严格保护规则、规范个人信息处理行为等方面的力度,将广大人民群众网络空间合法权益维护好、保障好、发展好,使广大人民群众在数字经济发展中享受更多的获得感、幸福感、安全感方面落到了实处,但仍存在部分商家机构规避法律。如《个人信息保护法》要求信息处理者在取得用户个人信息前应当充分告知。对于法律中规定的敏感个人信息,信息处理者则只有在取得单独同意的情况下才能进行处理。这样就存在用户不同意授予个人信息使用权就无法使用平台提供的产品或服务的情况,为此,用户只能被迫以个人信息换取使用平台便利。

10.3　大数据营销伦理的治理

大数据营销的伦理规范一般可以从外部约束与内部自律两个维度同时发挥作用。外部力量的约束是解决网络营销的伦理道德问题的基本保障,内部主体自律则是处理大数据营销伦理道德问题的根本方法。

10.3.1　数据的法律保护

法律与道德两者一直以来就是互为表里,密不可分。法律是最低层次的道德,道德的实现需要法律的辅助与保障。

市场经济的本质是法治经济,对于大数据营销中出现的种种不道德行为,仅靠道德自身的约束力量是远远不够的,还必须把共性的、严重的道德缺失问题上升为法律问题,出台相关法律法规进行强制性管控。大数据营销的快速发展给各个国家的经济增长都带来了新的机会,但同时也给传统的法制建设带来了极大的挑战。传统的法律法规无法应对大数据营销中出现的新问题,使很多时候无法可依,无法能依,处于混乱状态。出台新的法律不仅是大数据营销发展的迫切需要,也是促进市场经济有序发展的重要举措。

近年来,我国陆续颁布了大数据营销的相关法律,如 2017 年 6 月 1 日施行的《中华人民共和国网络安全法》,2018 年 5 月 1 日起正式实施的《信息安全技术个人信息安全规范》,2019 年 1 月 1 日开始实行的《中华人民共和国电子商务法》,2021 年 9 月 1 日开始实行的《中华人民共和国数据安全法》,2021 年 11 月 1 日开始实行的《中华人民共和国个人信息保护法》,对大数据营销的很多问题进行了规范,有效预防了各种不道德行为的泛滥。但是有这些法还是远远不够的,还需要从以下一些具体的方面入手,杜绝大数据营销中的不道德现象。

1. 加快修改完善《中华人民共和国广告法》

传统的广告法是针对在报纸、电视、广播等传统媒介上投放的广告制定的,而网络广告依托互联网这种全新的传播媒介,具有成本低廉、覆盖范围广泛、传播速度极快等新特点,传统的广告法已经无法适应网络广告的新特点,且各种虚假产品信息、诈骗消息、垃圾邮件等依靠网络广告极易传播,难以控制。2021 年 4 月 29 日第十三届全国人民代表大会常务委员会第二十八次会议修改的《中华人民共和国广告法》明确了虚假广告的定义和典型形态、新增了广告代言人的法律义务和责任、强化对大众传播媒介广告行为的监管力度和对虚假广告的打击力度。但仍存在一些明显的问题,如处罚力度较弱、部分内容与现实脱节、考虑不周全等。

2. 加快修订完善《中华人民共和国反垄断法》

我国目前的《中华人民共和国反垄断法》尽管包含了效率与公平问题,却更多专注于严格规制垄断企业滥用市场支配地位,损害市场竞争和上下游主体利益的行为。从"大数据杀熟"是否合法也可以看出来,我们从现有的法律法规寻找监管依据仍存在困境,要将"模糊"的法律边界确定下来。主要措施有以下三种:明确消费者对个人数据信息的权利主体地位,同时也要对消费者个人信息依法得到保护的权利的具体内容予以列示。同时,在价格歧视的判断中引入实质性的判断标准。判断的标准可以是商家的差别定价是否侵害了消费者的权益。2020 年 1 月,国家市场监管总局就《反垄断法》修订草案公开征求意见,但截至目前尚未完成修订工作。

3. 加快修订完善《中华人民共和国反不正当竞争法》

网络营销的大多数道德问题都是由于企业和个人唯利是图,在利益的驱使下放弃了应遵循的道德规范。网络营销作为新的市场分支,为了尽可能抢夺市场份额、争取顾客资源,企业和个人往往会损人利己,利用不正当、不道德手段去竞争,有损公平与平等的竞争原则,让网络营销的外部环境十分恶劣。现有的《中华人民共和国反不正当竞争法》大多针对传统市场中线下的不道德竞争进行约束,对网络市场却没有涵盖,需要加快制定落实最新的《中华人民共和国反不正当竞争法》,对网络营销企业和个人的不道德竞争行为进行强制管控,创造一个良性竞争的外部环境。

4. 尽快修改完善《中华人民共和国消费者权益保护法》

与大数据营销市场最直接相关的就是消费者,而互联网让世界变得透明,消费者的隐私权问题一直备受关注和争议。对于网络企业和个人有意追踪、收集消费者的私人信息,进行售卖赚取利润这个现象,现有的《中华人民共和国消费者权益保护法》中并无条例对此进行禁止,这让很多企业和个人肆无忌惮,也让消费者的日常生活饱受骚扰和侵害。此外,消费者的知情权由于掌握网络信息的不对等性受到了侵害,就连最基本的生命健康权也被一些利益蒙心的个体视为儿戏。这些不道德现象的频繁发生,需要加紧完善《消费者权益保护法》,让网络企业和个人依法遵守相关条例,还消费者一个清净,也给大数据营销一个良好的发展导示。

5. 尽快修订完善《中华人民共和国合同法》

大数据营销的发展让原本线下签订的纸质合同,更多地转化为线上的电子合同。电子合同由于方便、快捷、环保等特点,受到很多人的追捧。所以对于《中华人民共和国合同法》的完善是必须的,尤其要对电子合同的法律效应、电子凭据的有效性等问题进行规范,使电子合同更加正规有效。

除以上提到的法律法规之外,还有诸如《中华人民共和国商标法》《中国互联网络信息中心域名争议解决办法》《中华人民共和国产品质量法》《中华人民共和国价格法》等需要完善健全。将大数据营销的发展归入法律监管之下,是保证大数据营销健康有序发展的必然途径。

10.3.2　道德教育意识的提升

大数据营销伦理建设是一项十分艰巨而紧迫的任务,它对于大数据营销市场的规范化运作有着十分重要的作用。

1. 进行网络营销道德的宣传工作

由于经济全球化的影响,企业彼此之间的传统竞争优势在不断弱化,因此,道德经营成为企业在市场竞争中处于不败之地的根本保障。在这方面,政府要做大量的基础性工作,注重道德的教化作用。道德作为一种无形的力量,耳濡目染之中就会被个人无意中接受,弘扬诚信经营的道德理念,让正确的道德观念深入网络企业和个人的内心,使诚信经营、公平竞争等观念成为普遍的社会风气,使它们真正做到内化于心,并体现在具体行动之中。

2. 注重培养网络管理人才

大数据营销有序进行的基础条件之一就是有相应的网络管理人才。如果没有相应的管理体系,任何行业都会处于混乱之中。大数据营销是依托互联网为基础产生的新型营销方式,随之也产生了网络信息管理这个全新的领域。新领域的建设往往需要大批综合素质过硬、业务能力较强、知识储备完善的多方面人才。国家要对这方面引起重视,在日常培养中除了必需的管理能力、法律知识、网络技术等方面外,更要注重对伦理规范和职业道德的培育,使这些人才运用道德理念、道德规范来合理管理网络信息,加强大数据营销的外部道德环境建设。

3. 加强消费者的维权意识

消费者处于大数据营销的环节中的末端,具有十分重要的地位。但由于我国目前相关法制建设还不够完善、相关管理工作做得还不够到位,消费者权益受到侵犯时,如果要进行维权,往往会遭遇各种各样的阻挠和困难。这使得很多消费者为了避免麻烦,对这些不道德行为采取"睁一只眼闭一只眼"的态度。面对当下这种情况,政府及有关部门应该利用多种媒介方式进行大量宣传,使人民群众认识到维护自己的基本权益、抵制不道德营销行为的必要性。只有增强群众的维权意识,法律和制度体系中的不足与漏洞才会暴露,政府机关才有机会进行完善和修改。也只有在全社会形成良好的维权习惯,网络企业和个人在进行营销活动时,才会有意识避免侵犯消费者权益,防止售后麻烦更多。我国各个地方的消费者协会可以深入到群众中去,通过主题宣讲会或者发放一些维权方面的宣传册等方法,潜移默化地教育、影响消费者,帮助消费者识别企业和个人的侵权行为以及可能造成的危害,并指导他们如何具体维权。对那些不道德的企业和个人起到反向抵制作用。

4. 利用网络平台,加强社会舆论对商业道德矫正作用

社会舆论具有引导、激励、认识和熏陶的作用,在互联网背景下社会舆论监督具有快捷性、广泛性、平等性和低成本性的特点。针对企业营销伦理失范行为,利用网络平台来加强社会舆论对商业道德矫正,是顺应当前社会发展的有效策略。利用网络平台对企业营销失范行为进行监督时,首先要构建完善的社会舆论监督体系,加强对网络舆论监督工作重要性的认识。一方面要将网络监督作为发现企业营销失范行为和改进治理企业营销伦理失范行为的重要途径和渠道;另一方面要将网络舆论作为调动人民群众参与监督企业营销失范行为的手段,以此来推动治理企业营销伦理失范工作的开展。要建立和完善网络舆论监督的内部管理体制,市场经济条件下网络舆论监督存在受利益驱使的倾向,为此网络舆论监督要在内部建立监督体系,来促进网络监督的良性发展。

10.3.3 数据技术保护的提高

互联网在开发之初,所注重的是全球性、共享性、开放性、动态性、联结性等方面,并没有太过注重安全基础设施的建设,这也导致了大数据营销中出现的一系列伦理问题难以解决。随着大数据营销越来越渗透进人们的生活,网络安全问题也越来越被人们所重视,要解决网络安全问题,需要从以下几个方面入手。

1. 构建科学的网络安全体系

科学的网络安全体系包括网络安全技术规范体系,网络安全技术共享体系,网络信息行业自律体系,网络安全监管体系等方面。政府应当与网络企业和个人进行携手合作,承担属于各自的责任,加快共建网络安全体系。政府要在大方向上进行引导和提供支撑,在管制网络营销市场的同时,鼓励企业和个人互相监督,在自觉遵守网络安全秩序的前提下,共同研究开发如何更有力地预防网络安全事件的发生和网络安全体系的建设。

2. 提高网络安全技术

要想彻底解决网络安全问题,必须有可靠的技术作为强有力的支撑。政府要加强完善防火墙技术、数据加密技术、反病毒技术等技术方面,也要制订各种网络安全协议,防止一些不法分子利用网络漏洞攻击公共网络,造成网络瘫痪和信息的泄露。此外,企业和个人也可以聘请专业网络技术人员,除了维护企业和个人的大数据营销活动正常运行外,还可以开发一些安全软件,比如U盾、电子身份识别软件等,确保交易过程的支付安全和信息安全。这些类似行为都为大数据营销的伦理道德体系提供了技术上的支持。

蚂蚁集团就是借助隐私计算技术去打破数据孤岛,促进数据要素的流通,构建起连接全社会的数据价值共享网络的典型案例。蚂蚁技术团队2015年开始探索以数据价值融合计算为中心的关键技术攻关和平台研发。2021年蚂蚁集团隐私计算入选数博会"黑科技",且是唯一同时摘得"领先科技成果奖"和"十佳大数据案例"两个奖项的技术产品。该平台旨在用技术的方式实现在合作双方或多方数据不可见的情况下,实现不同来源的数据安全共享,交换数据背后的价值,让数据不动价值动,目前广泛应用于普惠金融和医疗领域。

3. 加强网络环境监管力度

政府应该加快网警队伍的培训与建设,加强各个地方的人员配置,运用法律的强制力对网络安全进行监管,一旦发现不法分子应该及时抓获,同时鼓励人民群众对可能存在的网络安全问题进行反映,为大数据营销的开展塑造一个安全而可靠的大环境。

4. 大力发展网络安全产业,打造网络安全产业生态

推动网络安全企业在信息技术安全监测能力、网络攻击追溯能力等方面加强研发,引导企业协同创新,建立我国信息技术产品自主可控生态链,鼓励网络安全企业由提供安全产品向提供安全服务和解决方案转变。

5. 增强消费者的网络安全意识

很多消费者对已经发生或者潜在的网络安全问题并没有明确的察觉,对于网络交易中发生的信息窃取和泄露等侵权并不知道如何应对。政府应该对这些网络安全问题进行详细而有条理的宣传,可以利用宣传册、社区宣传栏、高校宣讲会、公益广告等方式,提高网民的安全意识和自身素质。仅靠政府自身的网络监管是远远不够的,当大多数网民都能自觉地帮助政府进行网络安全的监管,不仅范围能够扩大,也能保证大数据营销中的交易行为安全性会有很大提升,为大数据营销道德体系的架构提供了思想指导。

10.3.4　个人隐私保护的加强

在大数据时代,社交媒体、购物网站、移动支付等在日常生活中的使用,使得我们可能

将自己的隐私泄露出去而不自知。因此,培养个人隐私观念很有必要。

1. 进行信息分类

大数据营销涉及的信息类别多、范围广,个人兴趣爱好、购物记录、媒介使用习惯甚至购买能力等都成为商家关注的重点。这些信息中,有些与个人身份有直接关系,有些则是间接关系。为解决大数据营销的信息安全隐患,建立起个人信息的分级保护机制尤为重要。

应该采取的措施是对信息进行分类,明确信息的保护级别。2014 年 3 月 15 日正式发布并实施的《中国互联网定向广告用户信息保护行业框架标准》指出,用户信息包括身份关联信息、非身份关联信息以及经去身份化处理的行文样本信息。其中,身份关联信息是指能够单独或通过与其他信息相结合,识别特定用户的个人信息(如用户姓名、出生日期、电话号码)或这类信息的集合。通常大数据技术的定向追踪所收集的信息是关于浏览器或移动设备使用痕迹的,不会涉及使用者的身份信息。但是,进一步的数据挖掘有可能探测到一些隐私信息。因此,个人信息分级保护是解决信息安全的关键所在。

一般认为,用户的姓名、地址、通信方式、身份证号码、银行账号等信息保护级别应该较高,这些信息直接关系到身份辨识和人身财产安全;购物偏好、社交关系、网页浏览记录、地理位置信息等互联网行为轨迹信息次之;品牌忠诚、兴趣爱好等数据的保护级别最低。

2. 明确信息收集原则

《中国互联网定向广告用户信息保护行业框架标准》强调最少够用和必要原则,即单位应将收集用户信息的类型、数量控制在能达到收集信息目的的最低程度,收集、保存和使用的用户信息应仅限于单位的合法商业目的和实现单位对用户的服务所必需。单位应定期检查其收集和保存的用户信息,以确定该等信息是否仍为单位的合法商业目的和服务功能所必需,并及时停止对于非必需的用户信息的收集和使用。

3. 网络媒体应向用户提供自己隐私信息的选择

即用户可以给自己的访问数据、发布信息设置访问权限。比如新浪微博的分组可见、仅自己可见,让用户能够根据自己的发布内容设置访问权限。这样做的意义还在于,企业可以根据用户的权限设置来分析其相关数据的隐私程度,从而更好地保护个人隐私。

4. 加强隐私观念教育

强调从企业做起,让消费者在使用网络媒体的过程中培养隐私观念,学校、政府则可以主动对消费者进行隐私观念的教育,让消费者树立正确的隐私观念,科学地分析个人数据,使消费者既能享受到大数据的便利,又能很好地保护其个人隐私。

10.3.5 惩治处罚力度的加强

社会现有的道德规范在一定程度上能够约束网络营销中的企业和个人行为,但是由于利益最大化的观念驱使,很多个体无视正确的伦理道德规范,采用非道德手段谋取不正当利润,诸如网络诈骗、虚假信息、侵犯消费者权益、网络安全等问题屡屡出现时,道德的约束和调节功能已经无力应对,就需要依靠法律作为解决问题的必要手段。近些年来,我国不断完善大数据营销方面的相关法律条文,有针对性地增设新法。就拿网络欺诈行为来说,淘宝网作为我国率先崛起的网络购物平台,由于其门槛低、涉猎广、回报丰厚等特点,受到很多网络企业和个人的欢迎,纷纷入驻淘宝和天猫平台进行商品或服务的售卖。但是有些无良企业和个人看到其中的契机,以次充好,顶着一些知名品牌的名号,卖自己公司的产品。随着越来越多的消费者进行投诉,国家工商总局介入调查,与一些知名品牌进行取证后,发现有很多旗舰店铺都是"大牌冒充品",除了对这些假冒商家进行了严重的罚款外,情节十分严重的,还要根据具体法律条款进行惩治处罚,类似的打假行动对很多假冒伪劣商家起到了警示作用。目前政府工商局部门高度关注网络营销市场,也有不少民间组织和个人暗中协助政府,对大数据营销市场中严重的违法和道德缺失问题进行法律惩治,希望在整个行业起到一个杀鸡儆猴的作用,预防不道德现象的频繁发生。

10.3.6　企业诚信档案机制的健全

针对社会中企业营销伦理失范行为,企业诚信意识淡薄的现象,健全社会诚信档案管理体系,加大失信企业的惩罚力度,对于促进企业增强行业法律意识和守信意识有着重要作用。在健全社会诚信档案机制时,首先,要完善企业诚信档案管理法律体系,为企业诚信档案的管理奠定法律基础。其次,要利用网络技术来实现企业诚信档案管理的动态化和即时性,提高企业档案管理的跨区域管理。最后,要利用社会舆论加强企业诚信档案监督,来维护企业营销竞争的公平性。

习 题

1. 大数据营销伦理风险有哪些? 说说发生在你身边的营销伦理风险。
2. 你认为哪种伦理风险最值得消费者关注?
3. 大数据营销伦理风险的成因有哪些? 你认为最主要的成因是什么? 该如何进行治理?
4. 企业该如何平衡企业利益与伦理责任?
5. 从国家战略角度而言,你认为还有哪些方法可以用于伦理风险的治理?

扫描二维码获取
本章思维导图

References

参考文献

［1］阿尔文•托夫勒.第三次浪潮［M］.上海:三联书店,1983.

［2］张广彬,盘骏,曾智强.数据中心2013:硬件重构＆软件定义［R］.北京:ZDNet企业解决方案中心,2013.

［3］于勇毅.大数据营销:如何利用数据精准定位客户及重构商业模式［M］.北京:电子工业出版社,2017.

［4］任昱衡.大数据营销从入门到精通［M］.北京:清华大学出版社,2016.

［5］麦德奇,保罗B.布朗.大数据营销:定位客户［M］.王维丹,译.北京:机械工业出版社,2014.

［6］维克托•迈尔-舍恩伯格,肯尼斯•库克耶.大数据时代(生活工作与思维的大变革)［M］.盛杨燕,周涛,译.杭州:浙江人民出版社,2013.

［7］涂子沛.大数据［M］.桂林:广西师范大学出版社,2013.

［8］涂子沛.数据之颠［M］.北京:中信出版社,2014.

［9］陈宪宇.大数据掀起的企业管理变革［J］.现代企业,2014(3):2.

［10］周苏,王文.大数据导论［M］.北京:清华大学出版社,2016.

［11］丽莎•亚瑟.大数据营销:如何让营销更具吸引力［M］.姜欣,任东英,温天宁,译.北京:中信出版社,2014.

［12］贝壳研究院.2020年中国房地产互联网营销报告［R］.北京:贝壳研究院,2020.

［13］陈杰豪,车品觉.颠覆营销——大数据时代的商业革命［M］.北京:中信出版社,2016.

［14］薛万欣,裴一蕾.大数据营销发展与趋势研究［J］.北京联合大学学报,2018,32(4):21-26.

［15］冯燕芳.大数据时代企业营销效率提升的着力点及其策略［J］.企业经济,2015(11):57-61.

［16］吴俊,李焱,党莎.一本书读透Martech智慧营销［M］.北京:机械工业出版社,2020.

［17］鹿音.新冠肺炎疫情防控中的大数据应用:希望与挑战［J］.世界知识,2020(8):2.

［18］乐为.消费者洞察的常用方法与实务［C］,中国市场学会2006年年会暨第四次全国会员代表大会论文集,2006:630-635.

［19］Cooper R G. Stage-gate systems:A new tool for managing new products［J］. Business Horizons,1990,33(3):44-54.

［20］郭星光,陈曦.数据赋能与我国制造企业创新:前沿探析与未来展望［J］.科技进步与对策,2021(15):1-10.

［21］杨静静,钟俊辉,王金晶,等.大数据时代下的啤酒产品多元创新［J］.食品与发酵工业,2018,44(9):6.

［22］赫尔曼.西蒙.定价制胜:大师的定价经验与实践之路［M］.蒙卉薇,孙雨熙,译.北京:机械工业出版社,2017.

［23］陈志轩,马琦.大数据营销［M］.北京:中国中信出版集团,电子工业出版社,2019.

[24] 禹雪. C2B模式下个性化定制产品定价策略研究[J]. 科技创业月刊, 2019(2):53-56.

[25] 李毅, 李振利. 数字经济背景下对消费者实行个性化定价违法边界的研究[J]. 社会科学, 2020(2): 110-122.

[26] 罗青青. 电子商务环境下的个性化定价策略及其动态调整[J]. 智库时代, 2019(44):35-36.

[27] 苏萌. 个性化定价会让顾客觉得不公平吗?[J]. 销售与市场(渠道版), 2012(1):29-31.

[28] 任昱衡. 数据挖掘:你必须知道的32个经典案例[M]. 2版. 北京:电子工业出版社, 2018.

[29] 李军. 实战大数据:客户定位与精准营销[M]. 北京:清华大学出版社, 2015.

[30] 李军, 张志科. 实战大数据:移动互联网时代的商业应用[M]. 北京:清华大学出版社, 2015.

[31] 江晓东. 实战大数据:DT时代智能组织工作方法[M]. 北京:中信出版社, 2016.

[32] 曾刚. 实战Hadoop大数据处理[M]. 北京:清华大学出版社, 2015.

[33] 唐乘花. 数字新媒体营销教程[M]. 北京:清华大学出版社, 2016.

[34] 周丽玲, 刘明秀. 新媒体营销[M]. 重庆:西南师范大学出版社, 2016.

[35] 叶永平. 私人订制游迪士尼乐园[M]. 上海:上海社会科学院出版社, 2016.

[36] 赵明辉, 彭小东. 一本书读懂大数据营销:玩透大数据营销 创造网络营销奇迹[M]. 重庆:重庆出版社, 2015.

[37] 雪原. 大数据时代的精准营销[M]. 北京:人民日报出版社, 2015.

[38] 程绍珊, 席加省. 精准营销:如何进行营销信息管理[M]. 北京:北京大学出版社, 2006.

[39] [英]基斯·达格代尔, [英]大卫·兰伯特著, 陈青译[M]. 上海:格致出版社, 2012.

[40] 陈建新, 赵小克. 我国商贸流通企业营销体系转换路径探讨——大数据发展视角下[J]. 商业经济研究, 2021(4):76-79.

[41] 纪雅杰, 马德青, 胡劲松. 供应商管理库存下基于消费者行为偏好的全渠道运营策略[J]. 中国管理科学, 2021, 29(01):82-96.

[42] 戴华. 基于大数据的汽车精准营销研究分析[J]. 商场现代化, 2021(1):60-63.

[43] 孙华. 大数据时代图书电子商务营销模式研究——以京东图书平台为例[J]. 出版广角, 2020(16): 56-58.

[44] 杨扬, 刘圣, 李宜威, 贾建民. 大数据营销:综述与展望[J]. 系统工程理论与实践, 2020, 40(8): 2150-2158.

[45] 杨宇萍, 陈章旺. 大数据营销的研究热点及趋势——基于知识图谱的量化研究[J]. 商业经济研究, 2020(3):87-89.

[46] 马德青, 胡劲松. 大数据营销与参考价格效应下的闭环供应链协同经营策略研究[J]. 软科学, 2019, 33(11):98-106.

[47] 吴倩, 邢希希. 基于舆情大数据的贵州旅游创意营销路径研究——以黄果树瀑布景区为例[J]. 价格月刊, 2019(10):75-82.

[48] 李卫华. 大数据背景下传统零售企业精准营销探析[J]. 商业经济研究, 2019(15):71-74.

[49] 张文慧. 大数据背景下BJ公司精准营销策略研究[D]. 河北地质大学, 2020.

[50] 王媛. 大数据驱动下的H国际教育集团精准营销策略优化研究[D]. 电子科技大学, 2020.

[51] 陈敏. 大数据背景下小微电商S公司精准营销策略研究[D]. 云南师范大学, 2020.

[52] 颜佳钰. 数字营销传播理论溯源与概念界定研究[D]. 暨南大学, 2020.

[53] 钱家裕. 大数据背景下月饼老字号品牌的精准设计研究[D]. 广东工业大学, 2020.

[54] 段硕. 大数据时代网络视频广告精准营销研究[D]. 山东师范大学, 2020.

[55] 刘慧. 大数据背景下淘宝中装电商精准营销策略研究[D]. 北京服装学院, 2019.

[56] 朱鑫宇. 浅析大数据背景下的精准营销——以京东为例[J]. 营销界, 2021(8):17-18.

[57] 朱圆奕. 大数据背景下电商精准营销策略研究——以京东商城为例[J]. 经济与社会发展研究, 2020 (32):9.

[58] 李绍甫, 张云保. 大数据时代传统零售业数字化转型研究——以步步高为例[J]. 广西质量监督导

报,2020(9):129 - 130.

[59] 钱学艳,张立涛,罗海杰. 大数据驱动下的智慧餐饮创新模式研究[J]. 扬州大学烹饪学报,2019,36(3):26 - 30.

[60] 鹤九. 互联网+餐饮,一本书读懂餐饮互联网思维[M]. 北京:电子工业出版社,2017.

[61] 谷方杰,张文锋. 基于价值链视角下企业数字化转型策略探究——以西贝餐饮集团为例[J]. 中国软科学,2020(11):139 - 147.

[62] 范应胜. 大数据技术与金融业的融合发展及应用研究[J]. 中国产经,2020(14):41 - 42.

[63] 魏思思,邱继源. 基于大数据技术的金融发展研究[J]. 商业经济,2021(6):181 - 183.

[64] 张巾. 金融行业数字化转型的现状、挑战与建议[J]. 信息通信技术与政策,2019(9):39 - 41.

[65] 李平,彭绪庶. 中国金融信息服务发展报告[M]. 北京:社会科学文献出版社,2020.

[66] 徐理虹,林玮,钱小鸿,等. 智慧金融(第 2 版)[M]. 北京:清华大学出版社,2018.

[67] 黄美蓉. 大数据金融模式对市场营销的影响探析[J]. 时代金融,2021(8):7 - 9.

[68] 陈麒,刘津锴. 数字化时代商业银行的营销趋势研究[J]. 中国商论,2021(18):104 - 106.

[69] 孙湧,徐娅吉. 大数据时代商业银行零售营销转型的"数智化"思路[J]. 企业改革与管理,2021(20):111 - 113.

[70] 官建文,刘扬,刘振兴. 传媒业如何面对大数据时代?[C]北京:中国报业协会,2015.

[71] 余吉安,秦敏,罗健,等. 电影精准营销的大数据基础:以《头号玩家》为例[J]. 文化艺术研究,2019,12(1):8 - 16.

[72] 张晓艺. 网络安全在数字营销中的重要性[J]. 计算机与网络,2020(14):49.

[73] 孙瑞英,李杰茹. 我国个人信息保护工作的推进现状研究——基于《中华人民共和国个人信息保护法(二审稿草案)》的文本解读[J]. 情报科学,2021,39(11):157 - 166.

[74] 王鑫,李秀芳. 大数据杀熟的生成逻辑与治理路径——兼论"新熟人社会"的人际失信[J]. 燕山大学学报(哲学社会科学版),2020(2):57 - 63.

[75] 王昕昀. 网络营销的伦理问题及对策研究[D]. 南京:南京师范大学,2020.

[76] 彭桂兵,丁奕雯. 网络空间个人信息的强化保护与规范流通——《个人信息保护法》解读[J]. 青年记者,2021(19):83 - 85.

[77] 阳翼. 大数据营销[M]. 北京:中国人民大学出版社,2020.

[78] 胡涵清,金春华等. 大数据营销[M]. 北京:经济管理出版社,2020.

[79] 苏高. 大数据时代的营销与商业分析[M]. 北京:中国铁道出版社,2014.

[80] 梁君. 消费者需求识别与培育理论浅析[J]. 科技咨询导报,2006(9):153 - 154.

[81] 温兴建. 温州市大数据安全监管研究[D]. 杨凌:西北农林科技大学,2018.

[82] 倪宁,金韶. 大数据时代的精准广告及其传播策略——基于场域理论视角[J]. 现代传播(中国传媒大学学报),2014,36(2):99 - 104.

[83] 巩见坤. 浅析大数据时代精准广告的发展[J]. 出版广角,2017(6):72 - 74.

[84] 鞠宏磊. 大数据时代的精准广告[M]. 北京:人民日报出版社,2015.

[85] 马芹霞. 基于垂直媒体程序化购买广告模式的研究——以 YC 公司为例[D]. 北京邮电大学,2020.

[86] 王梦宇. 大数据时代公关传播的三个功能[J]. 现代传播(中国传媒大学学报),2017,39(2):165 - 166.

[87] 王竹君. 公关行业的大数据应用[J]. 国际公关,2016(4):70 - 75.

[88] 喻国明. 大数据时代的危机公关[J]. 公关世界,2015(8):95 - 99.

[89] 张秋怡. 电商平台优惠券发放方式对消费者购买意愿的影响——产品类型的调节作用[D]. 华中农业大学,2021.

[90] 王林,张柔柔,赵杨. 基于执行意向理论的电商购物节抢券行为决策模型研究[J]. 软科学,2020,34(1):70 - 75.

[91] Dear Nicole. 电商解密之优惠券:B2C 平台优惠券该如何设计?[J]. 信息与电脑(理论版),2017(6):10 - 12.

［92］张鹏,夏赟,王慧娟.考虑有限理性的消费者结构对不对称电商预售策略的影响研究[J].中国管理科学,2021(9):21-25.

［93］陈丽芳.从网络营销角度浅析网络预售模式[J].现代营销(下旬刊),2017(8):86.

［94］林艳婷,潘佳兴,张雯晴.关于"锦鲤"抽奖活动背后营销策略的研究[J].现代营销(经营版),2020(3):72-73.

［95］杨扬,刘圣,李宜威,等.大数据营销:综述与展望[J].系统工程理论与实践,2020,40(8):2050-2058.

［96］肖恩·埃利斯,摩根·布朗.增长黑客:如何低成本实现爆发式成长[M].中信出版社,2018.

［97］宋志远.大数据关联营销[J].新营销,2013(10):78.

［98］中华人民共和国国务院."十四五"数字经济发展规划[S].2022.

［99］中国信息通信研究院.大数据白皮书(2018)[M].中国信息通信研究院,2018.

［100］中国大数据网.2021年中国大数据产业发展白皮书[EB/OL].http://www.199it.com/archives/1392501.html

［101］中华人民共和国工业和信息化部."十四五"大数据产业发展规划[S],2021.

［102］喻亮星.深挖"兴奋型"需求.销售与管理[J].2014(11):56-57.

［103］孙予加.大数据时代的消费者洞察[C].User Friendly 2014暨UXPA中国第十一届用户体验行业年会论文集,2014:38-53.

［104］刘桂兰,张燕玲.提升消费者行为洞察能力[J].市场研究,2015(02):113.

［105］梁佳欣.Web2.0时代基于大数据的消费者洞察[J].中国市场,2017(33):97-98.

［106］郑沛心.洞察消费者痛点,而不是调查需求[N].经济观察报,2021-08-09.